书山有路勤为径,优质资源伴你行
注册世纪波学院会员,享精品图书增值服务

项目管理核心资源库

Program Management

Going Beyond Project Management
to Enable Value-Driven Change

项目集管理

超越项目管理，
实现价值驱动的变革

[美] 艾尔·泽顿（Al Zeitoun） 著
PMO前沿专家团 译

电子工業出版社
Publishing House of Electronics Industry
北京·BEIJING

Program Management: Going Beyond Project Management to Enable Value-Driven Change by Al Zeitoun
ISBN: 9781119931287
Copyright © 2024 by John Wiley & Sons, Inc.

All Rights Reserved. This translation published under license with the original publisher John Wiley & Sons, Inc. Copies of this book sold without a Wiley sticker on the cover are unauthorized and illegal.

Simplified Chinese translation edition copyrights © 2025 by Publishing House of Electronics Industry Co., Ltd.

本书中文简体字版经由 John Wiley & Sons, Inc. 授权电子工业出版社独家出版发行。未经书面许可，不得以任何方式抄袭、复制或节录本书中的任何内容。若此书出售时封面没有 Wiley 的标签，则此书是未经授权且非法的。

版权贸易合同登记号　图字：01-2024-3461

图书在版编目（CIP）数据

项目集管理 ：超越项目管理，实现价值驱动的变革 / （美）艾尔·泽顿（Al Zeitoun）著 ；PMO 前沿专家团译. 北京 ：电子工业出版社，2025. 3. -- （项目管理核心资源库）. -- ISBN 978-7-121-49428-4

Ⅰ. F224.5

中国国家版本馆 CIP 数据核字第 2025Z256Y2 号

责任编辑：卢小雷
印　　刷：三河市良远印务有限公司
装　　订：三河市良远印务有限公司
出版发行：电子工业出版社
　　　　　北京市海淀区万寿路 173 信箱　邮编：100036
开　　本：880×1230　1/16　印张：21　字数：524.16 千字
版　　次：2025 年 3 月第 1 版
印　　次：2025 年 3 月第 1 次印刷
定　　价：108.00 元

凡所购买电子工业出版社图书有缺损问题，请向购买书店调换。若书店售缺，请与本社发行部联系，联系及邮购电话：（010）88254888，88258888。
质量投诉请发邮件至 zlts@phei.com.cn，盗版侵权举报请发邮件至 dbqq@phei.com.cn。
本书咨询联系方式：（010）88254199，sjb@phei.com.cn。

翻译贡献者名单

翻译项目组成员

项目发起人：郑志伟

项目负责人：黄荷婷

项目组成员：黄荷婷、鲍正伟、项绿野、焦春芳、郑志伟

翻译组成员

文前部分：黄思（组长）、张文婧、刘义、杨中原

第1部分：毕萍（组长）、李纳、王令平、白洁、冯丽、郭伟

第2部分：许兰欣（组长）、黄翔、刘义、宁艳超、张星、吕庆冬

第3部分：李燕平（组长）、焦春芳、何正茂、朱朝彬

第4部分：游逸（组长）、陈浩、张丽、关沫迪、张维

第5部分：赵辉（组长）、焦春芳、游逸、李燕平

审校组成员

鲍正伟、项绿野、毕萍、焦春芳、郭伟、李纳、刘义、王令平、李燕平、许兰欣、崔鹏、周荣、梁乐瑶、张燕珠、董锐、王秋月、张洁

以上人员对译文质量的改进及翻译项目的协调起到了重要作用。

译者序

在当今竞争激烈、变化迅猛的商业环境中，项目管理作为推动组织发展的关键力量，其重要性已得到广泛认可。然而，随着项目的复杂度不断增加、规模不断扩大，传统的项目管理模式逐渐暴露出局限性。此时，项目集管理作为一种先进的管理方法论，凭借其独特的价值和优势，已成为企业应对挑战、实现战略目标的重要手段。

在PMO前沿社区的众多专家共同翻译本书的过程中，我们深深感到，翻译工作不仅是对语言的转换，更是对先进管理理念的深度探索与传播。本书犹如一座知识宝库，全面且深入地揭示了项目集管理的本质、方法与实践。回顾过去半个多世纪，尽管项目和项目集管理实践从未间断，但项目集管理的价值常常未被充分重视。如今，随着企业不断涉足更具挑战性的项目，尤其是与战略业务计划、创新研发等核心领域紧密相关的项目，项目集管理的重要性愈发凸显。它不仅能有效整合资源，实现资源的优化配置，还能为组织带来预期的商业收益和价值，是企业实现战略目标的关键途径。

在翻译过程中，我们以严谨的态度和专业的精神，力求精准传达作者原意。本书对项目集管理的各个方面进行了深入剖析，从非线性思维到战略重要性，从变革管理到协作，从方法论和生命周期阶段到整合、风险管理和文化等，每个主题都经过了精心雕琢和反复斟酌。我们深知，这些内容不仅是理论阐述，更是实践指南，对项目/项目集管理从业者、PMO从业者、学者以及对项目集管理感兴趣的专业人士都具有极高的参考价值。

毫无疑问，项目集管理与传统项目管理之间存在显著差异。传统项目管理侧重于线性思维，注重在明确界定的需求和生命周期阶段内完成特定任务。而项目集管理则要求打破常规，以更具创新性和灵活性的方式应对复杂多变的环境。项目集管理更加注重创造长期的商业利益和价值，凸显其战略重要性。同时，项目集对组织的商业模式也有着非常大的影响，因此项目集经理和PMO从业者必须具备卓越的变革管理能力，能够持续评估项目集的长期影响，并为可能的变革做好充分准备。

本书的译者团队由PMO前沿特邀的多位专家共同组成，他们在项目管理、项目集管理、项目组合管理及PMO等领域具有深厚的造诣。译者团队深知项目集管理对组织和个人发展的重要性，怀着对项目集管理和翻译工作的热情，倾注了大量心血和精力，力求将作者的原意和精髓准确传达给广大中文读者。在此过程中，还得到了各行各业专家和同行的支持与帮助，他们提出的宝贵意见和建议进一步提升了本书的翻译质量。

在此，我们衷心感谢艾尔·泽顿博士的辛勤付出和智慧贡献，感谢出版社卢小雷老师的支持与信任，感谢所有参与翻译和审校的工作人员，感谢广大读者对本书的关注和支持。我们期望本书能为广大学者和实践者提供有益的参考和指导，为推动项目集管理的发展和实践贡献力量。

最后，我们衷心希望本书能够得到读者的认可和喜爱，成为读者在项目集管理道路上不可或缺的"良师益友"，为读者带来启发和收获。

郑志伟

2024.11.18

序

在过去的半个多世纪里,尽管项目和项目集管理尚未在全球范围内得到普及,但它们的实践和应用始终未曾间断。值得注意的是,项目管理所取得的辉煌成就在很多著作中得到了更为详尽的记载,而对于项目集管理则较少被提及。然而,在这个十年末,随着企业开始着手处理更多、更复杂的项目,特别是那些与战略业务计划、创新研发等核心领域紧密相关的项目,我们无疑将看到越来越多的项目集管理的应用场景。将项目加以整合,形成项目集,不仅有助于企业实现资源的优化配置,更是获取最大预期商业收益和价值的关键所在。

在早期阶段,区分企业竞争力的核心指标是,能否采纳项目管理的理念,而非项目管理技能的运用程度。然而,时至今日,项目管理已近乎成为企业的标配,而真正的分水岭在于企业是否对项目管理驾轻就熟,甚至达到炉火纯青的境地。随着项目集管理逐渐被更多人接纳和应用,精通项目集管理与擅长项目集管理之间的鸿沟将变得尤为显著。项目集管理关注商业应用层面,致力于实现更长远的目标。项目管理往往被视作一种短期工作,而项目集管理则更多地被置于一个 10~20 年的长期框架中进行考量。

诸如 IBM、微软、西门子、惠普、德勤等行业巨头,已经深刻认识到项目管理的重要性,并积极鼓励员工获得项目管理认证,以提升企业的核心竞争力。随着项目集管理应用的日益普及,这些企业也开始建议员工获得项目集管理认证,因为这样做可以显著提高商业成功带来的丰厚投资回报。

历史不仅是伟大的"教师",更是未来的"预言家"。我们从项目管理中学到的宝贵经验是,成功的衡量标准基于持续成功地管理项目。而现今的挑战在于如何定义项目集管理的成功。项目集管理的成功要素包含以下几点:

- 非线性思维。传统上,项目管理侧重于线性思维,要有良好定义的需求和生命周期阶段。然而,项目集管理则要求打破这一常规,项目集可能仅从一个简单的想法开始,随着项目集的推进,可能需要制定全新的政策和程序。项目集内的项目随时间的推移会变得愈发复杂。
- 战略重要性。与大多数项目管理注重创造可被干系人接受的可交付物不同,项目集管理更注重创造长期的商业利益和价值,凸显其战略重要性。
- 变革管理。相较于单个项目,项目集对组织的商业模式具有更大的影响。因此,项目集经理必须持续评估项目集的长期影响,并尽早为可能的变革做好准备。这种变革管理往往需要引导人们走出舒适区,迎接新的挑战和机遇。

- **协作**。传统的项目管理可能只涉及少数干系人，且他们的参与程度有限。然而，项目集管理要涉及众多干系人，并且很多干系人都希望参与关键决策的制定。因此，项目集管理比项目管理需要更多的协作和参与，并且这种协作通常需要持续进行。

- **方法论和生命周期阶段**。项目集经理需要具备管理多个项目的能力，这些项目可能采用了不同的方法论并具有不同的生命周期阶段。

- **整合**。项目集内的每个项目必须与项目集内的其他项目相互整合。在解决问题和制定决策时，这无疑给项目集经理带来了诸多挑战。

- **风险管理**。在 VUCA 环境下，项目集所面临的风险及其对最终成功的影响远超单个项目。因此，项目集经理必须时刻保持对 VUCA 环境的警觉，并积极采取措施降低风险，特别是可能对未来业务价值产生重大影响的相关风险。项目集经理必须保持高度警觉，以应对可能出现的各种风险和挑战。

- **文化**。与项目经理可能仅关注一种项目文化不同，项目集经理需要应对多种文化，并深入了解每种文化如何与企业文化相融合。此外，项目集经理还要具备出色的领导技能，以应对在较长的项目生命周期中可能出现的文化变迁。他们必须能够灵活应对不同文化背景下的挑战，确保项目的顺利进行。

- **解决问题和制定决策**。随着项目数量的不断增加，项目集经理在解决问题和制定决策时面临着巨大的挑战，不使用数字技术（如 AI）将很难应对这种挑战。在传统项目中，项目经理还可以选择是否使用 AI。然而，在连续执行大量项目的环境中，项目集经理会发现，有必要引导所有干系人，让他们了解数字技术将如何影响项目。他们必须积极拥抱数字技术，利用 AI 等先进工具提高决策效率和准确性，以应对日益复杂的项目管理挑战。

当然，除了上述这些，还有其他许多要素共同影响着项目集管理的成功定义与实施。本书不仅涵盖了上述所有要素，还涉及了更多更深入的内容。如果你渴望取得与业界翘楚相媲美的项目集管理成就，那么本书无疑应出现在你的"必读书单"之中。

对于项目集管理的未来，其主导权很可能落在解决方案提供者手中。他们将为每位客户及可能的干系人量身打造项目集管理实践，正如本书所详细探讨的那些实践案例一样。这些解决方案提供者不仅要能开发超越现有项目集管理范畴的技能，还要展现出推动变革的坚定意愿，并在战略业务决策与项目集决策中展现出过人的智慧。虽然项目集管理的未来充满希望，但也将面临诸多挑战。然而，正是这些挑战，激励我们不断探索、创新，共同开创项目集管理的新纪元。

哈罗德·科兹纳　博士
美国项目管理国际学习协会（IIL）高级执行董事
2023 年 9 月

引言

为什么需要项目集管理

背景

世界正处于日新月异的变革之中，而且这种变革会持续加速。回顾过去十年的历程，我们深刻认识到变革的广度和速度正日益加剧。因此，我们必须积极调整心态，适应这种不断变化的环境，并持续培养未来所需的技能。这样，我们不仅能保持进步，更能实现自身的成长与领导力的提升。项目，作为变革的载体，过去是，将来也是继续推动社会进步的重要力量。其本质在于通过消耗资源，以实现特定且有意义的变革目标。

在项目的管理中，项目集发挥着至关重要的作用。项目集犹如项目的纽带，可确保跨项目的宝贵资源得到高效的协调和利用，进而实现项目集干系人所追求的收益。若我们仅单独管理各个项目，便可能与这些潜在的收益擦肩而过。那些对项目集结果充满期待的干系人，往往具备影响项目集发展方向的能力。而收益，则是实现价值的关键所在，也是项目集最令人振奋之处。作为领导者规划和执行大型、复杂变革工作的战略工具，项目集具有不可替代的作用。从本质上讲，项目集代表了从战略愿景到实现重要目标的自然过渡。

项目集的重要性还在于它在项目组合中所占据的核心地位。每个项目组合都代表着组织实现其战略的关键环节。项目组合是一个整体，涵盖了项目集、项目集组件、项目及项目运营的其他部分。以连接到实现组织使命和愿景的方式组织项目组合显得尤为关键。在项目组合中，存在着两个构建模块：一个专注于日常业务的运营，另一个专注于业务的变革与创新。

本书主要关注以项目集和其他战略项目的形式呈现的战略性商业机会，以推动商业的变革与发展。项目集管理的核心在于确保我们不仅满足于实现具体的交付物，而且要追求更深层次的变革结果，这些结果旨在实现更为广泛和持久的收益。

本书为我倡导的"项目集管理方法"开辟了新的道路。这是一种全新的思维方式和工作模式，旨在找到最简单且最有效的方式，来应对潜在的重大战略性商业机会所带来的复杂性。在传统的项目、项目集管理工具和原则的基础上，本书的"项目集管理方法"为我们提供了多种创新思路，可指导我们更好地交付项目和项目集管理工作。扩展战略执行服务将继续成为组织的战略优先事项，例如，采用 PMO 即服务（PMO-as-a-Service）的方式。因为这些组织深知，只有完成那些能够深刻影响我们生活、工作、消费和社会变革的使命，才能真正发挥项目集的最大价值。

项目集和项目之间的差异

介绍

我和哈罗德·科兹纳博士共同撰写了本书的引言，旨在深入探讨项目和项目集之间的一些核心差异。自现代项目管理兴起以来，人们对项目和项目集之间的关系及其管理方式的理解一直存在着较大的混淆。这两个概念往往被随意地混为一谈。尽管已有文章（Weaver 2010）对两者的差异进行了阐述，但时至今日，特别是在新冠疫情之后，组织开始更加重视这种差异。在资源有限且关键资源不断流失的情况下，"组织是否应更加关注项目集管理而非单一的项目管理"这一问题变得尤为突出。

《PMBOK®指南》（第 7 版）（PMI 2021）提供了以下定义：

- 项目。为创造独特的产品、服务或成果而进行的临时性活动。
- 项目集。以协调方式管理的相关项目、附属项目集和项目集活动，以获得单独管理无法获得的收益。

从表面看，项目主要关注为特定客户或干系人量身打造独特的可交付物。项目集关注发掘协同合作的机会，这些机会常常通过管理多个项目得以实现，进而为组织及其客户带来商业收益与价值。

尽管某些著作将项目集管理简化为对多个项目的管控，但实际上，项目与项目集之间存在着显著的差异，这些差异源于多种因素。若将项目视作项目集来进行管理，可能引发严重的成本超支，甚至可能出现项目被取消的风险。同样，以项目的方式来管理项目集，也可能导致项目集的成果远低于最优水平，甚至导致项目集失败。

为了明确区分项目集和项目，我们可以参考一系列因素。这些因素不仅有助于我们界定项目集和项目的边界，还能作为识别两者差异的常用标准。这些因素包括：

- 目标的类型。
- 产品和服务的类型。
- 行业的类型和特点。
- 受益的客户/干系人的数量和类型。
- 对商业成功的影响和商业成功的定义。
- 战略风险。
- 实施的方法论。
- 项目或项目集的规模。

- 事业环境因素的影响，如 VUCA 环境。
- 需求的复杂性。
- 技术要求和可用性。
- 战略决策与运营决策。

然而，最显著的区别可能体现在组织行为因素上，包括领导风格的选择、与团队和干系人的互动方式，以及所需做出的关键决策。在引言中，将针对这些因素中的几个方面进行深入的探讨与分析。

选择领导者

在许多公司中，存在一个普遍的误区：认为成为项目或项目集经理的唯一标准是通过考试并获得认证。然而，尽管认证无疑是一个关键的考量因素，但我们也必须认识到，还有许多可能更重要的特质和能力。

一家航空航天公司的副总裁评论道，在他的组织中，项目经理最不可或缺的两项技能是技术知识和写作能力。技术知识必须与实现项目可交付物所需的具体技术紧密相关。项目经理这一角色常常是临时的，他们可能在没有接受任何专门培训的情况下被指派管理某个项目，在项目结束后便返回原职能部门，继续履行可能与项目管理无直接关联的职责。因此，项目管理在这些公司中更像兼职工作而非全职工作。此外，一些公司还会雇用承包商来执行项目工作，而这些承包商往往还要承担项目管理的责任。

相对而言，项目集管理则必须是组织内部的全职工作。项目集经理通常需要对技术有深入的理解，而不只是掌握技术知识，同时，他们必须具备出色的业务技能，这些技能与客户沟通、供应链管理、战略规划和团队建设所需的人际交往能力相关。

定义成功

成功的定义具有多样性。项目经理在项目伊始便致力于确保需求得到明确的定义，并且准确理解要为客户提供的可交付物，他们注重的是确定性。在此情境下，成功被界定为在限定的时间、成本和范围内成功提供可交付物。

然而，项目集经理则经常要面对极大的不确定性，包括客户需求的不断变化、新业务风险的持续涌现，以及技术领域的日新月异。因此，仅从时间、成本和范围的角度来衡量项目集的成功变得尤为困难。项目集经理深知，他们对成功的定义必须是放眼未来的，并需要将成功与项目集为组织带来的长期收益和价值紧密关联。

组织流程再造和变革管理

组织变革是不可避免的，所有公司都将在某个时刻经历这一过程，有些公司甚至会更频繁地进行变革。变革往往是由项目的成功与失败引起的，它可以是对项目管理的流程、表单、指导原则、核对单和模板的微小改进，也可以是彻底改变业务模式的组织流程再造。这些变革可能只影响一个项目，也可能波及项目集中的所有项目。

然而，这些变革必须有充分的理由作为支撑。有些公司虽然投入了大量资金进行变革，但并未实现与其战略需求相符的预期成果。其中，缺乏员工的支持往往是变革失败的关键因素。

项目经理通常不会主动领导重大的组织流程再造工作，除非该变革仅影响一个项目。当变革涉及多个与特定项目集无直接关联的项目时，变革的领导者可能由指导委员会来充当。项目集经理在变革中扮演着至关重要的角色，特别是当变革可能对项目集中的多个或全部项目产生深远影响时。基于战略需求的项目集变革，可能只影响公司内的某个项目集。

对于领导变革的人员来说，其最重要的责任之一是，沟通变革的业务需求。项目经理可能期望高级管理层或指导委员会来承担这一角色，特别是在变革对项目影响较小的情况下。然而，项目集经理不能推卸这一责任，尤其是在项目集的可交付物、客户和干系人的期望以及长期财务考量可能受到重大影响的情况下。在这种情况下，项目集经理必须承担领导项目集流程再造的重任。

面对面的沟通对于赢得员工的认同和支持尤为关键。员工通常关心这些变革将如何影响他们的工作，以及是否需要学习新的技能。员工往往害怕离开自己的舒适区，尤其是当他们对未来的不确定性感到担忧时。项目经理在变革管理过程中往往较少关注员工的担忧，因为他们之间的关系可能随着项目的结束而终结（未来可能不再与这些员工共事）。然而，对于项目集经理而言，与员工的有效沟通则显得尤为重要，因为项目集的影响往往更为广泛和持久。

被分配到单个项目的员工可能有机会请求重新分配到其他项目，在那里他们可以保持在自己的舒适区域内。被分配到项目集的员工可能在多个项目中工作，因此重新分配是不可能的。在面对面沟通时，项目集经理应讨论以下事项：①商业需求的变革；②变革将如何以及何时发生；③在变革发生后对员工的期望。如果由项目集经理通过面对面的方式直接提供信息——而不是由与项目集无直接关系的人员提供信息，员工更有可能对变革做出积极的回应。

职业发展机会

每个人都在寻求职业发展机会。在项目管理的相关书籍和培训课程中，我们强调，有效领导项目的关键职责之一是，帮助员工自我提升和增加他们的职业发展机会。遗憾的是，在传统的项目管理中，这说起来容易做起来难。其中，包括以下一些原因：
- 项目经理可能对员工的雇用或解雇几乎没有权力。
- 项目经理可能没有权力进行正式的绩效评估，并且无权就员工的绩效向职能经理提供建议。
- 项目经理可能不具备评估员工绩效所需的技术知识。
- 员工可能被分配到多个项目，由多位项目经理指导，每位项目经理可能没有足够的时间来评估员工的绩效。
- 项目的预算可能没有为员工的职业发展提供培训资金，除非培训与他们当前正在进行的项目直接相关。

在大多数组织中，项目经理不进行正式的绩效评估。当员工在项目中接收到项目经理和职能经理相互冲突的指令时，员工通常会遵循为其评估绩效的职能经理的指令。

项目集经理通常没有上述这些限制。员工会被分配到项目集中的多个项目上进行全职工作，并且项目集经理可能有权对员工绩效进行评估。因此，项目集经理通常会比负责单个传统项目或运营项目的项目经理更好地了解项目中的员工。

另外，战略与管理/职业发展之间的关系也是一个重要因素。战略是通过项目来制定和执行的。现在，有很多项目管理书籍和文章都指出了项目与战略保持一致的重要性，所以为什么要参与那些与战略目标不一致的项目呢？

高级管理层与项目团队之间要保持良好的沟通，以确保团队成员能够认识到战略业务目标的相关性和重要性。通常，战略与项目集之间的关联往往比战略与单个项目之间的关联更为明显。

如果一个项目集有长期战略，并且员工认同这个战略，那么当员工意识到项目集中的战略可带来职业发展机会时，项目集经理就能更好地激励员工。与满足单个项目并注重稳定的职能组织相比，具有成长战略的项目集通常能为员工提供更多的发展机会。此外，如果仔细向员工解释之前讨论过的组织流程再造工作，也可以带来新的职业发展机会。

数据驱动的风险管理

从新冠疫情中得到的一个重要教训是，在危机期间，传统的风险管理方法可能是无效的。一个项目（短期的）的失败所带来的风险可能是微不足道的，但一个项目集（长期的）的失败则可能是灾难性的。

与项目经理相比，项目集经理在风险评估方面需要更多的数据，因为项目集中的许多项目可能是战略项目，而不是传统项目或运营项目。在运用数据驱动的风险管理时，需要访问信息库和商业智能系统。正如两位专家的以下观点（Kerzner 和 Zeitoun 2022 年）：

正在发生的业务变革和项目/项目集工作方式的变化，导致了前所未有的不确定性，这使"估算"和"相关风险"成为战略举措成功的核心议题。在我们看来，若要创造一个商业上成功的产品，需要对数字化估算进行创新。这也意味着从项目早期阶段开始，团队成员必须理解商业化生命周期中所需的知识。

一些项目经理可能直接放弃一个失败的项目，然后继续下一个项目。而项目集经理面对的利害关系要复杂得多，他们关注的是如何尽可能多地挽救业务价值。

项目经理和项目集经理对风险管理的看法往往是不同的。项目经理往往关注负面风险，即坏事发生的概率及其带来的后果。其目的是减少负面风险，根据《PMBOK®指南》教授的方法，可通过规避、转移、减轻或接受策略来实现。

项目集经理必须处理正面风险和负面风险。在处理正面风险时，应考虑母公司和客户的最大利益，着力增加项目集活动的商业收益和商业价值。针对机会的应对战略，应包括接受、利用、转移和增强。有效的项目集风险管理活动必须是整体性的，既要考虑负面风险的管理策略，也要考虑正面风险的管理策略。

干系人关系管理

在《PMBOK®指南》中，干系人关系管理扮演着重要角色。对于项目经理来说，干系人关系管理主要关注向干系人提供项目绩效的反馈，并让他们参与项目计划的决策和执行。对于项目集经理来说，这种关系管理会更加复杂。

大多数项目经理不负责营销和销售其项目的可交付物。因此，无论可交付物的商业价值如何，项目经理在项目结束后都会转至下一个项目，并且不会再与同一客户或干系人合作。项目集经理将自己视为项目组合的管理者，其战略意图是，为项目集的可交付物创造长期且有盈利的生命周期。因此，项目集经理可能要比项目经理具有更多的销售和沟通技巧。这就需要项目集经理与客户和干系人进行更频繁的沟通。

项目经理和项目集经理都对质量管理有着极大的兴趣，但他们往往出于不同的原因。对于项目经理来说，质量应与组织的客户关系管理（Customer Relations Management，CRM）项目集保持一致，该项目集寻求在短期内向客户销售更多现有的可交付物，重点在于短期思维和快速盈利。

项目集经理更关注客户价值管理（Customer Value Management，CVM）而不是 CRM，要有长期思维和战略性思维。CVM 的目的是贴近客户，了解他们对价值的看法和定义，以及在未来哪些价值特征对他们来说是重要的。这样，项目集经理就能根据客户群制定有意义的战略目标，这可以与重要客户建立更密切和更牢固的联系，甚至可以与重要客户建立终身联系，并创造可持续的竞争优势。

多项目的管理与创新

传统项目管理侧重于在时间、成本、范围和质量等制约因素下管理单个项目。在大多数传统或运营项目中通常不包含创新需求。传统项目通常侧重于在创建可交付物时应用现有知识和技术。在多项目环境中，项目集经理需要使用许多有效管理项目组合所需的概念。与从事单个传统或运营项目的项目经理相比，项目集经理可从多项目管理和有效的客户关系管理中获得更多的创新机会。

项目集经理必须解决的一些问题来自以下问题的答案：

- 项目集内的项目与战略目标是否一致？
- 是否需要取消、合并或替换任何项目？
- 是否需要加速或减速任何项目？
- 是否需要重新平衡项目组合？
- 我们能否证实组织价值正在被创造？
- 风险是否得到有效减轻？

要回答这些问题，项目集经理就必须利用业务和战略目标进行明智的决策，包括战略机会、可能需要的新技术以及客户期望的新产品/服务。而战略机会与那些针对客户价值定义的创新活动密切相关。

我们之前提到过，项目集经理更关注CVM而不是CRM，因此，必须抓住在多项目环境中的创新机会。项目集经理必须认识到，基于创新的战略可成为维持或创造持续竞争优势的关键驱动因素。通过以合作的方式管理项目集内的所有项目（使每个项目与其他项目相关联），项目集经理能够创造比传统项目经理更多的商业收益和业务价值。要实现协同效应，需要更多的衡量标准和一些创新实践的专业知识，以支持CVM活动。

为什么选择本书

在我攻读土木工程学士学位期间，一位受人尊敬的教授向我们介绍了建筑管理的机制。那是一个令人着迷的经历，让我对管理这个新领域有了全新的认识。在将项目分解为一系列有条理的要素集合，以及创建项目工期的关键路径时，我被其深深吸引，并认为这是一个非常棒的实践领域。虽然我的职业生涯是从工程师开始的——例如，设计城市的公用设施，但我一直对与霍斯尼教授的这次会面记忆犹新，并从中学到了很多东西。

很自然地，我获得了项目管理专业人士（PMP®）认证，并且我非常自豪地成为堪萨斯州威奇托市第一个获得该认证的专业人士。当我从工程领域转向制造业，第一次负责运营项目管理办公室时，我最大的顿悟是，项目管理实践几乎在所有行业中都同样适用。我发现了一件事（它贯穿了我的职业生涯），那就是"项目可能被认为是成功的，但客户或用户（使用项目服务/产品的主体）预期可能没有实现"。

这就是我开始研究和深入了解项目集管理原则，并对该领域及其在实现最具深远意义的变革中所起到的核心作用越来越感兴趣的原因。项目集是战略执行的载体，这意味着对收益管理的高度关注应成为启动项目集和管理项目集生命周期的关键因素。在项目工作中，这将帮助我们解决一些实际问题，例如，只关注完成可交付物，而忽视了干系人期望的结果。

方法

在本书中，我将重点介绍项目集管理的流程和技术（可实现变革），以及被赋予项目集经理头衔和责任的个人。你将学习如何设计成功的项目集，如何设定优先级并专注于实现价值，以及最重要的是，如何提升领导未来重大变革所需的正确技能和素质。本书介绍和分析的原则与许多全球行业标准保持一致，也与项目管理协会（PMI）的标准和实践指南保持一致。

本书以实践为导向，因此你将看到很多案例和示例，例如，如何应用项目集管理原则，以及如何在跨组织工作和涉及多个项目干系人竞争时克服可能面临的差距和阻力。另外，一些读者可能正在准备 PMP® 或 PgMP® 认证考试。本书将提供很多有用的参考资料，以指导这些读者找到与这些认证最相关的资源。此外，本书还配有教师手册，教师可通过联系 Wiley 出版社获得该手册。

预期成果

我希望读者通过阅读本书能深刻理解项目集管理在推动变革方面的价值。理解如何超越项目管理并付诸实践，以项目集的形式实现项目的战略价值，是本书带给你的关键价值。作为未来的项目集经理，你具有的素质和实现战略收益所需的关键技能，将使你有能力始终如一地应对最具挑战性的转型举措。

在日益数字化驱动的世界中，本书涉及的人类行为和干系人管理实践是未来组织成功的关键所在。阅读本书的收获因个人实践者的需求、项目/项目集团队的成熟度，以及组织对项目和项目集价值的理解程度而异。

作为未来项目集的领导者，应学习如何提高自己的适应性，以阐明并推动项目和项目集的故事，这将决定你的成功以及实现梦想的能力。在 VUCA 时代，领导项目集已经具有足够的挑战性。然而，当我们将其与未来十年可能出现的环境相比，项目集管理将变得更加具有挑战性，但机遇也同样巨大。

这可能是介于多样性和破坏性之间的 VUCA，或者很有可能是动态的、模糊的、不确定的、非线性的、复杂的和新兴的未来商业状态。关键是，项目集经理要更频繁、更有效地做出关键决策，以企业家的思维行事，做出艰难的决定，继续与各种各样的干系人建立联系，推动整合，考虑人工智能的影响，并确保项目集持续专注于实现价值。我将其视为面向未来的"项目集管理方法"，在未来，起主导作用的是感知、响应和把握战略性商业机会的能力。

祝你阅读愉快，祝你在自己的项目和项目集旅途中取得成功，并从中获得持续稳定的价值！

目录

第 1 部分　卓越治理与实现变革 ··· 1

概述 ··· 1

学习要点 ··· 1

关键词 ··· 2

介绍 ··· 2

项目集管理的挑战 ·· 3

项目类型 ··· 3

项目集商业论证 ··· 4

范围蔓延 ··· 4

组织结构图 ·· 4

管理干系人的期望 ·· 5

状态报告 ··· 6

战略协调 ··· 6

选择方法论 ·· 6

定义成功 ··· 7

第 1 章　连接战略，实现变革 ·· 8

  1.1　项目集的重要性 ··· 8

  1.2　确保交付过程的一致性 ·· 12

  1.3　决策的速度和质量 ·· 19

  1.4　指挥家 ··· 22

  1.5　在复杂性中深入细化 ··· 26

  1.6　管理变革的重要性 ·· 31

  1.7　心智对齐 ·· 34

  1.8　数字化转型 ··· 38

  1.9　变革者 ··· 42

  1.10　倡导变革 ··· 45

第 2 章 明确焦点 ... 50

项目集经理的成功 ... 50
- 2.1 项目集发起人 ... 50
- 2.2 关键的伙伴关系 ... 54
- 2.3 与干系人的纽带 ... 59
- 2.4 项目集章程与明确的优先级 ... 63
- 2.5 重新思考变革 ... 67

第 3 章 推动整合 ... 71

- 3.1 整体领导者 ... 71
- 3.2 关注收益 ... 75
- 3.3 通过同理心来整合 ... 78
- 3.4 依据项目集路线图进行沟通 ... 81
- 3.5 强大的故事 ... 84

第 2 部分 运用影响力技能和数字化工具来推动持续的变革 ... 89

概述 ... 89
学习要点 ... 90
关键词 ... 90

第 4 章 变革 ... 91

- 4.1 业务的未来 ... 91
- 4.2 变革文化 ... 95
- 4.3 变革事项 ... 98
- 4.4 鼓舞人心的项目集故事 ... 101
- 4.5 质量转型 ... 103

第 5 章 有效参与 ... 107

- 5.1 适应整个生命周期 ... 107
- 5.2 项目集干系人 ... 110
- 5.3 争取项目干系人参与 ... 113
- 5.4 合适的参与策略 ... 116
- 5.5 感知与响应 ... 118

第 6 章 影响力技能 ... 122

- 6.1 技能革命 ... 122

6.2	不再是传统意义上的软技能	126
6.3	项目集成功的纽带	129
6.4	熟练掌握影响力技能	132
6.5	项目管理专业人员	135

第 7 章 数字化的未来 139

7.1	AI 将持续伴我们同行	139
7.2	数字化的优势	143
7.3	智能管理	146
7.4	沟通的本质在于人	149
7.5	实现平衡	151

第 3 部分 项目管理办公室（PMO）——战略执行部门 155

概述 155

学习要点 156

关键词 156

第 8 章 价值驱动的项目集与混合工作 157

8.1	价值驱动的工作方式	157
8.2	价值思维	160
8.3	收益管理的重要性	163
8.4	积极赢得成功	166
8.5	嵌入价值焦点	168
8.6	混合工作方式	171
8.7	共创项目集管理方法	174
8.8	灵活交付的价值	177
8.9	项目集生命周期的选择	180
8.10	合适的组织团队	183

第 9 章 基于风险管理的治理 186

9.1	为什么基于风险管理的项目集治理非常重要	186
9.2	风险偏好的逐级影响	189
9.3	决策速度	192
9.4	与学习的整合	195
9.5	成熟的项目集管理实践	197

第 10 章　学习引擎 · 204

10.1　企业学习能力 · 204
10.2　PMO 角色的发展 · 207
10.3　创建学习型文化 · 210
10.4　跨项目集对齐的重要性 · 212
10.5　指导持续改进 · 215

第 4 部分　组织级变革管理框架——推动战略转型，实现项目集价值 · 219

概述 · 219
学习要点 · 219
关键词 · 220

第 11 章　变革文化 · 221

11.1　变革文化的特点 · 221
11.2　变革成功的要素 · 223
11.3　治理事项 · 226
11.4　基于企业风险管理（ERM）的治理 · 228
11.5　为变革成功提供支持 · 230

第 12 章　维持收益 · 233

12.1　跨生命周期的收益 · 233
12.2　复原力和收益 · 240
12.3　主人翁意识的环境很重要 · 243
12.4　信任管理 · 245
12.5　变革与收益的一致性 · 247

第 13 章　变革专家 · 250

13.1　变革专家的革新 · 250
13.2　项目集成功的影响力技能 · 252
13.3　项目集指标组合 · 255
13.4　精通决策制定 · 257
13.5　项目集核心团队的变革 · 260

第 14 章　适应型路线图 · 264

14.1　基于价值的项目集路线图 · 264

14.2	适应性因素	266
14.3	兼顾治理与可跟踪性	269
14.4	共创路线图	271
14.5	多样性和一致性	274

第5部分 前进的道路 ... 279

项目集管理中的战略机会	280
项目集管理和商业模式	280
从项目集经理到商业模式设计师	281
商业模式和商业价值	282
商业模式的特征	282
战略伙伴关系	283
商业智能	283
商业模式的改进	284
商业模式和战略联盟	285
确定商业模式的威胁	285
商业模式的失败	286
案例研究：诺拉的两难选择	287
案例研究：蓝蜘蛛项目	288
案例研究：麦克罗伊航空公司	299
案例研究：团队会议	301
案例研究：自视甚高的人	302
案例研究：赞恩公司	303
案例研究：低绩效团队成员	306
案例研究：管理控制狂	307
引领和持续推动未来变革	309
项目与项目集管理文化	309
文化的益处	309
组织文化的类型	311
项目/项目集管理文化的类型	312
项目/项目集管理文化的挑战	313
项目集管理之道的三大支柱	314

第 1 部分

卓越治理与实现变革

概述

第 1 部分介绍了项目集管理的基础知识，详细阐述了项目集管理在实现组织变革中的价值，提供了一些基础的工具和方法，以帮助项目集经理在变革过程中明确方向并发挥领导作用。同时，第 1 部分还包括了一些全球组织的案例研究，展示了卓越治理的可行性。

学习要点

- 理解项目组合、项目集和项目之间的关系，以及它们如何协同工作以创造价值。
- 理解为什么项目集和战略必须相互关联才能实现有意义的成功并获得竞争优势。
- 掌握项目集管理与变革管理之间的连接过程，以及如何使用它推动和维持创新成果。
- 了解不同的项目集角色如何支持项目集的成功，以及如何利用项目集发起人的角色与业务目标紧密连接并实现业务目标。
- 使用项目集路线图来创建连接蓝图，以整合项目集团队的关注点和专业知识。

关键词

- 战略。
- 变革管理。
- 复杂性。
- 项目集发起人。
- 卓越。
- 路线图。

介绍

世界必须不断变革，以满足人类及其自身的发展需求，并应对我们共同面对的战略复杂性。在这个不断变化的工作环境中，战略执行的方式已逐渐脱离了传统的工作模式。这一转变只会越来越快，越来越复杂。作为领导者和项目集经理，学习治理战略，培养整合能力，并关注价值，正变得越来越重要。第 1 部分着重讲述了走向卓越项目集交付的艰难且有益的历程，这将提升学习者的创造力、思维能力和未来设想能力，让他们能够更好地应对未来的挑战。你将学习如何更快地进行交付，以及如何消除战略执行过程中的障碍。

这项工作将基于 PMI 的项目集管理标准进行。其中，重要的是，将整合能力作为项目集成功的引擎。这将帮助你推动和支持有意义的变革，并通过深入研究一系列实践能力，来实现项目集投资的巨大回报。

要培养必要的整合能力，就需要花时间和精力来探索如何采用更多的领导风格，同时还需要总结项目集管理的流程和原则，将其作为创建变革的工具。本次学习之旅将从全球视角出发，旨在帮助项目管理从业者加速成长为未来的领导者和成功的项目集经理。

在第 1 部分的各章中，我们将学习和理解项目集管理与变革管理之间的微妙平衡。众多项目集管理机制提供了推动变革所需的重要机会。本质上，项目集往往具有长期性，在其执行期间可能发生多次变更。领导者需要将项目集视为战略性商业机会，旨在实现组织的战略目标或满足关键的客户需求。

我们将讨论几个全球性的案例研究，以引领我们迈向数据科技的未来，帮助我们探索它在项目集交付、创新决策以及变革中的人性识别方面的角色。同时，我们还将引用一个卓越模型，在规划和执行项目集的过程中，可以将它作为学习和实践重要行为的良好基础。

项目集经理需要完全沉浸于持续学习的生活方式。作为项目集的领导者，你可以使用各种各样的学习工具，而成功与否取决于领导者是否愿意抽出时间温习所学到的实践知识并个性化地运用这些知识，以满足特定的学习和项目集工作需求。

随着项目集管理模式的不断发展壮大，在未来，可能出现不同的角色。在第 1 部分中，将重点介绍指挥家、变革者、整体领导者和故事讲述者。这为项目集领导者提供了很好的机会，能够尝试最适合自己的角色，以便在最能够产生显著影响的地方发挥作用。这些（和其他许多）角色，都是你可以实践、实践、再实践的。还有什么比领导或参与世界上最有意义的项目集更令人兴奋的呢？

第 1 部分以全球视角为基础，旨在为项目集管理的原则和实践赋予"生命力"。这将使你和你的组织感受到项目集管理的魅力，也将影响你和团队当前及未来的工作方式。

在开始第 1 章之前，我要重点强调一些在管理项目集时常常面临的挑战，这些挑战会对成功管理一些关键的变革工作带来影响。

项目集管理的挑战

项目集通常被定义为一组项目，可以对这些项目进行串行管理，也可以对这些项目进行并行管理（或者两者兼而有之）。项目集经理会面对众多挑战，这些挑战常常使他们难以实现（甚至部分实现）高级管理层制定的战略目标。项目集的规模越大，克服挑战的难度就越大。

许多挑战对于项目和项目集来说都是普遍存在的。然而，由于这些挑战所带来的风险可能对项目集的影响远大于对项目的影响。当项目遇到挑战时，一些公司选择直接放弃该项目，并转向下一个项目。当项目集遇到挑战时，终止项目集的成本可能相当高昂，并且会对组织的竞争力和未来成功产生严重影响。

项目的持续时间通常比较有限。而大多数项目集由于其战略性和对组织成功的影响，其持续时间更长，会面临更多的与业务相关的挑战、风险和负面影响。

项目类型

当管理与项目集无关的单个项目时，我们通常将其视为"传统"项目或"运营"项目。项目集管理活动则由"传统"项目和"战略"项目组成。传统项目始于明确定义的需求、详细的商业论证、工作说明书以及可能的工作分解结构（Work Breakdown Structure，WBS），后者概述了在项目期间所需的所有活动。战略项目可以仅基于一个想法，随着项目集的进展，需求会得到详细阐述。

传统项目和战略项目的组合因每个项目集而异。商业环境会不断变化，越来越多的项目集将变得更具战略导向。原因包括：
- 当今的商业环境面临更大的风险和不确定性。
- 对产品、服务、市场和客户的需求日益增加。

- 对提高效率和效果的内部项目的需求日益增加。

面临的挑战在于，要将更多的战略项目视为项目集的一部分，并认识到对于大多数战略项目，不能使用我们在过去几十年中学到的传统项目管理的流程、工具和技术来进行管理。

项目集商业论证

项目集中的许多项目将是战略导向的，并且将在缺乏明确需求，甚至没有商业论证的情况下启动。然而，考虑到项目集所涉及的成本和时间，整个项目集必须基于已得到充分理解的商业论证。

商业论证必须阐明预期收益和预期商业价值。商业论证还为许多必须做出的决策提供边界。面临的挑战在于，应如何准备商业论证，以确保所有项目集团队成员都清楚地了解对他们的期望。

范围蔓延

与范围蔓延相关的风险几乎存在于所有项目集和项目。然而，这类风险对项目集的影响更大。项目集的风险大小取决于项目集内各项目之间的关系。一个项目的范围蔓延可能导致项目集内其他项目也发生成本高昂的范围变更。

变更控制委员会（Change Control Board，CCB）通常负责处理范围变更的批准或拒绝。对于项目来说，CCB 可能由项目团队的成员、组织管理层和受变更影响的干系人组成。对于项目集来说，确定受变更影响的干系人数量可能很困难。CCB 的决策必须考虑范围变更对整个项目集的影响，而不仅是对一个项目的影响。

一个重要的考虑因素是，变更可能对项目集的供应商和分销商产生影响。请注意，引入新供应商或分销商的相关成本会给项目集带来财务压力。

组织结构图

可以根据项目活动的规模和/或持续时间，为项目或项目集指派全职或兼职人员。通常，项目的持续时间比项目集的持续时间短；除非在合同中有明确要求，否则不会创建特定的组织结构图。在项目中，会用到责任分配矩阵（Responsibility Assignment Matrice，RAM），可能出现在组织结构图上的人员是项目经理和助理项目经理（如果有）。其他工作人员，如销售、工程、采购、法务和制造部门的人员，以"虚线方式"连接到项目经理，以"实线方式"连接到职能经理。

在项目集中，有详细的组织结构图，包括销售、工程和制造部门的全职人员。由于项目集内的项目众多，对于涉及竞争性投标的项目，可能应指派全职销售人员，以便持续为这些项目准备提案。同样，工程和制造部门的全职人员会出现在组织结构图上，并直接向项目集经理报告。但实际上，无论组织结构图如何显示，他们可能仍然以"虚线方式"向项目集经理汇报，以"实线方式"向他们的职能经理汇报。显示报告关系（无论是实线还是虚线）的目的是确定正确的问责制，并消除技能不匹配的风险。

大型项目集会有特殊的要求，需要全职人员。示例可能包括：

- 项目集办公室经理。职责包括处理行政文件、安排会议，并确保项目集活动与公司标准和期望相一致。
- 报告管理经理。负责所有报告和资料的准备及分发。该人员通常不直接参与报告的撰写工作。
- 风险管理经理。负责监控 VUCA 环境和事业环境因素。其他职责包括识别、分析和应对可能影响项目集成功的所有风险。
- 商业分析师。与风险管理经理密切合作，职责可能包括识别商业机会和威胁。商业分析师可能要监控客户需求的符合情况，并验证项目集的可交付物。
- 变革经理。在一些大型项目集中，可能需要明确指出公司的商业模式将发生变革。变革经理负责为预期的变革做好准备。变革可能仅涉及公司的某些流程或业务方式的微调，而不是对商业模式的重大变革。

作为专业的项目集管理专家，我认为将关键人力资源从其职能部门中撤出并全职分配给项目集经理可能是个好主意。然而，如果在项目集结束后，工作人员没有"家"可归，就会存在风险。

有些人会查看项目集的组织结构图，并认为人员过多，项目集的管理过度。但我们必须记住，项目集中有许多必要的联络点，需要进行持续的交互。否则，会导致沟通不畅，使某些干系人可能对实际情况一无所知。

管理干系人的期望

干系人是最终决定项目集是否成功的人。项目集中的干系人比项目中的干系人多得多。未能满足项目集干系人的期望可能导致重大的业务损失。鉴于许多项目集的时间跨度很大，在项目集的生命周期中管理干系人的变更，以及应对干系人不断变化的期望都是本书所述"项目集管理方法"中的重要能力。

在项目（特别是短期项目）中，项目经理可能能够与干系人保持距离，并尽量不让他们参与项目。在项目集中，由于某些干系人拥有权力，项目集经理可能无法施展上述能力。管理干系人期望是一个持续的过程，从项目启动时就应开始，这有助于应对那些因无法确定真正需要什么而不断改变范围的干系人。

项目集经理必须确保项目集绩效与干系人的关键战略目标保持一致。这需要对绩效进行持续的（而非间歇性的）沟通，并能够快速应对范围变更请求及其产生的后果。

当干系人处在多个时区时，管理他们的期望可能变得十分困难。这会限制干系人与项目集团队之间的面对面互动。如果一些干系人有不同的文化背景，这可能使情况变得更加复杂，因为他们在处理项目集问题时有不同的利益点和重视程度。

状态报告

干系人希望看到事实和证据，以明确项目集正在实现预期的收益和可交付物。传统项目所使用的监控系统可能不足以报告项目集状态。项目集经理可能需要使用额外的指标，而这些指标并未包含在挣值管理系统中。针对干系人所需的其他信息，可能需要创建业务指标、价值与收益跟踪指标、衡量活动（如高管和干系人的支持）有效性的无形指标，以及衡量项目与战略业务目标一致性的战略指标。

一个问题是，许多项目集经理仍在遵循传统的状态报告指南（包括报告的频率和时机等），而干系人可能希望更频繁地获得信息。在有些项目集中，使用了仪表板报告系统，你需要频繁地更新这些仪表板，甚至可能每天都要对其更新一次。

状态报告的格式也会成为一个问题。项目经理可能满足于使用标准模板来提供状态信息。在采用仪表板报告系统的项目集中，项目集经理会发现，有必要为每个干系人准备一个定制的仪表板。

战略协调

状态报告的一个重要功能是"确定战略对齐"。"确定战略对齐"需要在项目团队与高级管理层之间建立良好的沟通渠道。现在，大多数公司都将"目标对齐"概念作为标准项目管理实践的一部分。"目标对齐"可为项目团队提供指导，以确保所做的决策能使项目与组织的战略业务目标保持一致。

在项目集中，战略协调更为困难，因为项目集经理必须使项目集内的各个项目与组织的战略业务目标以及干系人的战略目标保持一致。相互冲突的战略目标将导致高层级战略对齐的缺失，从而在项目团队之间引发争执（涉及在项目集内的项目制约因素和边界条件）。

选择方法论

几十年来，各公司一直在努力创造一种"通用"的方法论，以满足其所有项目的需求。在专注于具有某种程度共性的传统或运营项目时，这种方法的效果很好。

当我们开始将项目管理实践应用于其他类型的项目（如战略项目、创新与研发项目）时，显然需要像敏捷和 Scrum 这样更灵活的方法论。这对标准的项目管理实践来说是好消息，但对项目集管理实践来说是个挑战。

项目经理要选择与其客户业务模式相匹配的方法论。在许多情况下，这包括使用客户的生命周期阶段和关口。选择与客户业务模式相匹配的方法论不仅能提高客户满意度，还能促进客户的重复购买。

由于客户数量和进度报告的复杂性，项目集经理不能遵循相同的路径。项目集经理可以使用多种方法论来实现客户战略的一致性，但不一定要为每个客户设计独特的方法。

定义成功

项目经理和项目集经理对成功的定义是不同的。大多数从事传统项目管理的项目经理都将成功定义为所完成的可交付物以及短期业务收益和价值。项目集经理是长期思考者，他们会从长期收益和价值实现以及业务的可重复性等方面来衡量成功。

当前，项目管理的趋势是，项目经理在项目启动时与客户紧密合作，以达成对项目成功的一致定义。项目经理会与客户一起选择用于该项目的指标（可能包括特定客户的特定指标），并根据商定的成功定义，衡量和报告项目进展。

当存在多个成功定义，并且每个成功定义都需要不同的指标时，项目集的管理会变得非常困难。项目集的成功通常从商业角度来衡量，而不是技术角度，重点是通过创造商业价值来实现可持续的竞争优势。

第 1 章　连接战略，实现变革

本章的重点是，理解典型项目集的生态系统。本章旨在强调基础的项目集管理原则，以帮助项目集经理明确方向，使干系人保持一致，并根据客户的需求来设计项目集管理方法。这样做的目的是，为项目集的设想及其组件奠定基础，并将执行步骤保持在正确的轨道上。

在快速变化的世界中，随着人工智能应用的增加，集成连接逐渐盛行，云应用成为常态，项目集经理将成为变革的未来架构师。

1.1　项目集的重要性

> 学习要点：
> - 理解项目集在交付战略成果方面的价值。
> - 了解卓越模型，帮助你更好地协调项目集工作。
> - 研究案例和评估工具，以提升项目集决策的速度和质量。
> - 学习如何培养整体思维，为担任项目集经理这一指挥家角色做好准备。
> - 更好地应对复杂性，提供以客户为中心的解决方案。

过去十年，项目和项目集管理得到迅速发展。这一趋势体现在以下几个方面：全球性项目集活动的日益增加；为表彰项目集和项目经理影响力而设立的奖项；价值观或项目集办公室的更新；企业领导者对项目集战略价值的理解程度的提升。

项目集是独一无二的。人们认为，项目集具有一种总体连接结构，该结构可以连接其子项目集或项目，这在增强整体可见性（常常缺失）方面是非常有价值的。项目集提供了规范性和约束，教会我们如何具有战略眼光，使我们能够提升能力并发展强项。

项目集与项目之间的差异如下：

- 项目。开始和结束都围绕可交付物。
- 项目集。连接子项目集和项目,保持这种持续的连接性,有明确的目标,并与组织为这一整合战略执行工具设定的战略目标高度相关。

项目集经理角色的独特性在于,他们必须开发一套与项目经理所需技能不同的或在其基础上建立的技能组合,其核心在于始终强调价值。这是项目集背后的商业论证的连接点,也是人们在经典项目环境中可能忽略的"启示"(项目集的真正价值和意义),因为在这种环境中,人们往往过于关注可交付物。这种商业价值的提高在战略上具有重要意义,因为它允许项目集经理和项目集团队从项目集启动之初就引领整个跨组织的引擎朝着创造价值的方向前进,而不是在项目集的后期以更高的代价实现这一目标。

项目集之所以重要的一个关键原因是,干系人管理和干系人参与是项目集最终成功的关键推动因素。项目集经理应努力提高政治敏锐度,全面了解干系人,从而制定合适的吸引干系人和影响干系人的策略。将干系人分成不同的群体(如感兴趣的、已参与的和受影响的),可以确保正确判断哪些人将如何为项目集的生命周期做出贡献,从而将其直接关联到给定项目集所实现的商业价值。

1.1.1　西门子公司的案例

理解项目集的复杂性并找到简化的方法至关重要。过去十年来,在数据的重要性和价值方面,发生了巨大的变化。可以预见的是,数字创新和与之相关的数据分析及数据智能将在下一个十年中继续占据主导地位。通过研究全球组织的案例,揭示了如何最有效地打破组织壁垒,以及如何变革我们的工作方式,使我们更高效地实现项目集的成果。

在本案例中,如西门子白皮书[①](Zeitoun 2021)所强调的,将仿真技术的强大功能与项目集生命周期整合视图的清晰度相结合,为我们提供了在核心层面上进行优先级排序的优势,并展示了如何根据项目集的需要将关注点转向项目集成果(尤其重要的是,那些对客户最为关键的成果)。

在创造项目集价值方面,数据的作用正在成倍增加。通过干系人群体同时访问数据对项目集的成功至关重要。这使规划项目集路线图和相关关键决策变得更加容易和高效。具备良好的优先级排序能力(其中,包括动态重新排序的能力)可以提高决策质量,这已成为各组织在项目集的持续敏捷交付中必不可少的条件。数据的无缝访问使我们能够更好地适应不断变化的项目集条件和相关的外部环境波动。

如图 1.1 所示,在未来,上述要素都是数字化项目集管理的组成部分。项目集管理正在因数字化赋能的程度而发生变化。这导致工作方式、协作方式以及项目集经理分配时间的方式(以产生最大影响

---

① 如需了解详细内容,可在西门子官网上搜索"white-paper-integrated-program-lifecycle-management-consumer-product"。

力）都发生了彻底的变化。

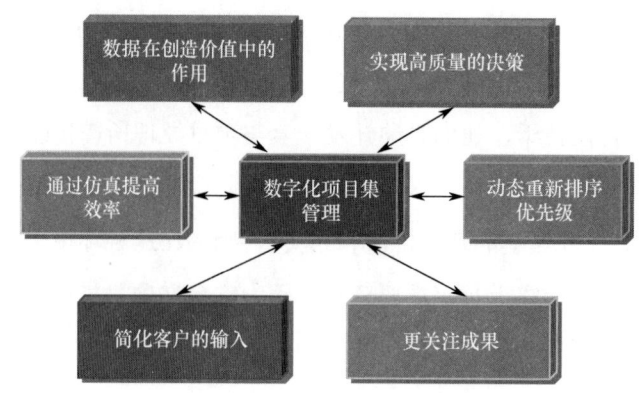

图 1.1　数字化项目集管理的影响

图 1.1 还强调了关注成果和领导力要素（对项目集经理非常关键）的重要性，而不仅是输出。此外，在当今和未来业务中，简化客户的输入已成为大多数组织在践行以客户为中心时的首要议程。这是通过与客户的紧密合作，满足他们不断变化的需求，在开发和生产过程中直接聆听他们的声音，以及在混乱的局面中建立持续、清晰的沟通来实现的。

快速执行是未来发展的必然趋势，而仿真项目集的工作，以及设计整个项目集的路线图，是预测和应对风险的好方法，并有助于提高效率。除了本案例强调的有效性，数字化项目集管理还能提高效率。

1.1.2　与战略的连接

战略是复杂的。战略思维是组织应具备的一种能力，需要不断培养和提升这一能力。战略是组织愿景的表述，也是为实现该愿景所需投资和工作的基础。组织或团队的战略愿景通常会被分解至多个工作领域（项目集和项目），以便在特定时间范围内实现特定成果。

图 1.2 显示了项目集收益对战略愿景的双向影响，以及对项目集和相关举措的构想。该图反映了战略目标在保持战略清晰度和持续更新战略成功定义方面的作用，同时，还反映了必要的方向性变革。

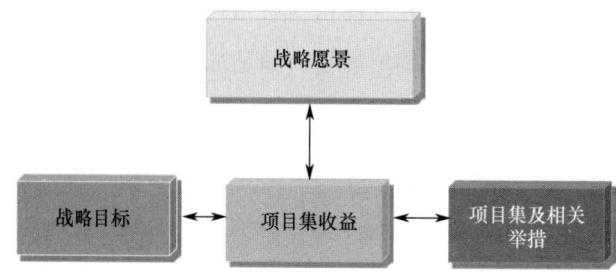

图 1.2　项目集收益的战略联系

项目集收益是连接战略的桥梁。因此，在规划和管理项目集的生命周期时，需要以收益为中心。这会产生自然的级联效应，以获得收益，并使收益与要实现的战略成果保持相关性。项目集和相关举措可构成关联地图，这可以通过观察项目组合中的所有项目集及其对战略的确切贡献来完成。数字化项目集管理的另一个重要方面是，可加强各项目集之间互动的可视化。在执行项目集管理工作时，战略目标是一个关键要素。战略目标提供了引领项目集成功的全面视角，并支持项目集经理这一整合者的角色。

1.1.3 致未来项目集经理的一封信

面对未来，我们既对各种混乱和预期的环境与业务的动态变化感到忧虑，同时也对这些变化充满期待。作为项目集经理，你正处于带领团队走出混乱并创造机遇的核心位置。这封给未来项目集经理的信旨在强调一些关键预期的变化，提醒你注意这些变化，为这些变化做好准备，并最终将这些准备转化为实现重大战略影响的行动。

你的角色和头衔可能发生变化。项目集经理这一头衔无论是存在，还是被一些诸如领导者、协作者、整合者或推动者等称谓所取代，其核心都是，你要有强大的影响力。如今，迫切需要项目集经理展现出服务型领导力或社交型领导力，能够在教练与项目集团队的领导者（帮助团队克服障碍）之间灵活转换。你未来的角色正在被塑造成组织的连接者。项目集经理必须在跨业务边界工作时发出自己的声音，并持续打破组织中的物理和心理壁垒。未来的项目集经理是连接者。

对未来的准备不仅关乎组织的成长，还涉及人员发展。技术和人工智能的发展为持续学习提供了更好的开放性。这要求我们不仅要有自我成长的欲望，还要积极促进其他关键干系人的成长。一个更加成熟和有发展潜力的干系人群体，将使你未来的角色发挥出最大的效能。

在未来，项目集经理还将在推动业务和人才的持续发展方面发挥至关重要的作用。随着项目集经理与高管团队的关系越来越密切，你将参与最关键的战略对话和决策，并在决策桌前拥有一席之地。毫无疑问，项目集管理的价值将越来越显著，在推动和影响组织的未来方面，你的角色也更具战略意义。

1.1.4 战略执行与人员

计划周密的战略需要清晰的路线图。将战略执行的路径可视化，需要众多干系人的协作、恰当的数据支持以及系统的方法（用于理解各种细节）。项目集管理的成功在于与战略源头的连接。在没有清晰目标的情况下执行项目集，将导致挑战重重、目标错位，并可能无法实现真正有价值的成果。

预计在未来十年，战略将变得更加灵活多变。当然，在制定战略时，仍然需要将一系列想法和愿望进行结合，基于干系人之间的重要讨论，并需要将项目集作为全流程的载体。在有意识地推动变革的过程中，项目集起着至关重要的作用，而路线图则可指明发展的方向。

人员及其工作方式是战略得以有效执行的核心。这建立在明确战略目标、有效传达战略目标，以及明确各参与方职责的基础上。

通过引导式协作，可以明确人员的角色，也有助于项目集经理取得成功。这带来了一系列重要的成果：

- 能够将各个环节连接起来。
- 整合各干系人的不同利益。
- 实现业务的一致性。
- 为业务创造价值。

复习题

单选题用圆括号"(　　)"标示，多选题用方括号"[　　]"标示。

为什么项目集经理的角色对业务成果的实现很重要？(　　)

A. 创建一些指标来实现控制

B. 建立并整合跨项目集对实现收益的关注点

C. 与项目集干系人广泛接触

D. 确保高管团队表现良好

在项目集中，数字化如何提升以客户为中心的能力？[　　]

A. 更加注重结果

B. 扩展了数据在创造价值中的功能

C. 支持知识管理的基础架构

D. 简化客户的输入

未来的项目集经理需要关注哪些方面才能保持相关性？(　　)

A. 在预算范围内按时完成

B. 加强治理管控

C. 确保项目集与战略推动因素保持一致

D. 加强解决冲突的能力

1.2 确保交付过程的一致性

尽管大多数公司都明白从投资中获得收益的重要性，但在实际工作中，即使工作已完成（资源已使用，预算已支出），也可能出现无法实现预期收益的情况。这种后期发现的问题可能引发一系列不良的后果，从典型的互相推诿，到对项目集团队实际工作的负面影响，更为严重的是，这种情况还可能对外部环境产生影响，损害公司与客户和其他关键干系人之间的关系，进而影响公司的生存与发展。如果能妥善应对，这将是良好的学习机会，让公司的管理者能够重新考虑其项目集的选择、流程及资源配置（如人员、技术等）。

> **学习要点：**
> - 理解影响收益实现的障碍。
> - 跨领域联系：关注项目、项目集和项目组合之间的一致性。
>   - 项目组合。
>   - 项目集。
>   - 项目。
> - 研究项目集生命周期阶段，以全面了解项目集。
> - 通过研究 EFQM[①] 模型（与项目集管理相关的动态机制）实现卓越。
> - 裁剪交付方法的常见原因（为什么这很重要，以及为什么跨项目集运作时采用统一的方法行不通）。

1.2.1 最糟糕的情况——未实现预期收益

实现收益的六大主要障碍

障碍 1：缺乏干系人的参与

关键干系人缺乏有针对性的和积极的参与。
- 项目集经理成功的关键。
- 如果没有干系人的适当参与，项目集经理将无法获得正确的关注点。

> **提示：**
> 致力于建立与关键干系人的关系，并找到最适合他们参与和支持项目集发展的方法。

障碍 2：缺少收益实现计划

在未制订完善的收益实现计划的情况下，项目或项目集已获得批准。
- 没有制订收益计划。
- 不知道由谁负责收益实现计划。

[①] 欧洲质量管理基金会，全称为 European Foundation for Quality Management。——译者注

> **提示：**
> 重点关注并了解项目集内的各个项目如何有助于实现其收益。

障碍 3：过于关注可交付物

过于关注可交付物，而不是创造商业价值。

- 这可能带来不利影响。
- 以结果为导向才是最重要的（进一步将输出与商业价值保持一致的良机）。

> **提示：**
> 确保持续运用战略性思维来思考开展该项目集背后的原因，以及该项目集预期产生的影响。

障碍 4：成功没有被明确定义

对项目集/项目的成功定义缺乏一致性。

- 项目集可能在启动之前就失败了。
- 这不仅是因为没有在规划上投入足够的精力。
- 更大的问题是，应花时间来定义成功。

> **提示：**
> 成功的关键是尽量在项目集/项目早期阶段提出问题，以确保我们在执行前就能对成功的定义达成共识。

障碍 5：未进行收益跟踪

在项目集/项目的整个生命周期中未能跟踪收益。

- 缺乏合适的衡量标准或仪表板。
- 需要一些指标来判断项目集/项目的进展是否符合预期。
- 需要进行全过程的跟踪。

> **提示：**
> 你需要一种能整合项目集各组件及其对整体收益贡献的收益跟踪方法。

障碍 6 较差的变革管理

缺乏令人满意的转型管理流程和组织变革管理流程。

- 项目集管理是实现变革的关键战略工具。
- 缺乏适当的变更管理流程会导致对预期转型成果理解上的不一致。
- 与项目集管理过程相辅相成。

> **提示：**
> 请记住，项目集的目的是实现变革。变革必须通过相关流程和变革领导力来进行管理和支持。

1.2.2 "3P"的定义

"3P"指项目(Project)、项目集(Program)和项目组合(Portfolio)。根据《PMBOK®指南》(第7版)所述,项目是为创造独特的产品、服务或成果而进行的临时性活动。在项目集层级,我们处理的是相关联的项目,包括子项目集或项目组件。项目集还包含一系列活动,需要以协调的方式管理这些活动。项目集的最终目标是,获得单独管理这些项目时所无法获得的收益。

另外,项目组合是一个"容器",它涵盖了组织在战略发展方面的众多投资,它包括项目、项目集、子项目组合和运营工作。项目组合有以下特点:

- 作为一个整体来管理以实现战略目标。
- 以整合和关联的方式进行管理。
- 像一把保护伞。
- 共同推动组织的工作。

明确"3P"在目的、范围、执行方法和最终的变革成就方面的联系至关重要。

1.2.3 项目组合、项目集和项目之间的关联

明确"3P"之间的联系是一个战略性的步骤,需要相关干系人理解公司投资背后的目的,以及项目组合及其必要组件所需的工作。图1.3展示了一个项目组合示例。该项目组合内可能包含多个子项目组合。在该示例中,呈现了一个维护型项目组合,它被进一步细分为一个创新项目集,以及相关的运营工作。

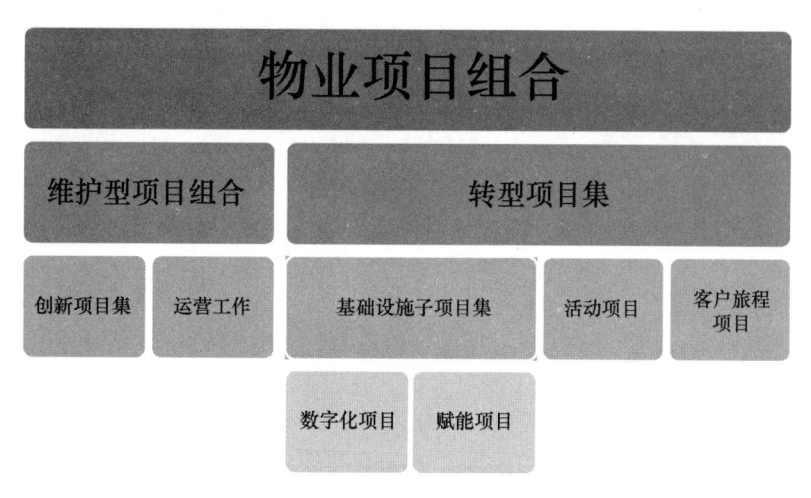

图1.3 项目组合示例

此外,该项目组合中还包括一个转型项目集,该项目集进一步将相关子项目集和项目的元素进行

细化。

请注意以下要点：

- 项目组合处于最高层级。
- 然后是项目集层级。
- 项目集可包含子项目集。
- 逐级细化。
- 具有相互关联的整体视角。
- 可设置一位项目组合负责人或经理，负责查看各项目组合元素之间的关联性。

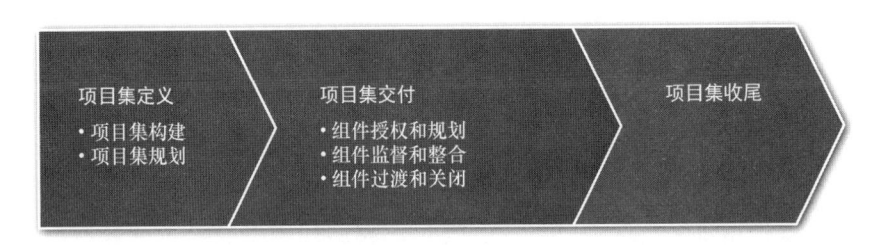

1.2.4　项目集生命周期

项目集生命周期涵盖了从概念阶段到项目集完成的整个过程。项目集的设想和执行需要对实现收益的路径有全面的认识。这要求组织应具备一种战略能力，使领导层能够聚焦于那些对项目集取得真正成功所必需的互动（见图1.4）。项目集生命周期有以下特点：

- 不同于以阶段和关口为主的传统项目生命周期。
- 通过项目集章程来驱动整个项目集进程。
- 前期工作非常重要。
- 交付环节的工作繁重，重点需要放在主动性和规划方面。
- 收尾环节高度依赖于前期的执行情况以及成功标准的定义。
- 项目集有助于在组织内部建立卓越文化。

项目集定义
- 项目集构建
- 项目集规划

项目集交付
- 组件授权和规划
- 组件监督和整合
- 组件过渡和关闭

项目集收尾

图1.4　项目集生命周期

1.2.5　卓越与 EFQM 模型

实现卓越一直是许多全球组织的核心议程。确保战略层级、执行层级与结果层级的一致性，是实现卓越的关键因素。很多项目管理、变革管理和质量管理机构，以及一些专业组织一直在支持那些可实现卓越的关键基础实践。

EFQM 就是此类组织的一个示例。其实践在项目集工作和卓越交付方面具有三个特点：
- 战略/收益一致性。
- 执行能力。
- 应对文化多样性/领导力/转型能力。

EFQM 的原则反映了为实现卓越所需的持续改进的动态性（成功模式具有可重复性，因此将项目集作为实现卓越的机制）。图 1.5 展示了，在项目集管理过程中，项目集的明确方向、必要的执行工作及持续的结果校准与最初设定的项目集目标之间的高层级联系。

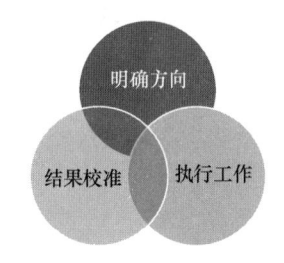

图 1.5　项目集的卓越交付

1.2.6　项目集管理方法的裁剪

- 如图 1.6 所示，在裁剪过程中，我们需要不断地输入信息，调整执行项目集的理由，重新关注客户价值，并清晰了解重要的背景信息。
- 不是单一的方式。
- 对组织和项目集的需求保持敏感的重要性，最重要的是客户/用户的预期收益。

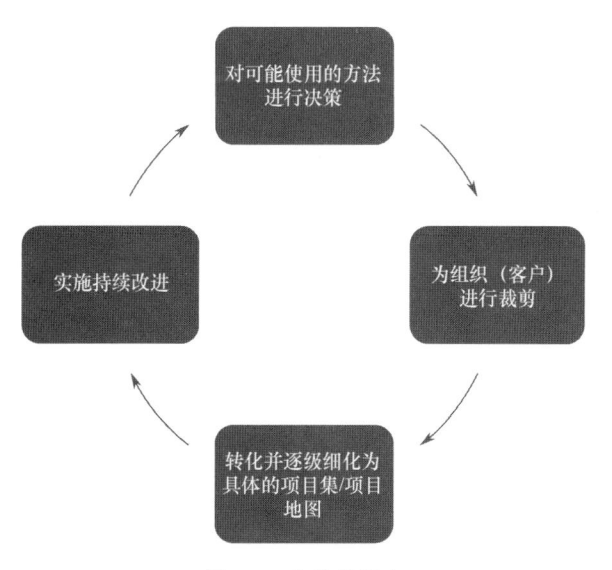

图 1.6　裁剪的概念
来源：改编自《PMBOK®指南》（第 7 版）

> **提示：**
> 项目集（及其组件）的交付方法必须与业务环境相匹配。项目集经理应该了解使用相关裁剪的原因。

1.2.7 裁剪项目集的原因

项目集的领导者对交付方法进行裁剪的原因越来越多样化。下面列出了一些值得考虑的基本原因，在实践中，我鼓励你根据组织的业务环境和项目集的生态系统进行裁剪。

- 项目集的复杂程度。
- 项目集团队的技能储备。
- 最合适的交付方法。
- 项目集的制约因素（可能限制交付结果的能力）。
- 遍布全球的项目集团队（裁剪工作方式，以更好地服务于分布式团队和虚拟环境）。

复习题

单选题用圆括号"（　　）"标示，多选题用方括号"[　　]"标示。

以下哪项是实现项目集收益的潜在障碍？（　　）

A. 项目集成功的明确定义

B. 极其注重项目集的可交付物

C. 良好的变更管理流程

D. 全面的收益管理计划

EFQM如何协调项目组合、项目集和项目的关联视图？[　　]

A. 强化文化在实现成果中的角色

B. 加强数据在创造价值中的角色

C. 支持项目集变革的关注点

D. 凸显项目集经理的领导特质

裁剪的最大价值是什么？（　　）

A. 它使每个人的生活变得轻松

B. 它实现了更严格的治理

C. 它提供了最合适的项目集交付方法

D. 它为 Scrum Master 提供了更多的选择

1.3 决策的速度和质量

决策是项目集成功交付的关键因素。导致决策效率低下或无效的原因有很多,而要加快决策速度,需要自主权和一致性,还需要持续获取正确的数据,以便及时做出项目集决策。

在权衡各种选择后,做出正确的决策需要领导力和对全局的了解,需要平衡多种相互竞争的利益和复杂的制约因素。做出高质量的决策是许多组织持续努力提升的一项关键能力。

> **学习要点:**
> - 评审项目集制约因素及干系人的竞争性需求。
> - 通过三星公司的案例证明一致性的价值(组织如何展示一致性)。
> - 研究项目集和项目交付中的创新模型(提高项目集成功的质量)。
> - 以"ABCD 估算"工具为例,解决决策偏差(提升做出更优决策的能力)。

1.3.1 项目集制约因素和干系人

可以按照感兴趣的、已参与的、受影响的(或将其进行组合)等类别对干系人进行分类。了解项目集干系人的立场并制订计划来管理他们的参与,可以尽量避免在不当时机出现令人不愉快的意外。在项目集制约因素与干系人的立场之间取得适当的平衡有助于项目集的成功。
- 建立可接受的最低成功标准。
- 定义衡量和传达标准的方法。
- (在面对竞争性需求时)确保与关键干系人的期望和需要保持一致。
- 加强项目集之间的对齐,以交付最大的收益(满足核心干系人的需要)。

1.3.2 三星公司的案例

组织决策能力的提升与干系人之间的一致性程度直接相关。图 1.7 重点展示了三星公司在过去几年来进行的变革,旨在巩固该组织在成为创新领导者方面的优势地位,并持续关注客户需求的改变。
- 激发创造力并关注干系人的竞争性需求。

- 在治理与持续提高速度之间取得适当的平衡。
- 交互过程的安全性。
- 持续关注创新的关键示例。

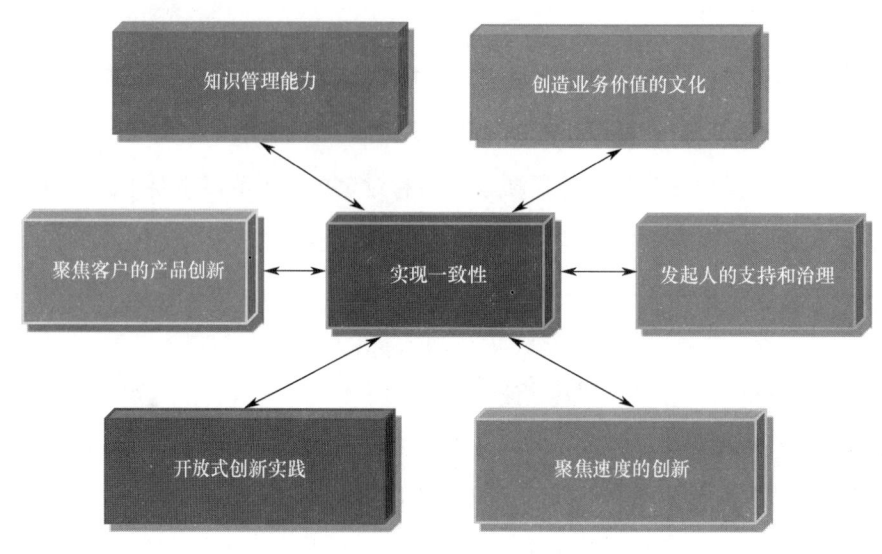

图 1.7　三星公司的一致性示例

> **提示：**
> 当项目集与业务价值联系起来，并作为创新战略优先事项的一部分时，会产生更高的一致性和更有效的决策。

1.3.3　创新模型

创新模型或框架有助于连接组织及其产品和项目集团队。在图 1.8 中，创新模型展示了将文化、战略和工作方法相结合的重要性，这为专家和其他支持团队将创新作为优先事项提供了可能。这也为协作的环境定下了基调，在此环境下，高质量的决策成效显著，项目集团队会因其项目集工作所实现的变革成果而获得满足感。

1.3.3.1　四个构建模块维度

1. 一致性与自主性的平衡
2. 创新能力
3. 留出思考的时间
4. 全新的高管角色

1.3.3.2　三个基础维度

1. 创新文化

2. 作为创新实验室的项目
3. 新的工作方式

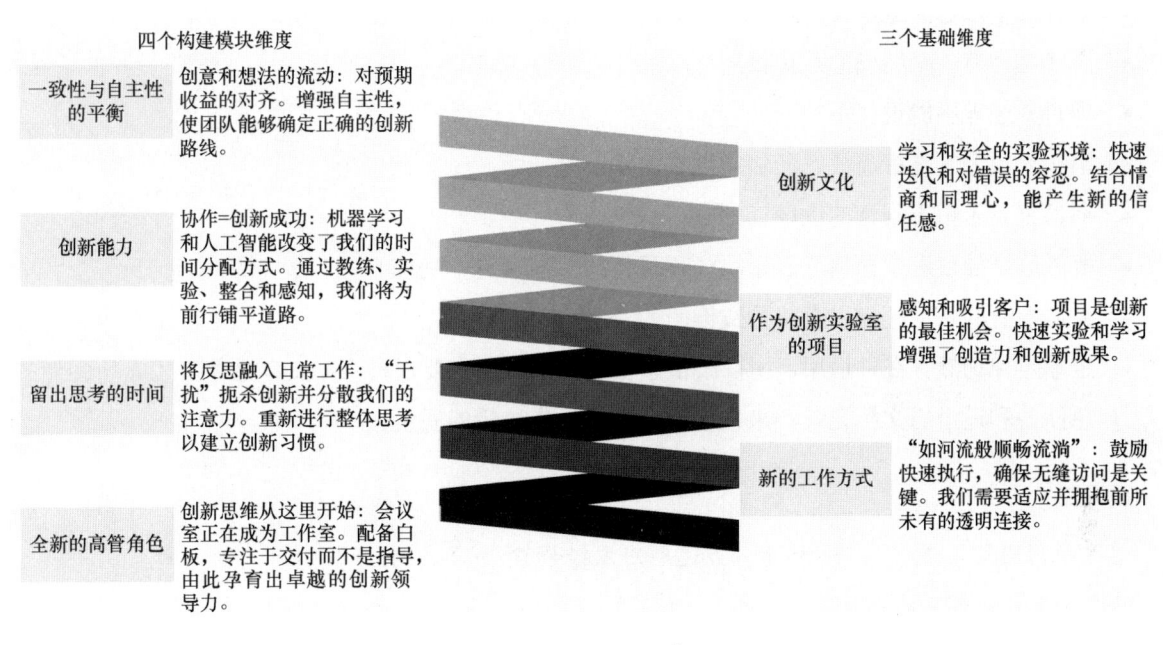

四个构建模块维度			三个基础维度	
一致性与自主性的平衡	创意和想法的流动：对预期收益的对齐。增强自主性，使团队能够确定正确的创新路线。		创新文化	学习和安全的实验环境：快速迭代和对错误的容忍。结合情商和同理心，能产生新的信任感。
创新能力	协作=创新成功：机器学习和人工智能改变了我们的时间分配方式。通过教练、实验、整合和感知，我们将为前行铺平道路。		作为创新实验室的项目	感知和吸引客户：项目是创新的最佳机会。快速实验和学习增强了创造力和创新成果。
留出思考的时间	将反思融入日常工作："干扰"扼杀创新并分散我们的注意力。重新进行整体思考以建立创新习惯。		新的工作方式	"如河流般顺畅流淌"：鼓励快速执行，确保无缝访问是关键。我们需要适应并拥抱前所未有的透明连接。
全新的高管角色	创新思维从这里开始：会议室正在成为工作室。配备白板，专注于交付而不是指导，由此孕育出卓越的创新领导力。			

图 1.8 创新模型[①]

1.3.4 为什么会有项目集估算偏差

在估算做出关键决策所需的工作量时，要考虑到大量潜在的干系人，以及他们可能带来的偏差（需要谨慎对待）。偏差可能来自多个方面，如果干系人的目标不一致，则不利于做出最有效的决策。项目集的错误或缺乏沟通的假设限制了我们做出高质量决策的能力。类似"ABCD 估算"这样的工具能够有效地为项目集经理提供帮助。

如图 1.9 所示，"ABCD 估算"的要素对估算非常重要，其中包括估算方法、项目集团队需要明确记录和沟通的假设，以及展现对项目集风险的理解和如何更好地制订应对计划的应急储备。

"ABCD估算"

A = 假设（Assumptions）
B = 依据（Basis）。如专家判断、类比估算、参数估算和三点估算
C = 应急储备（Contingency）
D = 文档记录（Documented）

图 1.9 "ABCD"估算的要素

[①] 该模型由 Zeitoun 开发，并作为西门子数字产业软件白皮书的一部分发布，名为《Simcenter：数字孪生的脉搏，采用数字思维来交付和扩展未来创新》。

下面列出了可能出现偏差的许多原因，以及会限制我们及时做出正确项目集决策的行为：
- 项目集经理相信团队能超乎寻常地努力工作。
- 制订过于激进的进度计划。
- 高管期望有一个明确的截止日期。
- 项目集经理不能说"不"。
- 销售人员为了赢标而故意低估项目集的工作量。
- 项目集始于精心制订的进度计划。
- 范围蔓延导致进度预估过于乐观（项目集的范围变更不受控）。
- 人们固有的乐观倾向（直接导致偏差）。
- 墨菲定律仍然存在并适用，所以事情总会出错，因此需要通过"ABCD 估算"工具所强调的应急储备和适当的文档记录，来积极地提升项目集决策的质量。

> **复习题**
>
> 单选题用圆括号"（　　）"标示，多选题用方括号"[　　]"标示。
>
> 应在何时制定项目集的指标？（　　）
>
> A. 随着更多项目集组件被执行
>
> B. 在制定项目集章程期间
>
> C. 当干系人认为有必要时
>
> D. 在项目集收尾后，制定一套全面的指标
>
> 所描述的创新模型是如何支持项目集成果的成功交付的？[　　]
>
> A. 将反思融入项目集经理的日常工作
>
> B. 增大质量阈值
>
> C. 使协作与数字化之间更加平衡
>
> D. 全新的高管角色
>
> 在估算模型的四要素中，哪个要素需要在项目集生命周期中得到持续更新？（　　）
>
> A. 依据
>
> B. 文档记录
>
> C. 假设
>
> D. 应急储备

1.4 指挥家

项目集经理的角色可以有多种描述方式，但最受欢迎的一种可能就是管弦乐队的指挥家。项目集

经理在预期整合中起到的重要作用,以及协调不同干系人的工作,都使"指挥家"这个类比变得贴切。然而,值得研究的是,应深入理解指挥家这一角色,并认识到,虽然该角色非常重要,但演奏效果(质量)最终依靠的是管弦乐队,包括乐队的训练度及和谐度。

> **学习要点:**
> - 着眼于指挥家角色来定位项目集经理的能力。
> - 使用"包厢与舞台"工具来创造有影响力的整体视图。
> - 用于多种设置的工具(全面性和综合性)。
> - 将项目集章程作为指挥家工具箱的钥匙。
> - 为什么这是工具的关键要素?

1.4.1 成功的项目集经理是什么样子的

值得实施的团队建设措施之一是,在白板上描绘成功的项目集经理的"画像"。我们将看到,这一富有创造性且简单的练习能产生很多不同的奇妙观点。实际上,回答"成功的项目集经理是什么样子的"这个问题是一项重要的任务。

最终,成功的项目集经理将实现项目集的预期结果,他能建立优秀的团队,能够在未来的其他项目集中重复运用成功的项目集成果,同时,他是能够合理地平衡人员、流程和技术的领导者,这对于实现未来的变革工作至关重要。

以下给出了成功的项目集经理的样子:
- 使项目集投资与组织战略目标保持一致。
- 战略对齐。
  - 用可提高效率的方式连接项目集的各组件。
  - 合理使用资源。
- 围绕收益进行对齐。
  - 确保项目集团队成员关注项目集收益的实现。
- 干系人分布在不同位置,因此需要利用"指挥家"角色来保持干系人需求的一致性。
  - 像指挥家一样整合项目集干系人。
  - 连接各个关键节点。
- 确保"管弦乐队"能出色地交付成果。

> **提示:**
> 项目集经理的成功,与能否很好地扮演指挥家角色,以及能否根据要交付的变革成果来协调团队和干系人息息相关。

1.4.2 项目集经理：指挥家

- 如图 1.10 所示，演奏音乐与管理项目集之间有着很强的相似性。指挥家的作用是将众多音乐家的演奏统一为一个旋律，而不是让各种不同的声音杂乱无章地涌现。
- 项目集的顺利执行，就像我们在音乐厅欣赏到的美妙演奏，令人愉悦。
- 知道何为出色的表演。
- 退后一步，观察项目集的交叉动态。
- 带领团队获得收益和战略成果。

图 1.10　指挥家
来源：takazart/360 号图片

1.4.3 如果我们不以整体视角看待会怎样

指挥家这个类比可帮助我们持续反思项目集经理的角色。既然战略关乎明确的目标，而战略执行则关乎资源的协调及进度的推进（朝着目标），所以这个类比是有效的。具有整体视角并且了解各个项目集组件如何持续连接，是项目集管理的一项至关重要的能力。

如果我们不以整体视角看待项目集，可能产生以下后果：

- 忽视战略上的关键要素。
  - 这自然是一场灾难。

○ 缺少正确的优先级。
- 项目集中的角色和职责不明确。
  ○ 许多数据证实，这会导致项目集失败。
  ○ 你想扭转这种局面。
- 成功完成可交付物，但未能满足客户的真正需求。
  ○ 在很多情况下，我们认为已准备就绪，但是客户的理解与我们认为的不一致。
- 项目集团队出现倦怠、精神疲劳、生产力和创造力的损失。
  ○ 项目集经理应保持观点的清晰度和客观性。

1.4.4 "包厢与舞台"工具

在项目集管理中，可以使用"包厢与舞台"工具（类比工具）来理解战略性和整体视角（见图1.11）。领导者要意识到这一点的重要性。这有助于培养项目集经理的适应性思维。如果项目集经理能保持适当的距离，便能更好地看到舞台上（项目现场）或项目集团队的具体工作中可能存在的差距，他们往往也会更加成功。项目集经理还应该"身先士卒"，与项目集团队的同事一起并肩作战。

关于此工具需记住以下几点：
- 应直接放入工具箱的工具。
- 注意保持距离。
- 行动至关重要，但也需要找到后退一步的时机。
- 建立客观和整体的视角。
- 洞察项目集中的政治生态，以及存在的问题和差距。

图 1.11　整体视角
来源：StockSnap/27551 号图片

1.4.5 项目集章程

如今，项目集的复杂性日益增加：技术需求不断增多，网络安全成为重大问题，可持续性的战略优先级不断提升，干系人的期望也在稳步提高。对于项目集经理而言，需要有能够保持专注的工具来应对这些持续竞争的需求。如果无法保持专注，期望的范围会蔓延（例如，你为什么不在做这件事的同时也做那件事），期望的数量也将持续增加，项目集和项目将无法达到预期的目标。如果再叠加上责任感的缺失（例如，这不是我的工作），那么达成一致性就变得更为重要。

可将项目集章程视为实现共同愿景的最佳工具。

我们要理解项目集章程的真正价值，因为它为执行项目集/项目的原因提供了保障，并对"成功的定义"提供了预期的图景，我们发现，项目集章程也为项目集经理说"不"提供了良好的依据。说"不"是项目集经理必须充分发展的一项能力。

制定项目集章程能够解决以下问题：

- 对项目集成功/相关的战略收益的清晰说明（没有项目集章程，就无法清楚地了解需要取得的成功是什么）。
- 确认最终接受的战略指标/指引（简洁明了的几页内容，为我们提供了强有力的出发点）。
- 需要考虑的战略风险/假设（至少是高层级的）。
- 项目集治理框架（在控制范围内和范围外做出决策的关键能力，以及与项目集发起人的密切关系）。

1.5 在复杂性中深入细化

未来工作的决定性因素之一是适应能力。项目集的生命周期通常会经历多次变更。在面对变更时，能够保持韧性，果断行动，快速调整，正在成为项目集经理应具备的首要素质。对复杂性的渐进明细意味着，我们从已了解的情况开始，不断"剥茧抽丝"，获取更多的信息，提出正确的问题，并在团队内和团队间进行深度合作。

学习要点：

- 渐进明细是主旋律（持续且动态地将复杂问题简化为更易于处理的问题）。
- 平衡不确定性、变更和复杂性。

> - ○ 管理项目集成功的独特视角。
>   - ○ 与项目领域不同。
> - 使用规模化敏捷框架（SAFe®）来管理规模化的复杂性。
>   - ○ 探索应对复杂项目集的不同方法（这是一个绝佳的机会）。
> - 通过 Facebook[①] 公司的案例来强调清晰度和级联的复杂性。
> - 确定持续的优先级排序和渐进明细在推动项目集成功方面的作用。
>   - ○ 规划和执行项目集工作的关键机制。

1.5.1 平衡真正的项目集制约因素

对于规模更大、集成度更高的项目集来说，它的制约因素不再是传统项目中的成本、进度和范围。图 1.12 展示了项目集的制约因素，它已转变为复杂性、不确定性和变更。这又回到了项目集在战略层级所起的作用。转变传统的项目集制约因素至关重要，在实现项目集收益时，这可以缓解项目集经理所面临的真实压力。如果项目集经理只关注传统的制约因素，那么项目集很容易失败，最终的结果是：赢得"战役"但输掉"战争"。

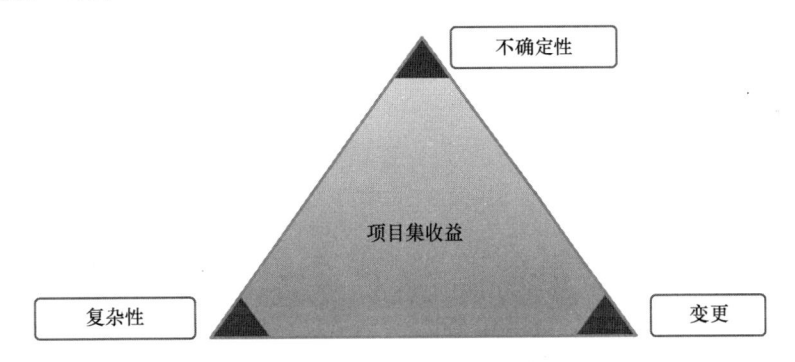

图 1.12 项目集的制约因素

将关注点放在收益上（针对收益，理解如何从战略层级使项目集团队与干系人保持一致）变得至关重要。这必须与对工作动态变化的高敏感性相结合（必须平衡以下要素：团队组合、治理的方式、竞争性需求）。

> **提示：**
> 请谨记，每个项目集都有其独一无二的关注点和环境。要将视角从传统的项目约束转变为项目集制约因素。

[①] 后更名为 Meta 公司。——编者注

1.5.2 规模化敏捷框架（SAFe®）

SAFe®是在项目集和组织中降低复杂性的有用工具。SAFe®可以跨整个组织，处理从项目组合到大型解决方案、项目集，再到团队的各层级所需的治理，能够很好地在这些层级之间进行级联和映射。在项目集层级，拥有以"发布火车"驱动实验、集成、部署和按需发布的能力，可增加有效交付项目集价值的机会。连接指标、路线图和愿景也有助于降低复杂性，寻求平衡。

项目集经理应该对SAFe®的不同层级进行探索和实验。一个有益的方面是，作为一个框架，SAFe®有助于更好地理解项目组合、项目集和项目之间的互操作性。为了深入反思团队互动的效果，就需要在团队层级，反思治理是如何进行的。另一个有益的方面是，SAFe®建立在敏捷实践之上（增量交付方法会导致治理方式发生变化）。

SAFe®原则有助于我们管理项目集的复杂性：

（1）从经济角度看问题。
（2）应用系统思维（对于敏捷思维和端到端视角至关重要）。
（3）假设可变性，保留选择权。
（4）通过快速、集成的学习周期，进行增量式构建。
（5）基于对可工作系统的客观评估来设立里程碑。
（6）将工作可视化并限制WIP（在制品）。
（7）应用节奏管理，与跨领域规划同步（如发布和相关迭代）。
（8）释放知识工作者的内在动力（在团队层级已得到妥善解决）。
（9）去中心化的决策。
（10）围绕价值进行组织（SAFe®的关键成果）。

1.5.3 Facebook公司的案例

达·芬奇说过："简单是终极的复杂。"就项目集管理和项目管理而言，他的说法再正确不过了。由于要处理海量数据、大量用户关系、合作伙伴关系和许多其他要平衡的资源，在Facebook公司的案例中，重要的是，要找到适用于特定项目集或项目组合的方法，使我们能够在整个组织和项目集团队中实现简单化，创造清晰度，并以一致的方式进行沟通（见图1.13）。

- 简单化是应对项目集复杂性的核心。
- 建立和经营关系（包括合作伙伴关系）中的国际化思维。
- 创建与不同项目集用户的行为和模式相一致的响应机制。

- 应对如此庞大的用户社区的复杂性，是将简单化融入项目集工作方式的有力例证。

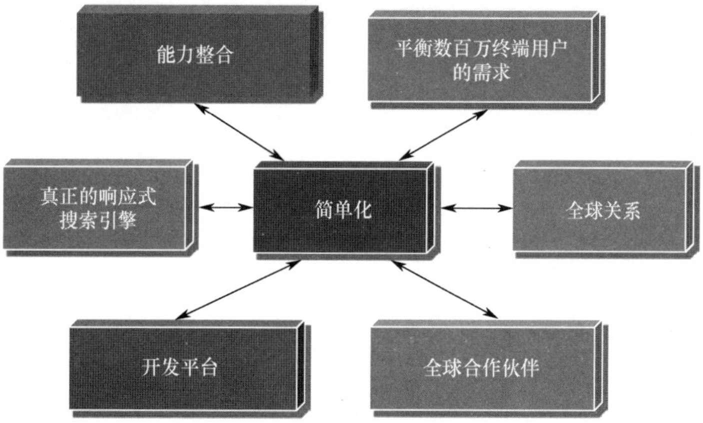

图 1.13 Facebook 公司的简单化

1.5.4 渐进明细

这一概念对于项目集和项目的成功至关重要。使用渐进明细工具的关键是，随着更多细节的出现而不断细化。这有助于我们应对复杂性，使我们能够不断取得进展，并确保更快地将价值交付到客户和用户手中。正因如此，这一概念（或工具）也成为项目组合、项目集和项目管理认证中的一项重要原则。

渐进明细的概念是，项目集经理以已知信息为基础，然后，随着时间的推移，会发现更有意义的细节并获得更广泛的数据，基于此，持续进行滚动更新。这种调整和转变的能力使项目集经理能够在推动组织优先考虑的与环境、社会和治理（Environmental, Social and Governance，ESG）等战略目标相关的举措方面发挥关键作用。

渐进明细最有用的方面包括：
- 通常指随着不确定性的减小，能够逐步增加更多细节的能力。
- 考虑到对速度的需求，以及经常在没有充分理解需求的情况下启动项目集的情况（在最低需求与之后可以提取的内容之间取得平衡），当今项目集和项目中的关键思维方式和工作方式。
- 支持组织敏捷性的原则（有助于运用瀑布式交付模型和敏捷交付模型）。
- 有助于定制最适合的项目集交付方法。

当我们考虑大多数现代项目集所处的 VUCA 环境时，渐进明细这一工作方式的价值得到进一步增加。这要求项目集经理具有良好的适应能力，能应对大量的波动性、不确定性、复杂性和模糊性（这些越来越成为运营和变革业务的常态）。此外，由于每个项目和项目集都处于事业环境因素之中，其中，许多因素都超出了项目集经理的控制范围，在处理这些项目集制约因素时，渐进明细所发挥的作用将越来越重要。

复习题

单选题用圆括号"（　　）"标示，多选题用方括号"[　　]"标示。

指挥家与项目集经理角色的类比有何关系？（　　）

A. 项目集犹如音乐

B. 它说明了对团队成员进行严格控制的必要性

C. 它显示了不同团队成员角色协调一致的重要性

D. 这是向团队展示领导地位的一种方式

拥有整体视角对项目集成功有何重要意义？[　　]

A. 思考如何将各个部分组合在一起

B. 进入包厢的感觉总是很棒的

C. 确保项目集经理不过于专注细节

D. 加强领导者的客观性

将以下四个因素中的哪一个包含在项目集章程中是有价值的？（　　）

A. 细化的交付物

B. 文件控制过程

C. 成功的定义

D. 所有干系人的名单

在何时进行渐进明细最有价值？（　　）

A. 当项目集经理积累了更多经验时

B. 在多数情况下，因为项目集通常存在一定程度的不确定性，这些不确定性只会随着时间的推移而显现

C. 当干系人的数量增加时

D. 当明确且全面的需求就绪时

SAFe®如何帮助我们应对和降低复杂性？[　　]

A. 通过快速、统一的学习周期来逐步构建

B. 以满足交付期限为基础设置里程碑

C. 集中化决策

D. 全新的高管角色

以下哪个选项有助于Facebook公司应对复杂性？（　　）

A. 满足特定最终用户的需要

B. 增加文档记录

C. 集成能力

D. 继续关注Facebook公司的工作方式

1.6 管理变革的重要性

本节关注项目集对转型和实现变革的贡献。
1. 理解业务运营与业务变革之间的平衡。
2. 反思那些有助于提升变革敏捷性的变革模型。
3. 了解数字化转型成功的关键要素。
4. 在整个项目集生命周期中，探索变革者的角色及其价值。
5. 加强对获得认同所需的争取策略的理解。

> **学习要点：**
> - 转变为变革管理思维的重要基础。
> - 通过 SAP 公司的故事来说明解决方案成功实施的关键推动因素。
>   - 可作为一个大型企业解决方案组织展示变革管理思维重要性的例子。
> - 定义运营业务与变革业务之间的含义和联系。
>   - 将项目和项目集管理的做事方式与传统的事务处理方式区分开。
>   - 为什么建立这种理解对于项目集工作的成功很重要？
>   - 组织中的文化变革。
> - 将变革与实现战略成果联系起来。
>   - 对于项目集工作所需的端到端的连接是非常重要的因素。

1.6.1 SAP 公司的故事与实现变革

本节以一家全球性的高科技企业为例，探讨了以下重点内容：将变革管理实践融入实施的推广过程。

- 当在全球范围内成功推广企业解决方案时，尽早认识到变革管理的重要性（在管理创建新工作方式的变革中，管理阻力是至关重要的）。
- 在整个组织内部实现统一的项目集/项目管理成熟度的重要性[在此案例中，通过全面考虑各地区的情况，运用一些模型，如 Kerner 模型或能力成熟度模型集成（Capability Maturity Model Integrated，CMMI），使变革与项目/项目集管理实践有相同的成熟度]。
- 将项目集经理的绩效与实现客户所期望的项目集变革联系起来（未进行评估的事项，不会获得相应的支持）。

- 全球化 PMO 正在发挥着作用（有助于将所有权联系起来。例如，在该全球化组织工作的案例中，集中所有权支持了某些成功模式的可重复性）。

1.6.2 运营业务和变革业务

运营业务不仅对于维持组织的规模至关重要，而且它也推动着业务变革，正是这些变革孕育了创新和增长。项目集和项目是实现此类变革的工具。

图 1.14 强调了，需要保持运营业务与变革业务之间的平衡。同时，我们也要意识到，随着项目集/项目经济的到来，这种平衡将向变革业务倾斜。在未来的组织中，数字化项目集可能要承担组织的大部分运营工作，这将继续对项目集团队的构成以及项目集团队成员和专家的相关性产生明显影响。

- 运营业务由多人共同完成，正如此案例中的业务部门和后勤部门。
- 变革不仅要维持效率，也要为下一次变革做准备。
- 变革业务需要一系列不同的能力，如"3P"管理能力，"3P"级联能力，渐进明细、持续改进和迭代的能力。
- 变革激发了创新思维，正如前面创新模型所强调的，它促使人们不断创新，提出有创意的想法，在变革环境中支持与项目集工作相关的卓越实践。

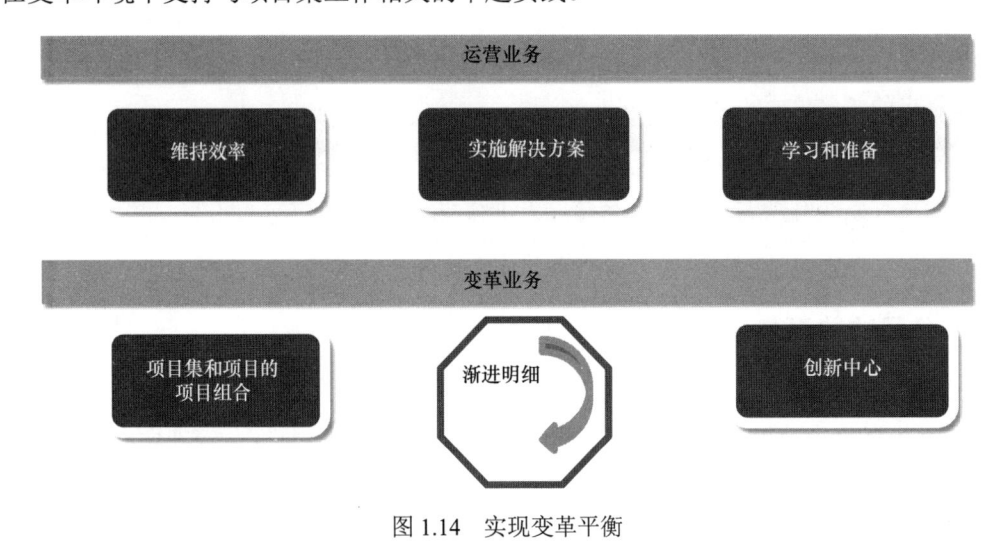

图 1.14 实现变革平衡

1.6.3 将项目集变革与战略成果连接起来

这个级联点很重要，它提醒我们，项目集带来的变革与战略成果相关。这种级联最终会与运营（日常的运营业务）相连接。这也意味着，持续的反馈循环将影响未来的项目集和项目组合，以及下一个项目组合的选择。

项目集关注的是，如何为组织带来有价值的变革。
- 如图 1.15 所示，战略驱动了项目组合（可被分解为项目集和项目）。战略成果将被纳入运营，持续反馈也将影响优先级和未来变革。
- PMO、发起人或其他领导者拥有的联动性对于变革的聚焦至关重要。

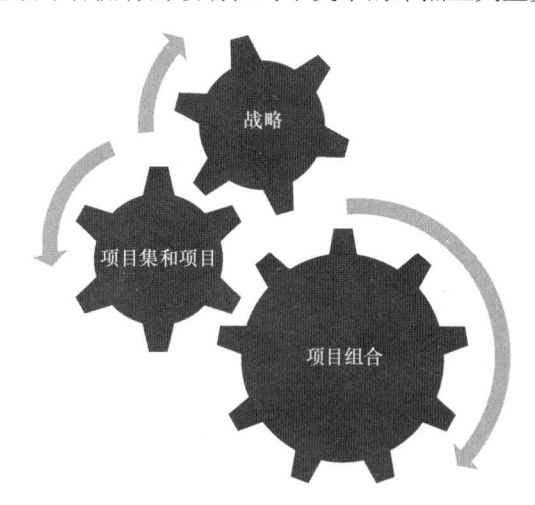

图 1.15　将战略成果与变革相关联

来源：改编自《PMBOK®指南》（第 6 版）

动态的反馈机制和持续学习有助于实现变革价值。
- 开放性是项目集工作的关键要素。
- 注重知识管理是这一过程的核心。
- 可获得持续的成功。

复习题

单选题用圆括号"（　　）"标示，多选题用方括号"[　　]"标示。

在 SAP 公司的案例中，为什么强调变革管理是一个至关重要的因素？（　　）

A. 企业解决方案的技术细节

B. 在大多数情况下，人们会认为实施新的解决方案很复杂，而且会有抵触情绪

C. 当客户提出要求时

D. 人员过多

是什么促使企业越来越重视业务增长？[　　]

A. 项目经济已经到来

B. 高管对项目/项目集的作用的理解日趋成熟

C. 对运营感到厌倦

D. 享受业务增长的乐趣

以下哪项说明了将项目集变革与战略目标联系起来的重要性？（　　）

> A. 变革是困难的
> B. 加强治理
> C. 实现变革价值
> D. 始终关注盈亏底线

1.7 心智对齐

> **学习要点：**
> - 项目集经理持续思考并经常使用的一个词是"一致性"。
> - 我们通过研究模型和敏捷主题来实现心智对齐。
> - 本节的核心是通过逐级展开的方法对齐目标。
> - 最糟糕的情境——缺乏一致性。
>   - 根据真实案例，项目集中的重大差距，如角色界定模糊，可能造成极其困难的状况，宛如噩梦一般。
> - ADKAR 模型中各阶段间的联系和变革的推动因素。
> - 使用科特 8 步模型的 8 个步骤来推动从营造紧迫感到全面实施并深入变革的进程。
>   - 这两种模型都为变革、变革的紧迫感以及实施变革所需的条件激发了能量。
> - 敏捷变革的示例。
>   - 为什么这将成为今后十年全球领导者需要具备的重要素质？
>   - 以之前章节中的业务变革为基础。

1.7.1 一致性的案例

保持一致性是项目集管理者的重要能力之一，这有助于项目集经理推动项目集工作，并实现战略价值，获得多重机会。保持一致性可能有助于：

- 提高绩效，与组织的战略方向挂钩。
- 提升员工的能力，在达到适当的一致性平衡时，允许员工自组织管理。
- 提高积极性。
  - 了解各部门如何相互配合。
- 在有指导原则的前提下，允许进行实验。
  - 未来组织的关键要素。

- 通过清晰的角色和责任来提高项目集团队的合作能力。
  - 打造高绩效团队。
  - 信任成为基础。
- 激励干系人（考虑到他们有能力清晰理解项目集的规划方向）。
  - 对于广大项目集干系人来说，当他们看到并亲身感受到项目集团队间的良好合作时，也会受到鼓舞。

1.7.2 ADKAR 模型[①]

- 图 1.16 强调了 ADKAR 模型中的推动因素。关键词包括：意识、希望、了解、能力和强化。

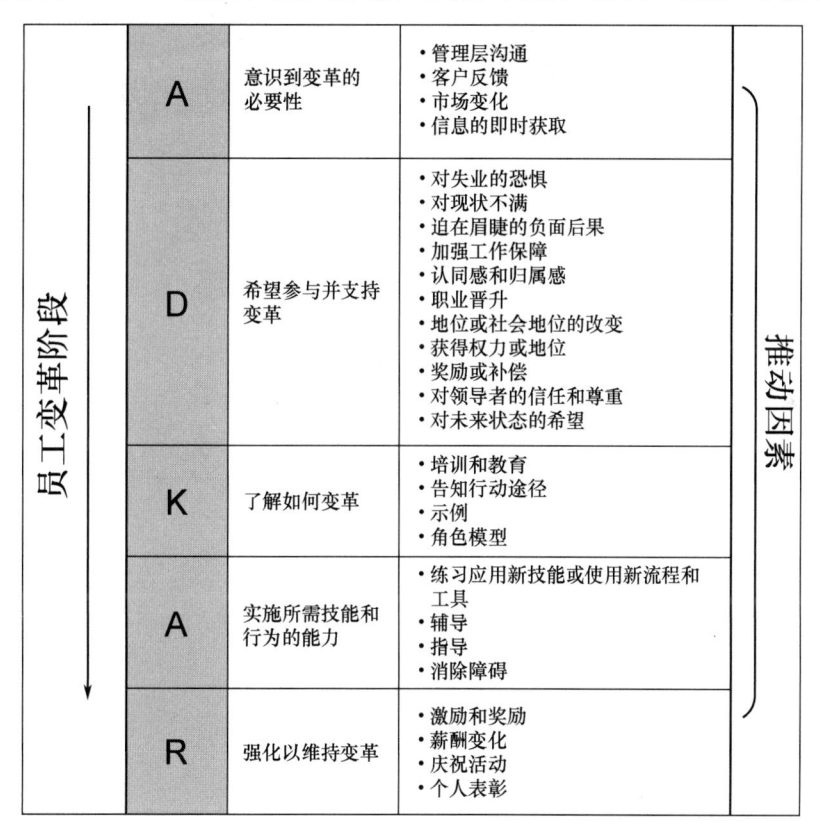

员工变革阶段		推动因素
A	意识到变革的必要性	・管理层沟通 ・客户反馈 ・市场变化 ・信息的即时获取
D	希望参与并支持变革	・对失业的恐惧 ・对现状不满 ・迫在眉睫的负面后果 ・加强工作保障 ・认同感和归属感 ・职业晋升 ・地位或社会地位的改变 ・获得权力或地位 ・奖励或补偿 ・对领导者的信任和尊重 ・对未来状态的希望
K	了解如何变革	・培训和教育 ・告知行动途径 ・示例 ・角色模型
A	实施所需技能和行为的能力	・练习应用新技能或使用新流程和工具 ・辅导 ・指导 ・消除障碍
R	强化以维持变革	・激励和奖励 ・薪酬变化 ・庆祝活动 ・个人表彰

图 1.16 ADKAR 模型中的推动因素
来源：改编自 prosci 网站中的 ADKAR 模型介绍

- 将项目集与目的相连接。
- 在设计项目集的生命周期阶段时，要考虑到变革管理（例如，在 SAP 公司的变革案例中，模型的运用说明了关键的推动因素，如培训、消除恐惧或以不同的方式召开会议等）。

[①] 如需了解 ADKAR 模型的详细信息，可访问 prosci 网站，查找 adkar。

- 使用 ADKAR 模型来理解实现收益所需的关注点(审查与实现收益有关的每个要素)。

1.7.3 科特 8 步模型聚焦变革的实施

图 1.17 展示了科特 8 步模型的简化视图。从项目集的角度来看,这是一个更容易理解和实施的模型。由于许多项目集都是为了推动转型变革而执行的,因此,该模型中的 8 个步骤很好地映射了项目集经理需要做的工作,即妥善规划并让组织为预期的变革做好准备。"营造变革氛围""参与并赋能组织""实施并维持变革"这 3 个环节很好地对应了项目集生命周期,以及组织对实现战略收益的日益关注。

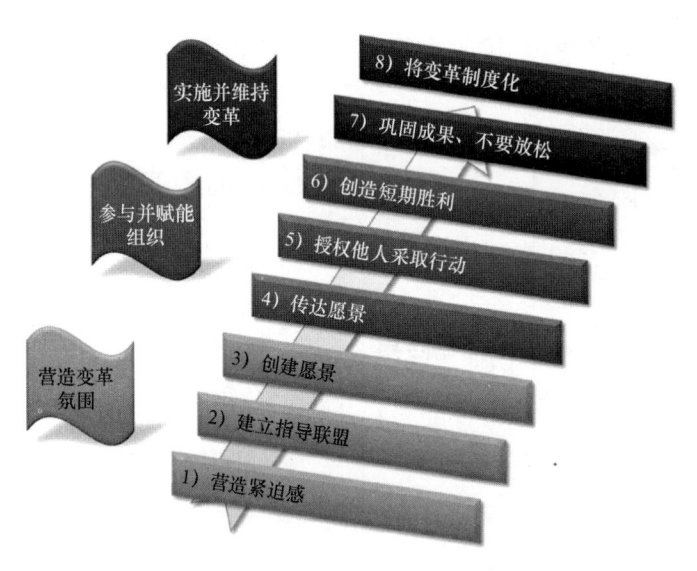

图 1.17 科特 8 步模型的简化视图
来源:改编自 kotterinc 网站中的 8 步模型介绍

1.7.3.1 营造变革氛围

- 营造紧迫感:变革业务是我们在项目集工作中的重点。
- 建立指导联盟:涵盖各个干系人和干系人群体。
- 创建愿景:最终营造确保愿景被清晰理解的氛围。

1.7.3.2 参与并赋能组织

- 传达愿景:简洁明了,如 Facebook 公司的案例,或者采用渐进明细的方式来实现级联。
- 授权他人采取行动:承诺对于创造变革至关重要。
- 创造短期胜利:无论是否采用敏捷方法,都要尝试快速找到获得胜利的方法并做出承诺。

1.7.3.3 实施并维持变革

- 巩固成果、不要放松:变革的动力(项目集经理是连接各个环节的关键角色)。

- 将变革制度化：维持项目集（收益）带来的变革效果。

1.7.4 变革敏捷性示例

建立在变革的基础上，大型事件、世界范围的疫情和灾难使我们期望以不同的方式和节奏完成事情。

以下内容反映了这种变革氛围：
- 组织在不同业务线采用瀑布式方法和敏捷方法的混合模式。
  - 未来的工作是混合型的。
  - 制药公司必须遵循严格的流程，以符合严格的监管要求，而敏捷方法则用于交付创新产品和加速上市时间——有选择地应用敏捷原则，例如，快速推出疫苗（自上而下的敏捷思维、文化适应性和新的工作方式）。
  - 能源公司在非常复杂的结构化项目集工作中采用瀑布式方法，而其IT部门则使用敏捷方法来持续交付成果流并快速响应——这两种方法为流程的可重复性带来了可能，也为将一些敏捷方法适当融入其中提供了机会。
- 即使在建筑行业，也可以采用敏捷的承包模式——项目集经理可以根据项目集的具体情况，正确决定敏捷性与预先设定的结构和流程之间的比例。

复习题

单选题用圆括号"(　　)"标示，多选题用方括号"[　　]"标示。

在ADKAR模型中，哪个阶段最强调心智对齐？（　　）

A. 在提供培训的"K"阶段

B. 在营造归属感的"D"阶段

C. 在移除障碍的"A"阶段

D. 在庆祝活动的"R"阶段

在科特8步模型的下列要素中，你认为哪些要素反映了项目集干系人参与的一致性，并且是实施变革的必要条件？[　　]

A. 建立指导联盟

B. 创造短期胜利

C. 将变革制度化

D. 传达愿景

以下哪个选项展示了如何通过混合使用不同的项目集框架来支持变革的敏捷性？（　　）

A. 使用一致的方法满足客户需求
B. 完全的自主权
C. 将瀑布式方法应用于复杂的项目集，将敏捷方法用于成果流的持续交付
D. 专注于提高一致性

1.8 数字化转型

学习要点：

- 进入下一个十年，组织的领导者将继续思考数字化转型，对技术的依赖日益加深，变革的步伐也在加快。
- 本节涉及转型思维和文化，为项目集经理展示其与干系人合作的能力提供了机会。
- 人类 2.0 方程或人类 3.0 方程体现了人类与技术间正确平衡的未来趋势。
- 需要思考可在日常工作中应用的要素，让团队和组织为数字化转型做好准备。
- 数字化转型背后的迷思，以及为何有 70% 的转型项目集以失败告终。
  - 来自 Gartner 等机构的数据证实了持续的高失败率。
- 在确保必要的项目集实验安全性方面，文化发挥着重要作用。
- 探索适当的项目集规划与 30% 的成功的转型项目集之间的联系。
- 复原力（变革的"解药"）。
  - 质量为什么是提高数字化转型项目集成功率的重要组件？

1.8.1 为何有 70% 的转型项目集会失败？

- 不只是技术组合的问题。
- 不只是缺乏适当的规划（有时，甚至对规划进行了大量的投入，并且得到高管的极大关注）。
- 在设计有目的性的要素时存在缺陷或漏洞。
  - 协作文化。
  - 注重指导原则。
  - 以人为本（项目集经理的未来任务是确保高度关注人的因素）。
  - 适当地进行数字集成（确保适当的集成水平与正确的假设相结合）。

> 提示：
> 人的因素是转型项目集成功的核心。这些项目集不会因为技术而失败。

1.8.2 数字化与项目集决策

对于拥有各种决策工具的项目集经理来说,未来的工作为他们提供了大量的机会。这意味着项目集经理应该重新思考如何分配时间,以及如何发挥该角色的最大价值。

如图 1.18 所示,数字化将持续提高决策的速度和质量:

- 数字化经济(充分利用智能技术)。
- 人工智能。
- 物联网(Internet of Things,IoT)。
- 运用"大数据"(作为项目集经理,你要更专注于跟踪趋势,确定项目集的方向,并进行中期调整,从而直接影响项目集的成功)。
- 分析和统计。

图 1.18 数据驱动的决策
来源:Geralt/25597 号图片

1.8.3 文化与项目集试验的安全性

项目集经理应该对他们所处的环境有良好的理解,认识到拥有一个合适的、支持性的项目集文化是十分重要的。项目集经理也有必要重新思考问题,并不断牢记文化是项目集成功的根本。

如图 1.19 所示,项目集经理和变革领导者应考虑组织文化的类型并确保:

- 组织文化具有变革性。

- 组织文化不受恐惧影响。
- 组织文化不受责备主导（因为责备对成功有直接的负面影响）。
- 转型成功与否取决于团队的创新程度。

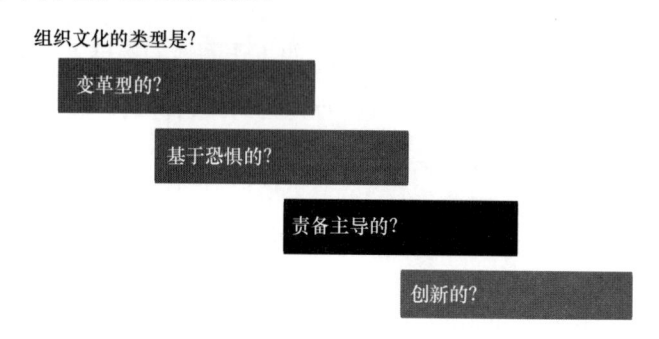

图 1.19 组织文化的类型是什么

文化与项目集实验的安全性

- 在敏捷运营和数字化转型中同等重要。
- 在未来，那些侧重于命令与控制的文化将不再有效。
- 虽然项目集经理可以营造一个鼓励实验的项目集团队文化，但它需要得到企业文化的支持，这种文化应鼓励思想的自由流动、保持透明，包括开放的反馈文化，并对协作行为给予奖励。
- 这样才能增加更多的乐趣和创新，为数字化转型项目集的成功做出"一对一"的贡献。

1.8.4 有效的项目集规划与数字化转型的成功

如前所述，在研究数字化转型失败的原因时，我强调过，如果我们想有效地扭转即将遭遇灾难的局面并保护组织资源，进行有效的项目集规划是必不可少的。

- 与战略规划联系起来。
- 如项目集章程那样，预先采取正确的步骤。
- 制定路线图。

在周围环境日益动荡的情况下，我们要充分理解环境，从而制定出行之有效的项目集规划。

- 确保与明确的战略目标保持一致。
- 要综合考虑风险和环境因素，制定严格的章程和发起人流程（这有助于更深刻和更细致地理解风险，从而具备数字化转型所需的主动性）。
- 基于清晰的路线图，将干系人紧密联系起来（从起点到终点的预期路径）。
- 需要运用在本章中提到的多种变革管理技能来应对数字化转型。

复原力

良好的复原力是更好地应对变革的关键因素，它直接影响项目集的成功：

- 复原力是变革的本质之一。
- 应对项目集周围的动态变化。
- 处理项目集团队中出现的问题。
- 解决成功定义中不清晰的问题。
- 需要不断提升自己的领导力。
- 培养好奇心，确保准备是充分的。
- 项目集团队在应对重大变革时，仍能保持高效运作。
- 为项目集成功的新定义奠定基础。
- 复原力不是天生固有的，它是可以培养和强化的（需要将自己置身于复杂的环境中，处理政治和不确定性问题）。
- 与"好奇心"相关联的领导力（知识和知识管理的作用）。
- 引领未来工作场所的潮流（侧重于个人的复原力）。
- 与不断发展的项目经济核心相关联（在未来，人们将逐渐认识到项目和项目集在战略上的作用，并明白在未来的组织环境中展现复原力的必要性）。

复习题

单选题用圆括号"（　　）"标示，多选题用方括号"[　　]"标示。

以下哪项最有助于成功实施数字化转型项目集？（　　）

A. 以各职能领域的需求为重点开展工作

B. 创建综合性的技术解决方案组合

C. 进行详细规划

D. 建立协作文化

以下哪些要素有助于创建成功项目集成果所需的健康文化？[　　]

A. 恐惧

B. 实验的安全性

C. 命令与控制

D. 畅所欲言

为什么复原力会成为未来工作环境中的主导特质？（   ）

A. 它是一种很酷的特质

B. 它类似情商

C. 它能应对重大变革并创造高绩效

D. 它有助于抵制项目集的变更

1.9 变革者

学习要点：

- 让项目集经理的影响力充分体现其变革者的角色。
- 理解项目集的战略作用。
- 必须具备一系列素质和技能，让我们在推动变革时更加强大。
- 提醒我们应在运营业务与变革业务之间保持平衡。
- 作为项目集变革管理者，需要具备的素质以及培养这些素质的方法。
- 了解 SAP 公司的案例以及激励变革者的方法（确保实施与变革相结合）。
- 将"创建学习型组织"作为引领变革的方式（通过这一方式来引领变革）。
- 了解那些对成功变革至关重要的项目集生命周期的关键节点。
- 将 EFQM 模型的领导和流程要素与变革者角色相匹配（对正确的变革属性有怎样的重视程度）。

1.9.1 SAP 公司的故事与变革者

- SAP 公司将变革纳入实施解决方案，并在全球范围进行精细化的推广。
- SAP 公司意识到所有解决方案的推广都会给客户组织带来重大变革。
- 不断提升的项目集交付能力正在与变革者和新一代项目集经理产生共鸣（他将如何推动变革？需要什么？在与 SAP 公司合作的组织中，用户的期望是什么？）。
- 将项目集管理视为不同的变革能力的观点日趋成熟（新一代项目集管理人员应理解变革推动者的角色）。
- 项目集管理的强项在于，将组织的远大战略目标（或议程）与多样性、平等和包容以及 ESG 相连（持续通过项目集工作推动变革，并在组织层级提升能力，确保项目集工作与战略紧密结合）。
- 组织的高管认为，他们的成功得益于此（引起高管的重视，确保他们认识到变革的重要性，这也表明项目集管理在相应组织中已达到卓越水平）。

1.9.2 打造学习型组织

- 图 1.20 反映了打造学习型组织的一些关键要素。
- 为项目集经理提升领导力奠定了基础。
- 引起学习的欲望。
- 关注学习如何支持变革。
- 遗忘、重新学习以及学习新事物。
- 使项目集经理的角色得以成长，职能得以扩展，并将这种学习心态传递到项目集团队和干系人群体中。

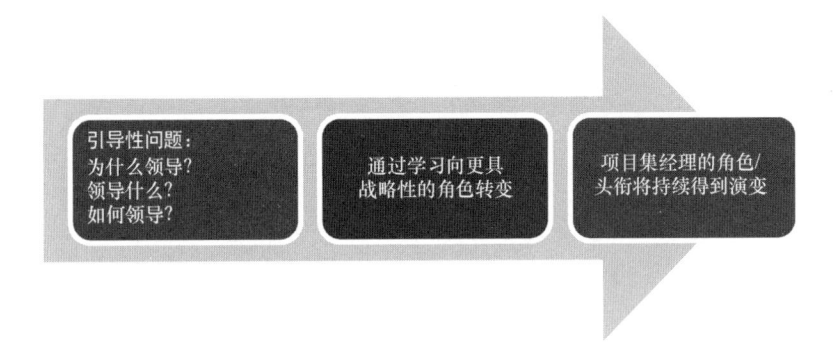

图 1.20 打造学习型组织的关键要素

1.9.3 使变革成功的项目集生命周期的关键节点

当我们在 PMI 的《项目集管理标准》中纵观项目集生命周期阶段，看到项目集定义、交付和收尾三个阶段的联系和相关详细步骤时，会发现以下几点的重要性。

- 将变革与项目集的生命周期联系起来。
- 在项目集执行过程中计划、监督、控制和管理有关变革的活动。
- 任何事情都不应被孤立管理。
- 我们是统一者、整合者，需要能纵观全局，从战略的角度出发。
- 用变革管理要素补充生命周期的各个阶段。
- 在项目集收尾过程中不断更新学习成果。
- 塑造组织和团队，使其能够按照与项目集发展路径一致的方式管理变革。
- 自始至终实践变革管理。

1.9.4　EFQM 模型与变革者的能力

- 图 1.21 强调了与项目集变革者角色相关的许多能力。
- 决策和决策质量至关重要。
- 不能在决策能力方面有弱点。

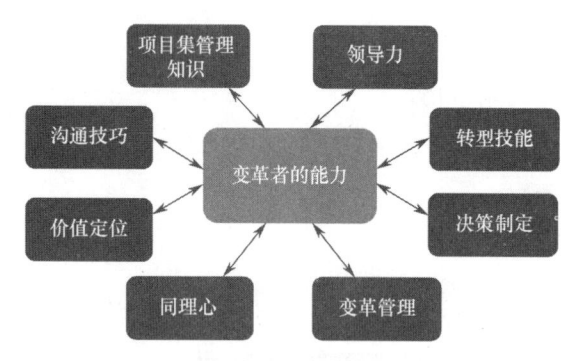

图 1.21　变革者的能力

- 确保在人员和技术方面保持平衡，并制定正确的流程。
- 具有领导力，例如，在坚持价值导向的同时展现同理心，并在沟通方面表现出色，成为关键的连接者。
- 类似之前描述的关于项目集经理在扮演指挥家角色时所体现的价值。

复习题

单选题用圆括号"（　　）"标示，多选题用方括号"[　　]"标示。

变革管理活动和项目集生命周期的关键交集在哪里？（　　）

A. 仅项目集交付阶段

B. 贯穿所有生命周期阶段

C. 项目集交付和项目集收尾阶段

D. 项目集定义和项目集交付阶段

在 SAP 公司的案例中，哪些要素展示了变革者的角色？[　　]

A. 意识到所有解决方案的实施都会给客户组织带来重大变革

B. 将项目集管理视为实现差异化的能力，这一观点正日趋成熟

C. 变更管理系统

D. 最大限度的自主权

以下哪项是关键的变革能力？（　　）

> A. 注重时间规划
> B. 范围变更管理
> C. 转型技能
> D. 一般管理技能

1.10 倡导变革

> **学习要点：**
> - 为什么需要项目集倡导者？
> - 如何通过"参与策略"来获得对项目集变革的认同？
>   - 赋能项目集团队。
> - 将服务型领导的特质付诸行动，以赋能项目集团队。
>   - 跨领域的理解至关重要，应在团队及项目集领导者之间形成这种共识。
> - 展示 IoT 的成功实施会如何推动以变革为中心的项目集。
>   - 技术如何帮助我们增强变革能力？
> - 参考《PMI 职业脉搏》中的"超越敏捷"，突出未来变革的关键能力。
>   - 如何促使自己超越项目和项目集所需的敏捷性，进一步深化和扩展我们的能力。

1.10.1 对参与策略的认同

图 1.22 汇总了一套指导方针，旨在帮助你制定参与策略以获得认同和支持。项目集变革的成功与否，与能否争取项目集干系人的理解、支持和积极参与密切相关。在设计、应用合适的策略组合时，若能更好地发挥创造性，将有助于提高获得支持和认可的速度及概率。下面重点介绍了我们可以用来获得这种认同的多个最佳实践。

- 向团队清楚地说明沟通方式。
- 展示沟通策略，并说明我们如何根据需要采用不同的沟通方式。
- 通过路线图和进度计划来展示相互依赖关系，并显示交叉影响。
- 经常重复关键信息。
- 重新审视度量标准，以消除限制性行为。
- 使用基于价值和战略的指标。
- 告诉我如何衡量我，我将展现相应的表现。

- 迫切需要通过变革管理行为来促进参与。
- 明确角色和责任。
- 思考怎样才算良好的沟通。

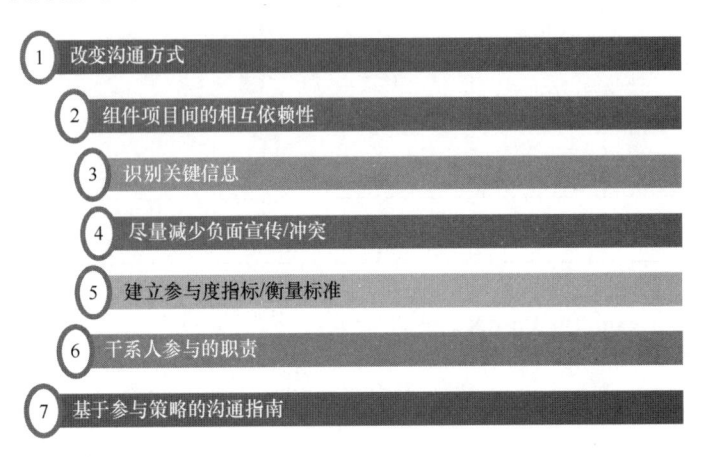

1. 改变沟通方式
2. 组件项目间的相互依赖性
3. 识别关键信息
4. 尽量减少负面宣传/冲突
5. 建立参与度指标/衡量标准
6. 干系人参与的职责
7. 基于参与策略的沟通指南

图 1.22　制定参与策略的指导方针

1.10.2　服务型领导的特质

- 如图 1.23 所示，成为服务型领导者对于项目集团队的成功至关重要，这显著区分了项目集团队的绩效。
- 激励和鼓舞团队（为团队消除障碍）。
- 利用设计思维来换位思考（更好地感知和理解需求）。

图 1.23　服务型领导者——成就变革的关键角色

来源：sgottschalk/7 号图片

- 应对文化转型的挑战（项目集经理和发起人的职责）。
- 锻炼情商（确保各项要素日趋成熟）。
- 参与变革管理工作（以身作则）。
- 对项目集团队表现出极大的尊重（这将激励整个项目集团队）。

> 提示：
> 项目集经理未来的成功取决于他们是否为团队提供真正服务的能力。加强并提升你的指导和沟通技能是至关重要的。

1.10.3　物联网的实施与项目集变革

鉴于在本章许多部分中详细讨论的项目集的复杂性和动态性，应持续利用技术手段来快速实验、灵活适应，并迅速重新调整项目集管理方法将是非常有效的。IoT 是增强项目集变革处理能力的关键推动因素之一，其价值如图 1.24 所示。

- IoT 和数据分析改变了我们的工作方式。
- 这是比较问题、风险和痛点的绝佳起点。
- 无须投入大量时间和精力即可仿真并重做工作。
- 借助数据进行反思以得出更好的解决方案。
- 当拥有正确类型和充足数量的数据时，可以帮助我们更好地掌握项目集的制约因素和 VUCA 要素。
- 能从战略层面更好地应对项目集风险的响应式团队。
- 预测资源并预判项目集各组成部分的动态变化。
- 对项目集成功产生巨大影响。

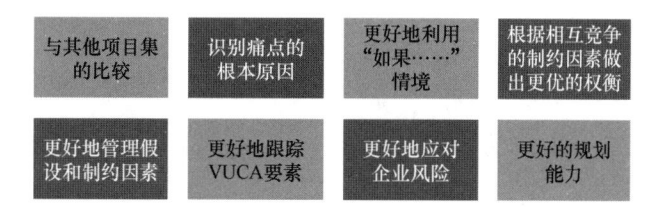

图 1.24　IoT 的价值和项目集变革

1.10.4　超越敏捷性

如图 1.25 所示，在《PMI 职业脉搏》中提及了超越敏捷性，强调了许多与其相关的重要特质，这些特质将会影响项目经理和项目集经理在应对变革时的未来能力。

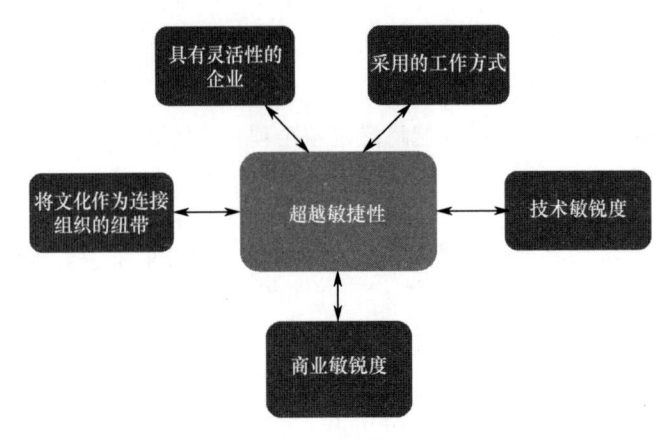

图 1.25 超越敏捷性
来源：改编自《PMI 职业脉搏》

- 持续适应。
- 提升企业自我拓展和适应变化的能力。
- 寻找各种方法进行拓展和调整，做出所需的一切努力。
- 兼顾技术和商业敏锐度。
- 至少要具有未来文化所需的敏捷思维和透明度。
- 强化合作。
- 这些能力使项目集经理能够在连接团队、推动变革方面扮演最适宜的角色，无论外部条件多么不确定。

复习题

单选题用圆括号"（　　）"标示，多选题用方括号"［　　］"标示。

服务型领导如何促进项目集团队的成功？（　　）

A. 参与变革管理工作

B. 对每个人展示尊重

C. 鼓舞团队士气，激发团队活力

D. 以上全部

物联网如何促进项目集变革的成功？［　　］

A. 修正假设和制约因素

B. 识别痛点的根本原因

C. 更好地响应企业问题

D. 更好地跟踪 VUCA 因素

《PMI 职业脉搏》中强调了什么？（　　）

A. 结构化的企业

B. 稳定的工作方式

C. 敏锐的项目集管理能力

D. 将文化作为连接组织的纽带

第 2 章　明确焦点

项目集经理的成功

项目集经理致力于终身学习，具备远见卓识。项目集经理应充分将所负责的项目集和项目作为学习的平台，不断追求卓越。他们深知实验的重要性，并理解通过实验可以深入了解客户、用户及其他项目干系人的需求，这将极大地增强他们的参与度和影响力，进而实现共同的目标。

对于项目集经理、项目集团队乃至整个组织而言，明确焦点是至关重要的。这不仅能引导组织在战略层面运营，还能构建由成功伙伴紧密合作的网络。在本章中，我们将探讨多种明确焦点的策略，但核心是，引导正确的干系人参与进来并与之保持一致，以确定前进的方向，并采取切实有效的措施来实现这一目标。

> **学习要点：**
> - 深入探讨项目集发起人的职责，涵盖其作为教练和队长的角色。
> - 学会如何与项目集发起人建立稳固的合作伙伴关系，以及如何提升政治敏锐度。
> - 探讨有效沟通的基本原则，并通过一个复杂的项目集案例，掌握如何与不同层级的干系人进行有效沟通。
> - 在排序项目集优先级时，理解以价值为导向的重要性。
> - 强烈意识到，作为项目集经理，留出时间进行思考的重要性。

2.1　项目集发起人

项目集/项目的成功，离不开发起人这个关键角色。发起人不仅负责提供实施项目集所需的资金或资源，而且在精神层面，坚定拥护项目集/项目的使命，并在遭遇挑战时，主动担当，清除障碍，确保项目集/项目顺利进行。

项目集发起人并非天生就具备所需的能力，扮演这个角色是需要学习的。他需要理解各方的期望，与项目集领导者建立伙伴关系，并且在关键时刻做出一些艰难的决策。

> **学习要点：**
> - 项目集领导者的成功与项目集发起人密切相关，诸多研究与实践已反复强调这一观点。
> - 项目集发起人至关重要，他们是推动项目集成功的关键角色。确保这一点的必要条件是，拥有合适的项目集发起人。
> - 你可能遇到与"发起"截然相反的情况，如过度干预。
> - 此处讨论的是那些愿意投身项目集并给予支持的人员，但他们的参与应保持适度的平衡。

在本章的这一部分，将深入研究发挥发起人潜能所需的一系列关键要素：

发起人在适应与发展过程中的职责与作用。

- 发起人是谁？
- 为何这一角色对项目集的成功具有举足轻重的意义？

找准切入点（"队长"角色）。

- 向"队长"角色看齐。

教练语言在影响项目集成功中所展现的价值。

- 在未来的工作中，教练语言是一项非常必要的技能。
- 对团队的成功至关重要。
- 教练语言的重要性。

GROW 模型在创建正确的项目集文化中的运用。

- 将此模型运用在创建卓越项目集文化的过程中。[1]

2.1.1 项目集发起人角色

- 图 2.1 展示了项目集发起人的多重特质，这些特质共同构筑了领导者的形象。
- 成为服务型领导者，有助于引导干系人，驾驭复杂议题，推进共同议程，建立一致性并打破孤岛。
- 能够通过明确的授权来增强治理能力。
- 确保有合适的项目集章程，包括明确了解需要委托给项目集经理的具体职责。
- 沟通的清晰度和透明度是项目集团队的生命线，直接反映了团队的协同作战能力和向心力。

---

[1] 有关项目集发起人的论文，请访问 pmworldjournal 网站，搜索 "the-connected-future-business-culture"。

- 灵活适应不断变化的需求是项目集和项目经理成功的关键。
- 项目集和项目经理可以扮演发起人角色。
- 发起人不仅提供资金，更是业务需求的深刻洞察者。
- 发起人在商业价值与业务之间搭建起坚实的桥梁。
- 随时准备推动项目集向前发展，并清除前进道路上的障碍。

影响干系人的能力　　跨不同干系人群体工作的能力

领导力　　决策的权利

有效的沟通技巧

图 2.1　项目集发起人的特质

提示：
作为项目集的关键领导者，项目集发起人要成为服务型领导者，他们有卓越的沟通技巧和强大的影响力，能够打破壁垒，聚焦目标，带领团队成功。

2.1.2 "队长"角色[①]

项目集发起人力求为项目集和项目集经理提供适度的支持，这是一项颇具挑战性的任务。他们可能在过度干预和放任不管的两个方向走向极端：要么在各个细节上都过多插手，要么对事务放手不管。找准"队长"的角色定位，既需要艺术般的洒脱，也需要科学般的严谨，确实很考验发起人的探索精神。

优秀的项目集发起人能激励项目集团队，并营造一个透明、有创新精神且适应性强的项目集文化。他们像体育团队中的队长一样，具有远见，能连接各个环节，带领团队前进，懂得适时放手，始终与团队并肩协作。他们成功的关键在于对自己的角色有真实且明确的期望。项目集经理应积极向发起人阐述这些关键的期望。

项目集发起人应积极参与项目集，但又不能过于活跃。他们出席状态会议，审查简报，并给出直接的建议。成功的项目集往往拥有这样一位发起人：他们能在关键时刻毫不犹豫地进行调整并做出重

---

① 摘自《高管发起人研究报告》。斯坦迪什集团，2013 年。

大决策，就像优秀的队长一样，他们将大部分决策委托给他人，并以平衡的服务型领导风格激励他的项目集团队。

2.1.3 教练型心态与项目集成功

- 这种理性的思考方式有助于我们在与项目集发起人合作时建立一种积极、健康的工作氛围，并能够将这种良好氛围逐步扩展至整个团队。
- 因此，让我们先从与发起人的关系出发，通过开放、包容的态度，为整个项目集团队营造一个良好的工作环境。

此类教练心态的构建可分为三大核心要素：

1. 行为的一致性能够实现平衡。
    - 在一致性和适应性之间实现平衡，确保领导者继续推动有影响力的项目集变革。
2. 以未来发展为导向的教练。
    - 致力于构建实现价值所需的关键要素。
    - 支持在项目集管理领域追求卓越。
3. 案例引导问题。
    - 聚焦价值。
    - 自我反省。

有助于项目集成功的关键问题包括：

- 如何发展项目集发起人角色？
- 如何使用启动会议解决项目集的关键问题并更好地组织会议？此外，如何借助此类会议识别项目集中的关键节点？
- 如何在保证充分思考的前提下，营造紧迫感以优化客户服务策略？案例是否凸显了对成果的持续关注？

成长模型与项目集文化

- 如图 2.2 所示，GROW 模型在教练领域中得到了广泛应用。
- 在沟通时要讲究效率和效果，要符合语境，贴合人心。
- **目标**：确保目标清晰。
- **现状**：确保理解项目集的假设/制约因素（项目集的真实状况）。
- **选项**：确保纳入多元化项目集团队成员的观点（我们有多种项目集选项）。

- **总结**：确保建立"以行动为导向"的项目集文化（我们有目的性地召开会议，展开讨论和进行互动，并确保有明确的前进方向）。

图 2.2 GROW 模型[①]

复习题

单选题用圆括号"（　　）"标示，多选题用方括号"[　　]"标示。

成功的项目集发起人的特质是什么？（　　）

A. 要求定期提交报告

B. 对项目集进行精细化管理，以确保其符合相关规定

C. 具备协调各干系人之间工作的能力

D. 在项目集关键节点，项目集经理可获得相关信息

描述像队长一样的发起人的特征。[　　]

A. 较少参与决策过程

B. 做出调整并决定重大事项

C. 非常积极地参与项目集

D. 将大部分决策权下放

"GROW 模型"中的"W"代表什么？（　　）

A. 意愿

B. 工作流动性

C. 瀑布式方法

D. 总结

2.2 关键的伙伴关系

项目集成功的关键因素之一在于，项目集发起人与项目集经理之间构建了稳定的协作关系。为提

---

① 有关 GROW 模型的详细信息，请访问 performanceconsultants 网站，搜索"grow-model"。

升项目集成功率，务必重视对项目集发起人综合能力的培养。我们需要深入研究与发起人的关系，包括运用关键问题进行有效沟通，并确保投入资源来维护这一对成功至关重要的基本关系。

项目集发起人在管理干系人关系中发挥着不可或缺的作用。在许多组织中，包括政府机构和各类企业，高层管理者通常愿意与同级别的领导者一同应对优先事项和冲突。无论这种倾向是否合理，如果普遍存在，项目集经理将需要得到项目集发起人的坚定支持，以便他们能够专注于实现项目集的成果。同时，项目集发起人需要负责清除前进道路上的障碍。为了维护这种合作关系，我们需要不断投入，并围绕项目集经理在与干系人沟通时最需要支持的领域加强对话。这将为项目集发起人提供机会，使其能够对项目集的战略成功产生最有价值的贡献。

> 提示：
> 建立融洽、稳固的发起人合作伙伴关系，是亟待发展的核心技能。

学习要点：
- 最糟糕的情况（项目集发起人和项目集经理未能履行合作伙伴的职责，从而导致危险的项目集后果）。
- 汇总并向项目集发起人提交关键问题（审视这些问题的关键性与质量）。
- 提升即时开展关键对话的能力（旨在通过树立典范来展示领导才能，同时致力于推动卓越文化的发展，并促进关键对话的开展）。
- 理解逐级授权的艺术（基于之前对职权与治理议题的审视）。
- 探讨在常态化实践中提升政治敏锐性（让自己参与关键的事项，以不断提升自我）。

2.2.1 有效发起人的重要性

- 在各项研究和调查中呈现一致性的数据。
- 关于价值的重要提醒，以及我们为什么要投资于这种关键的发起人关系。

2.2.2 危险的项目集后果

鉴于有效发起人的影响，对发起人关系加大投入的重要性显而易见，如图2.3所示。持续维护这种关系，有助于避免潜在的负面影响。

不当发起人关系的影响及后果：
- 项目集缺乏明确的项目集目标和完善的项目集章程。
- 项目集进展可能受到不利因素的制约（忽略发起人的关系资源）。

达成项目目标的概率增加了27%

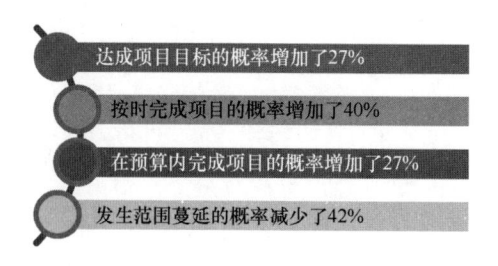

按时完成项目的概率增加了40%

在预算内完成项目的概率增加了27%

发生范围蔓延的概率减少了42%

图 2.3　有效发起人的影响[①]

- 项目集的终极走向不明（导致项目集成果与预期目标之间出现差距）。
- 项目集的上报路径不明确（导致项目集经理不知应向哪个层级或部门上报）。
- 项目集经理的授权级别不足以执行所需的操作（决策能力受限）。
- 缺乏高效且精确的引导措施。
- 成员未关注重点（项目集经理失去与业务的联系）。
- 在关键时刻缺乏及时干预（积极参与并主动采取措施，以确保项目集取得成功）。

2.2.3　关键问题

> **提示：**
> 项目集经理和项目经理深知问题的价值所在，并持续提升自己提出恰当问题的能力，以确保及时有效地应对各项挑战。

项目集经理面临的关键挑战与肩负的职责密切相关，主要表现在以下方面：

1. 参加关键会议（定义何为关键，控制过度干预的行为）。
2. 支持项目集经理：
   - 业务主题。
   - 关键冲突的解决策略。
3. 与其他发起人建立关系：
   - 进行跨项目集的协作。（对于发起人来说，什么才是重要的？）
4. 培养良好的理解能力：
   - 使用"同一种语言"（同步思考，确保在理解方向及关键风险方面没有偏差）。
5. 投入时间交流/致力于人才培养（这一点最为关键，因为它有助于持续成长，例如，运用教练技巧来帮助项目集团队）。
6. 在整个业务流程中，推动项目集，彰显其价值。

阿尔伯特·爱因斯坦曾言："我并非天赋异禀，我只是对世界充满了好奇心。"项目集发起人应具

[①] 引自 2014 年 10 月发表的《PMI 职业脉搏》，可访问 PMI 官网，搜索 "top-driver-project-program-success"。

备的关键素质也在于此。把握提问的时机，以及展现好奇心的方式，皆为发起人角色的重要素质：
- 理解敏捷工作方式的核心要义（工作环境中的开放性）。
- 营造项目集成功所必需的透明文化。
- 鼓励人们提出具有高度针对性的问题（这些问题应确保沟通顺畅，并得到项目集发起人和项目集经理的密切关注，以提升项目集成果的质量）：
  - 能不能换个角度来探讨这个问题？
  - 如何才能最好地帮助你？
  - 若采取某种措施，将会产生何种影响？
  - 我们应如何推进以改善现状？

2.2.4 逐级授权的艺术

图 2.4 着重强调了发起人角色的一些关键领导力维度，并强调了这一角色的持续发展以及与项目集经理的合作关系。鉴于项目集所承载的战略商业价值，图中只展示了基本要素，如建立信任、理解授权障碍的根本原因，以及培养下一任发起人的意愿。这些要素共同构成了成功授权能力的框架：
- 建立在信任的基础上。
- 需要了解阻碍信任达成的因素。
- 正因如此，那些使我们明确了解每个人分工的工具非常有用。

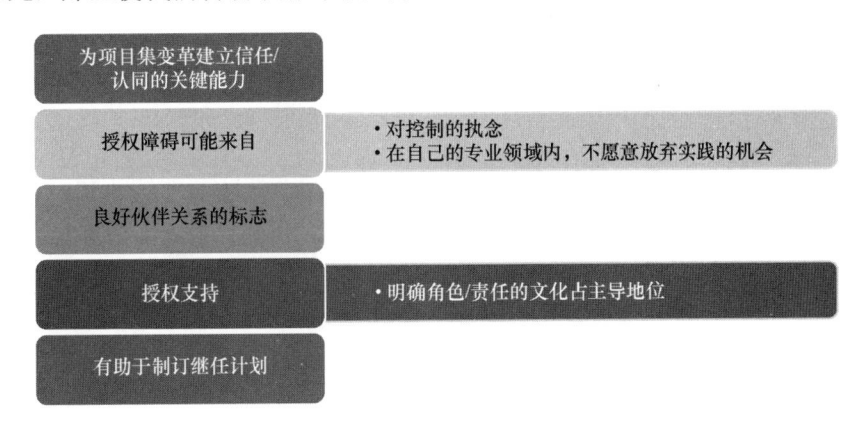

为项目集变革建立信任/认同的关键能力	
授权障碍可能来自	• 对控制的执念 • 在自己的专业领域内，不愿意放弃实践的机会
良好伙伴关系的标志	
授权支持	• 明确角色/责任的文化占主导地位
有助于制订继任计划	

图 2.4　发起人角色的一些关键领导力维度

2.2.5 项目集经理的政治敏锐度

对政治的反思是一项复杂且敏感的任务，因为它对不同的干系人有不同的影响和意义。在多数情况下，专业人士往往避免涉及政治议题，更不用说在政治环境中生存与发展了。然而，我们必须认识到，政治是任何项目或项目集环境不可或缺的一部分。因此，项目集经理/项目经理必须具备处理政治问题的能力，并通过适当的途径为团队授权。

图 2.5 展示了三个关键的政治敏锐度支柱：外交艺术、人际网络、智慧与支持。能够有效运用这些支柱的项目集经理，不仅能够完成卓越的项目集可交付物，还能够保护团队免受不必要的干扰，并为其创造一个专注且高效的工作环境。

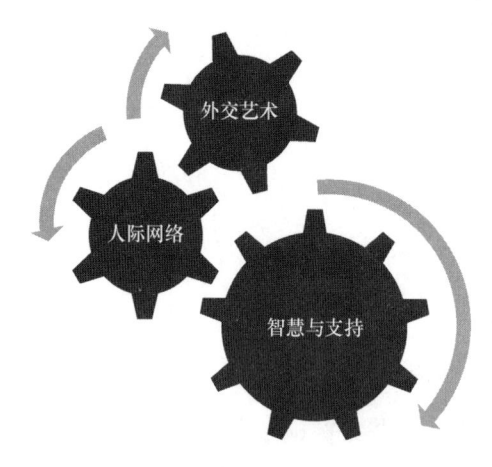

图 2.5 政治敏锐度支柱

请审视以下问题：

- 项目集中的政治是好事还是坏事？为什么？
    - 都不是，项目集中的政治是构建牢固联盟的核心。
- 你如何在你的项目集中"具有政治性"？
    - 形成一种稳定且持续的工作习惯，不断寻求并实践高效的工作模式，以此来促进个人和团队在追求卓越目标的过程中的持续发展。

提示：
深刻理解和积极应对政治问题是我们投入精力的价值所在。

复习题

单选题用圆括号"（　　）"标示，多选题用方括号"[　　]"标示。

与项目集发起人的伙伴关系比较薄弱的迹象是什么？（　　）

A. 参加关键会议
B. 对业务的深入了解
C. 项目集的上报路线不明确
D. 保持对关键问题的关注

适当的授权如何促进项目集的成功？[　　]

A. 项目集团队拥有更多的乐趣
B. 使项目集的角色和职责更加清晰
C. 在技术细节方面高度参与
D. 支持继任计划

项目集中的政治是好事还是坏事？（　　）
A. 好事
B. 坏事
C. 都不是

2.3 与干系人的纽带

为了与项目集的干系人建立稳固且积极的联系，我们应关注对他们至关重要的议题。这一能力备受青睐，因为可能需要多年的努力才能深刻理解项目集中干系人的关键性。尽管对项目经理和项目集经理而言，这是一个基本且重要的议题，但人们往往没有为此投入必要的时间。真正的挑战在于，不仅要确定干系人的身份，还要投入足够的时间来与其建立至关重要的关系。随着项目集复杂性的提高和干系人多样性的增加，这种关系的重要性愈发显现。

学习要点：
- 世界卫生组织（World Health Organization，WHO）通过有效沟通原则塑造国际影响力的案例。
- 阿拉伯联合酋长国（The United Arab Emirates，UAE）实施复杂项目集的案例（展示干系人层级，以及如何在各层级之间建立一致性）。
- 应用项目集的干系人登记册来加强项目集的参与度（可以使用多种工具来确保所使用的方法是结构化的和系统化的）。
- 应对阻力的策略（项目集的目的是推动变革，这需要重新关注运营和变革业务的对话，并寻求能集中精力完成变革的策略）。

2.3.1 世界卫生组织的沟通原则

如图2.6所示，此图概括了WHO提出的有效沟通原则。这些原则对于项目集领域和项目集经理的实践具有重要的指导意义。五个维度中的每一个均对项目集沟通的质量产生深远影响。通过遵循这些原则，项目集经理能够获得以下启发：
- 可达成。现在不是隐瞒信息的时代。

- 可操作。我能用这些数据做什么？
- 可信赖。数据经过审查了吗？数据的清晰度足够吗？数据中有偏见吗？
- 相关性。数据是否对项目集的关键战略方向和目标有支持作用？
- 及时性。沟通要有的放矢，确保信息的传达精准有效，因此，及时性也显得尤为关键。

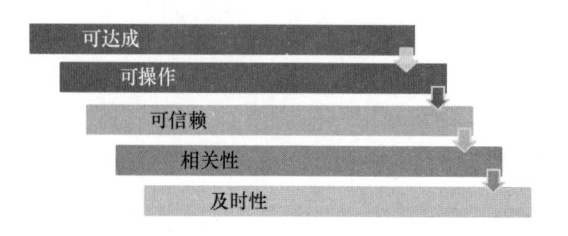

图 2.6　有效沟通原则[1]

2.3.2　阿拉伯联合酋长国的项目集和干系人层级

回顾一个复杂的 UAE 核工业项目集案例，我们可以学习如何与众多的干系人（如负责工厂建设的组织、负责工厂运营的组织、行业监管机构，以及引进技术、支持创新和供应链等事项的干系人）打交道。

在此过程中，我们可以了解到干系人的多样性。当然，这些干系人具有不同的需求、期望和成熟度水平。对于这样一个关注度如此高的项目集，考虑到要在这样一个复杂且对国家有重大影响的项目集中做出承诺，需要持续增加干系人的关注度。

持续评审干系人的参与策略，并委派项目集经理与小型核心团队紧密合作，这对于确保干系人能与项目集焦点保持一致具有极为重要的意义。应考虑干系人在各个层级中的位置（见图 2.7），这可能有助于在不同的层级中衡量所需投入的工作量和时间。

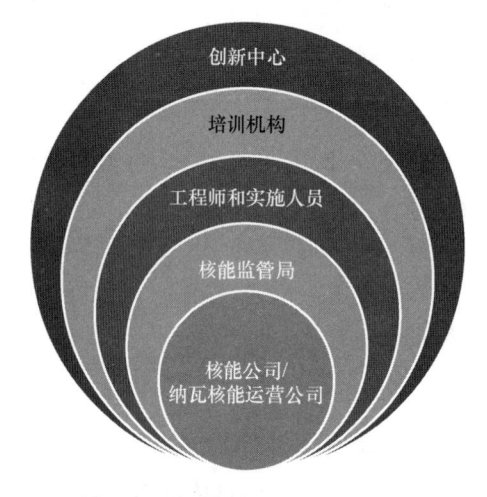

图 2.7　项目集的干系人层级示例

---

[1] 引自世界卫生组织的沟通原则。

在与多元化的干系人协同工作时，采用结构化的方法是至关重要且富有成效的，这也再度凸显了构建"干系人联盟"的必要性。

干系人联盟

1. 核电站业主（核能公司）和运营商（纳瓦核能运营公司）。
2. 独立监管机构（核能监管局）。
3. 核技术中心（致力于推动创新）。
4. 提供核工程及其他相关培训课程的大学/职业院校。
5. 数百位阿拉伯联合酋长国核领域的工程师/专家（共有 30 名反应堆操作员成功取得了核能监管局的认证[①]）。

2.3.3 干系人登记册与建立参与机制

构建明确的结构，识别核心干系人，并深入探究他们对项目集的立场，进而制定高效的协作策略，是确保成功争取干系人的关键因素。图 2.8 展示了一种经典且便捷的方法（干系人登记册），先识别项目集干系人，然后通过三个维度来分析和理解他们对项目集的立场。这三个维度包括权力（反映干系人对项目集的影响程度）、利益（反映干系人对项目集及其结果的关心或关注程度），以及态度（反映真正获得干系人支持的概率）。

干系人	权力	利益	态度
项目集发起人	H	H	积极的
首席信息官	H	L	消极的
用户	L	H	积极的

图 2.8　干系人登记册示例

- 采用更为简洁明了的表格对权力和利益进行梳理，同时可将态度纳入评估范畴。
- 消极的态度足以将干系人归为项目集的抵制者。
- 这是培养政治敏感度的价值所在。

应对阻力的策略

- 如图 2.9 所示，干系人参与矩阵中的分析结果基于干系人登记册中被强调或标出的信息。
- 将项目集干系人置于矩阵中。
- 四象限中的信息代表了针对不同干系人的管理策略，以确保他们能适当地参与进来。

---

① 有关该认证的详细信息，可访问 agsiw 网站，搜索 "nuclear-power-in-the-middle-east-the-politics-of-stakeholder-coalitions"。

- 鉴于左上角的干系人可能是抵制者，如果不妥善管理，他们可能不会积极地参与项目集，甚至可能设置障碍等。
- 项目集经理需要争取/影响/保护团队。
- 右上角的干系人是应持续关注的干系人群体。
- 右下角的干系人是值得培养的、有相关利益的干系人群体。
- 左下角的干系人是应尽量减少投入的干系人群体。
- 所有这些战略分析都有助于我们在沟通中更有意识地运用前面介绍的WHO沟通原则。
- 这是一项动态变化的工作，因此我们必须在项目集的整个生命周期中不断识别干系人。
- 始终关注干系人的环境变化。

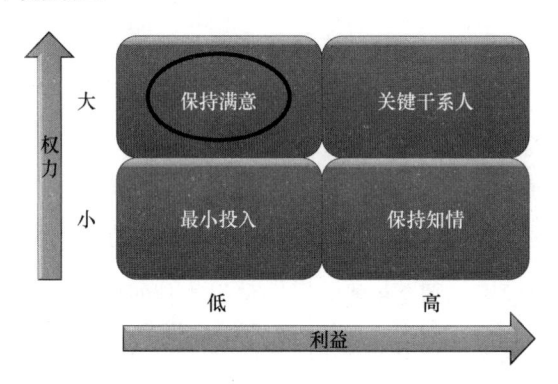

图 2.9　干系人参与矩阵

提示：
了解项目集干系人并与其互动是重要的战略能力，应不断实践和发展。

复习题

单选题用圆括号"（　　）"标示，多选题用方括号"[　　]"标示。

以下哪一项被WHO沟通原则所强调？（　　）

A. 任何信息来源都是可以接受的

B. 主要关注概念性的主题

C. 想了解更多细节

D. 与特定干系人的相关性

一个精心编制的干系人登记册能带来哪些直接收益？[　　]

A. 能够确定与项目集干系人互动所需的工作优先级

B. 决定参与策略的主题

C. 在项目集干系人中变得受欢迎

D. 管理项目集发展方向上的阻力

如果干系人对项目集有较高的影响,但利益小,通常使用哪种参与策略?(   )

A. 最小投入

B. 保持知情

C. 关键参与者

D. 保持满意

2.4 项目集章程与明确的优先级

项目集章程在明确焦点及提高优先级的清晰度方面具有重要价值。无论采用瀑布式方法还是适应性更强的敏捷方法,都需要有非常明确的优先级排序。在这方面,项目集章程就十分有效,它很好地记录了项目集发起人或产品负责人在重要的项目集决策方面达成的共识。

项目集章程在项目集经理的工具库中占据着举足轻重的地位。事实上,项目集经理的工作中经常会出现两个关键词:沟通与优先级。许多项目集/项目管理工具,甚至是项目集管理软件,均关注与进度、参与度和/或优先级相关的信息沟通。

项目集章程为项目集治理提供了强有力的联系。优先级排序既是一门艺术,也是一门科学。这也清晰地显示了,作为项目集经理,你应在哪些方面花费时间——项目集章程帮助我们关注最重要的事项。

学习要点:

- 深入探讨项目集章程的价值。
- 如何治理项目集的优先级,为什么要这样做?
- 探索项目集核心和扩展团队在保持项目集焦点方面的贡献。
- 项目集章程在处理争议上报中的作用(明确授权,确保具有清晰的路径,及时上报项目集工作)。

2.4.1 项目集章程的整合价值

根据 PMI 的标准或项目集管理原则,项目集章程应建立在完善的项目集商业论证的基础上。项目集章程应明确阐述项目集背后的业务原因及预期收益。拥有健全的项目集章程,有助于我们构想项目集路线图,将项目集组件的各项内容有机衔接。

项目集章程建立了一个管理和监控项目集组件的框架:

- 提供治理中心。
- 涵盖一系列的核心要素。

- 具有战略性。
- 由项目集发起人主导。
- 树立成功的典范。
- 在未来的组织中,环境因素及风险策略的关键作用将愈发凸显。
- 对项目集路线图中的内容产生直接影响。
- 经过精心策划与组织,这些要素将共同构成稳健且周全的项目集计划。
- 这是确保我们整合焦点和管理关键优先级的核心。

> 提示:
> 项目集章程有助于将你和发起人联系起来,确保整个团队和扩展团队的治理清晰明了。

2.4.2 优先级治理

- 图 2.10 所示的项目集管理绩效域凸显了治理与收益实现之间的一致性(项目集章程在这一过程中发挥了推动作用)。
- 治理受以下因素的影响:
  - 价值。
  - 文化。
  - 成熟度。
  - 风险承受能力(项目集团队要不断回顾的一个重要话题)。
  - 战略目标(例如,与法规和其他制约因素保持一致)。
  - 在项目集生命周期中应不断调整治理工作(随着项目集生命周期的变化,干系人也会不断发生变化,不同生命周期阶段的治理风格也应不同。不断进行适应性调整是非常关键的)。

图 2.10 项目集管理绩效域
来源:改编自《项目集管理标准》(第 4 版)

> **提示：**
> 创建基于价值的项目集治理体系，具有适当的风险承受力，完善优先级排序，实现收益。

项目集团队的结构与焦点

如图 2.11 所示，在治理过程中，正确构建项目集团队的结构与焦点也是非常关键的要素。与 UAE 的案例相同，创建核心团队，并使其他人员围绕该核心团队展开工作，将有助于保持优先级的一致性并优化优先级。

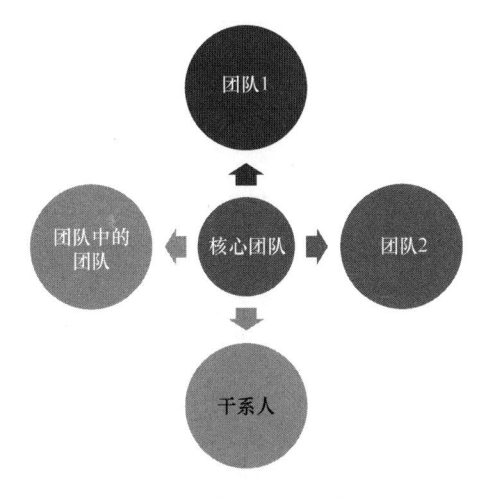

图 2.11 项目集团队的结构与焦点

确保每个团队在"团队中的团队"都有代表，这为优化治理和决策提供了额外的机会。团队组建的灵活性对于更好地绘制项目集路线图和处理项目集交付方法非常重要。此外，了解项目集的复杂度也有助于选择正确的结构。项目集经理在设计合适的团队模型时，应该考虑地理/全球/虚拟因素，以协调工作重点。

确保将上述所有因素都考虑在内，以简化最合适的治理和决策过程。

2.4.3 项目集章程和关键事件的上报

在项目集管理中，常常出现需要进行上报的情况。项目集章程可作为支持、指导上报流程的标准，并可明确各环节涉及的不同干系人和部门。图 2.12 展示了各种潜在的上报路径，以及与之相关的最佳实践，以便更好地应对干系人的参与。

- 项目集章程的核心优势。
- 重新审视项目集章程在明确关键上报流程中的作用。
- 上报路径通常为：从项目集经理到项目集发起人——这可以带来业务清晰度。根据需要向 CCB

提交超出发起人权限的变更。
- 各项内容均应在项目集章程中明确规定。
- 根据组织的性质和项目集的紧要程度，项目集经理可以直接向董事会提交相关议题，也可以向执行委员会提交相关议题。

在项目集章程中，突出关键事件的上报	
第一级上报	• 项目集发起人
第二级上报	• 治理委员会/指导委员会/变更控制委员会 (CCB)
正确处理上报	• 确认项目集章程作为项目集经理的重要工具的作用

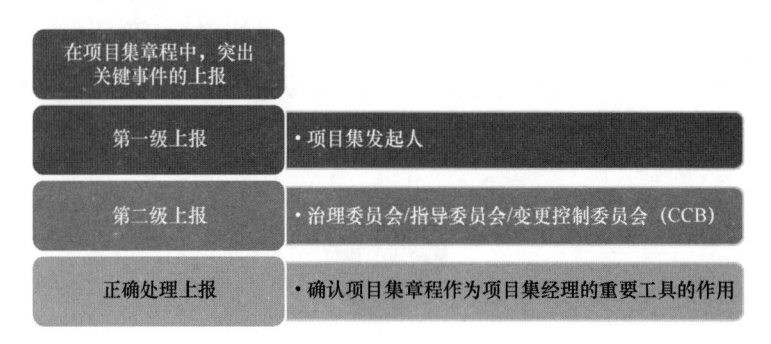

图 2.12 项目集中的上报路径

提示：
在项目集生命周期的早期阶段，创建清晰的上报路径总是有价值的。

复习题

单选题用圆括号"（　　）"标示，多选题用方括号"[　　]"标示。

项目集章程双向整合了哪些治理要素？（　　）

A. PMP 和战略计划

B. 风险策略和环境评估

C. 项目集的商业论证和路线图

D. 项目集路线图和风险策略

在设计项目集核心团队和扩展团队的结构时，哪些要素有助于实现目标？[　　]

A. 项目集的交付方法

B. 项目集的复杂性

C. 项目集发起人的视角

D. 虚拟团队

项目集章程通常会在哪里指明该项目集将优先处理的关键问题？（　　）

A. 资源管理者

B. 其他项目集经理

C. 变更控制委员会

D. 项目集发起人

2.5 重新思考变革

变革已成为一个常识性的概念。在全球工作环境日益复杂且喧嚣之际，身为领导者，我们应时刻思考变革。尽管我们正处在重大事件、战争、危机和流行病频发的十年，但令人遗憾的是，变革总会被忽视。

创建知识管理文化非常重要，同样重要的还有：经验教训的总结、回顾会议以及其他相关仪式。在与高管协同工作时，他们有时甚至无法阐明自己在时间分配上的具体情况。因此，在管理项目集时，应确保有足够的思考时间，并关注项目集干系人的关注点——这些都是非常重要的优先事项。

> 学习要点：
> - 反思"指挥家"角色在促进团队全面思考中的价值。
> - 理解"快思考"和"慢思考"背后的实践（如何帮助你以不同的方式思考）。
> - 如何消除对理解的误解，从而将项目集决策的偏差降到最低（做出错误假设所带来的危险）？
> - 作为项目集经理，掌握预留时间重新思考的实用技巧（需要向项目集团队和其他干系人树立正确的典范）。

2.5.1 指挥家在促进思考中的作用

图 2.13 重现了之前指挥家的类比，强调了指挥家所缔造的协同效应的重要性。就像在管弦乐队中，指挥家会启迪我们如何思考，帮助我们保持警觉。在项目集环境中，"指挥家"在运用数据洞察力的同时，确保了项目集环境的安全性，并腾出了重新思考的空间。

图 2.13 指挥家所缔造的协同效应
来源：杰洛特/25597 号图片

作为"指挥家",项目集经理需要深思的战略问题是,认识到思考的重要性。这将直接改善:
- 项目集的决策。
- 在不断增加的压力下解决复杂问题的有效性。

2.5.2 思考的快与慢

- 图 2.14 展示了两个不同系统,分别为系统 1("快系统")和系统 2("慢系统")。
- 系统 2 使我们能够放慢节奏,冷静思考。
- 它帮助我们将自动反应与主动工作区分开来。
- 系统 2 使我们在行动上保持审慎。例如,在发送电子邮件前,避免仓促点击发送按钮。
- 在涉及生活或法规的工作中,花时间多思考是至关重要的。
- 我们需要在思考工作的方式上,以及在引导团队思考的过程中,培养这种意识。

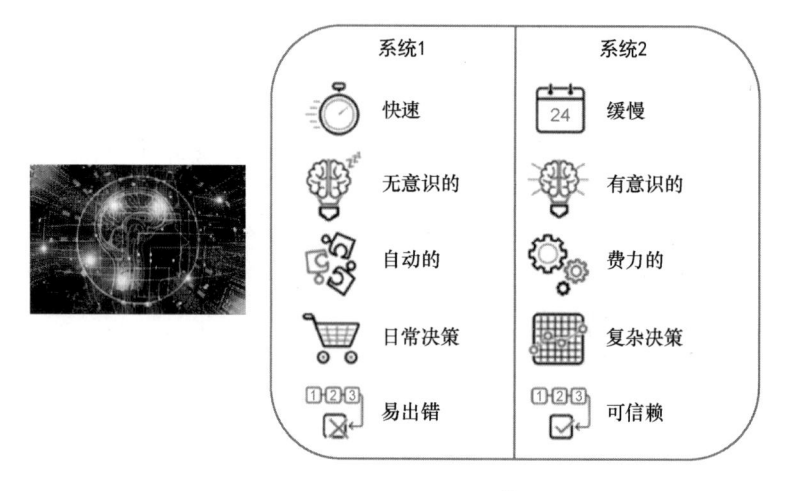

图 2.14 思考的快与慢[1]

来源:杰洛特/Pixabay

2.5.3 项目集决策的偏差

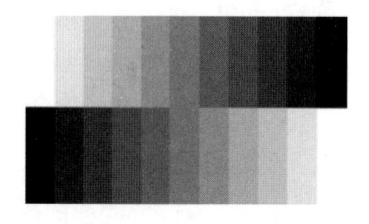

---

[1] 引自丹尼尔·卡尼曼的《思考,快与慢》。

正如灰度渐变所示，项目集决策并不是一门精确的科学。无论我们使用多少数据来辅助决策，决策过程中总有许多变量在起作用。这些偏差也可能降低这些项目集决策的质量。

决策偏差

- "非此即彼"（例如，非黑即白）。

解决问题/处理冲突/评估主要风险。

- 调整我们的心态，将其转向平衡位置。

灰度

- 理想的战略位置。
- 实现双赢的决策。

注重细节

- 在之前的"ABCD 估算"工具的介绍中，我们针对该主题进行了探讨。
- 项目集决策并不总是非黑即白那样明确。
- 项目集的复杂度越高，其幕后的政治及其他因素的影响往往越大。
- 需要与某项决策背后的根源相结合。
- 重置到平衡位置，体现优秀的领导力。
- 旨在获得一个理想的战略地位。
- 项目集所面对的竞争性制约因素不仅包括传统的竞争性制约因素，而且还包括价值和战略目标（这对于决策至关重要）。

2.5.4 留出反思的时间

图 2.15 展示的思维路线图着重强调了以下对项目集经理、项目集团队以及更广泛的项目集干系人的关键提醒：

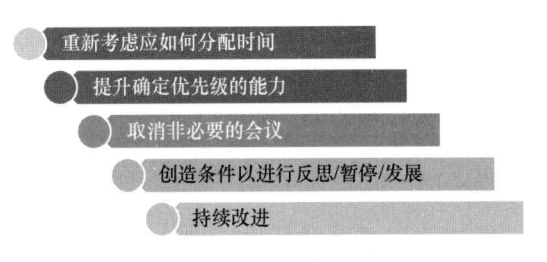

- 重新考虑应如何分配时间
- 提升确定优先级的能力
- 取消非必要的会议
- 创造条件以进行反思/暂停/发展
- 持续改进

图 2.15 思维路线图

- 关乎重大利益的议题已呈现在我们面前。
- 使用日历并标记日程。
- 掌握时间管理的方法并向项目集团队展示你的具体做法，这对于证明这项工作的优先级有至关重要的作用。

- 此举提升了我们做出艰难决策的能力。例如，取消非必要的会议，并始终保持目的性。
- 使我们可以保持适当的距离（例如，站在高处远眺、使用指挥家的视角，学会适时暂停等），这有助于我们做出更加明智的决策。
- 在面对诸多艰难决策时，如何通过确定优先级来塑造成功模式，并将其与组织中持续推动卓越变革的影响紧密关联。

> **提示：**
> 留出时间重新思考听起来很容易，但做起来相当困难。

复习题

单选题用圆括号"(　　)"标示，多选题用方括号"[　　]"标示。

哪种思维系统有助于项目集经理的战略思维和转型思维？[　　]

A. 系统 4

B. 系统 3

C. 系统 2

D. 系统 1

"指挥家"应如何更好地支持项目集团队为变革重新思考？(　　)

A. 应用系统 1

B. 获得项目集管理的专业认证

C. 重新思考项目集的优先级

D. 参加每日冥想的课程

在解决项目集冲突方面，你如何才能最好地达到双赢的局面？(　　)

A. 坚持你对该项目集的看法

B. 以让步来缓和冲突

C. 尝试展现"非黑即白"的立场

D. 以"灰度"为目标，并练习这种平衡

第 3 章 推动整合

项目集经理是人员、过程、系统、技术和执行优先级（最重要）的整合者。正如前几章所强调的，项目集经理的整合角色是项目集成功的基础。项目集经理将各个单点连接起来，实施项目集工作，使整个团队朝着项目集的目标前进并最终实现项目集的收益。推动整合的工作需要项目集经理不断地学习和实践创造性的方法，以交付所期望的整体价值。

> 学习要点：
> - 通过一个案例，了解成为成功的整体领导者的方法。
> - 深入了解聚焦项目集收益的重要性，以及在支持收益实现的过程中使用企业风险管理的方法。
> - 从思想领袖那里学习如何运用同理心做出勇敢的决策，并加强执行的规范性。
> - 学习使用项目集路线图，来实现团队之间的连接，并聚焦项目集真正要实现的价值。
> - 通过"广播指导"、敏捷仪式和项目集画布等方式，来提升描述故事的能力。

3.1 整体领导者

实际上，有多种方法可以使项目集经理成为有效的整合者，而成为整体领导者就是其中的一种方法。在项目集层级，通过端到端的观察，培养更好的思维能力，并为整体思考保持一定的"距离"（以获得更全面的视角，可参考之前提到的"包厢与舞台"工具），都有助于项目集经理理解整合的重要性。

这有助于让你成为更有能力的战略领导者。最终，这种整体视角不仅将成为项目集成功的基础，而且通过观察和学习有价值的信息（能对环境有更好的理解），你可以为项目集团队提供真正的价值。

> 学习要点：
> - 项目集经理如何将项目集团队成员带入他们的流程？（例如，指导项目集团队成员的工作就是项目集经理必须承担的责任）。

- 使用项目集生命周期来创建一个整合的项目集交付方法（这是另一个关键的整合工具）。
- 通过迪士尼幻想工程的案例来展示人与技术之间的联系，然后创造出独特的成果（当我们真正理解并能利用与客户的紧密联系时，会发生什么？这也再次提醒我们关注成果的重要性）。
- 在整合过程中，平衡业务与战略（项目集的成功取决于我们在多大程度上将收益作为我们关注的中心）。

3.1.1 将项目集团队成员带入流程

推动整合的一项关键内容就是，项目集经理将项目集团队成员带入流程的能力。当我们看到团队的角色和职责是明确的，士气是高涨的，并且工作是以一种协调的方式完成的时，就说明这样的努力成功了。借助流程，能够更好地发挥团队成员不同技能和观点的优势，并有助于团队朝着项目集的价值前进。关于这一点的重要性，有以下几件事需要考虑：

- 确保合适的人都在团队中（具有不同的技能和能力）。
- 他们在团队中都处于合适位置。
- 确保角色和职责的灵活性以及责权的明确性（使用责任矩阵之类的工具）。
- 培养 T 型技能（这对于未来项目集的成功非常重要，既要强化专业技能，同时也要提升有助于成功的补充技能，让你能够调动周围的人，说同一种语言，并持续保持专注）。

PMI 的《项目集管理标准》提出了一组支持性的项目集活动，这些活动可以帮助项目集经理将他们的团队带入流程。一些项目集的支持性活动类似项目的支持性活动，例如，项目经理在规划项目和推动项目成功时所需了解的知识领域（如范围、进度、质量、风险、资源、采购和沟通管理）。

项目集信息管理、项目集财务管理、项目集变更管理，则是独特的支持性活动，这些活动匹配项目集的真实需求，并使项目集经理得以利用数据、财务分析和其他支持性的变更管理活动，来推动项目集成功所需的变革之旅。

项目集经理应该进一步了解这些支持性活动的细节，并定制适合将项目集团队带入流程的方法：

- 花时间检查跨支持性活动和项目集生命周期阶段的特定过程的细节。
- 这些支持性活动也反映了一些对项目和项目集工作至关重要的知识领域。
- 当你查看这些过程时，你还可以确定哪个过程对于项目集的治理最有价值。
- 例如，风险管理过程及其带来的威胁与机会之间的平衡，因此这通常是一套严格的过程，能够支持对价值的关注。
- 这些过程帮助你更好地管理风险，以及其他有助于项目集成功交付和项目集最终关闭所必需的事项。
- 检查这些过程，并在项目集管理标准中查看和阅读每个过程背后的细节，这可以帮助你选择最有助于整合项目集工作的内容。

3.1.2 迪士尼幻想工程及其独特的结果

当我们审视有关整合的案例时,最关键的价值之一是与客户整合的能力(了解客户的真实需求,以及使客户在使用产品和服务时获得完美体验的能力)。如图 3.1 所示,迪士尼幻想工程就是这样一个整合了客户观点的示例。

图 3.1 迪士尼幻想工程
来源:dazbrin/1 号图片

迪士尼幻想工程团队负责设计和建造度假村、主题公园等其他重要的基础设施。他们的成果是,将天马行空的畅想转化为一个个奇幻的场景(故事)。这与项目集管理的情况类似,当我们在一开始做规划时,我们好像也没有受到任何约束和限制。迪士尼幻想工程团队的创造力是通过视觉效果来实现的,这在我们的项目集工作中也非常适用。

- 迪士尼幻想工程团队负责设计和建造度假村、主题公园等。
- 成果是将天马行空的畅想转化为一个个奇幻的场景(故事)。
- 从传统的音频、视频,到实时演算的动画。游客从被动观看转向更加主动和沉浸式的感知体验。

3.1.3 平衡的业务和战略整合

图 3.2 显示了持续将战略与业务联系起来的重要性。这里的任何脱节都会影响项目集经理的能力

（将项目集的预期成果传达给项目集团队）。图 3.2 中的五个层级代表了项目集经理值得投入精力的重要领域，随着时间的推移，该投入的程度还有可能增加。

项目集发起人在沟通业务观点中的角色

不断调整优先级的过程

战略对话的机会

关键干系人之间的桥梁

商业敏锐度的普及

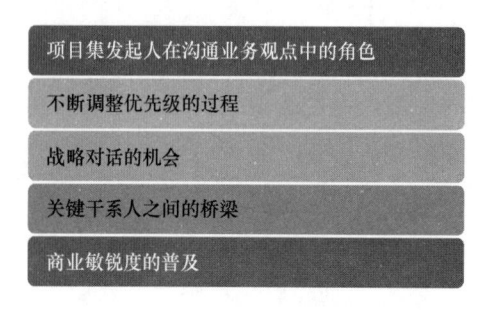

图 3.2　将战略与业务联系起来

项目集经理应具备必要的能力，以便将必要的战略优先级与业务领导者保持一致，并将其逐级传递至项目集团队。

- 最终，这是对关注路线图的一个很好的引导。
- 项目集与业务之间最大的连接是项目集的发起人，以及项目集发起人与项目集之间的紧密程度。
- 提醒两个关键词：优先级和沟通。
- 这是确保战略一致性的好方法。
- 建立在重新思考的基础上。
- 随着你在整合工作中，以及在与不同层级的干系人打交道时遇到的复杂情况越多，你就越有机会锻炼你的商业敏锐度。
- 这将成为在项目集团队和相关业务中广泛使用的一组能力。
- 始终着眼于使项目集团队与战略保持一致。

提示：
项目集经理应该把时间花在对五个层级的平衡上。

复习题

单选题用圆括号"（　　）"标示，多选题用方括号"[　　]"标示。

以下哪项技能对于项目集团队构建多样化的能力，并将瓶颈最小化是至关重要的。（　　）

A. 数字

B. T 型

C. 人员

D. 业务

哪些过程用于整合项目集交付的元素？[　　]

A. 项目集质量评估

B. 项目集风险应对管理

C. 项目集风险转移

D. 经验教训

在项目集经理的战略角色中，迪士尼幻想工程的案例有什么独特之处？（　　）

A. 将天马行空的畅想转化为一个个奇幻的场景（故事）

B. 洞察力

C. 数字技术

D. 设计和施工角色的整合

3.2 关注收益

在本节，将以一种有趣的方式来讨论风险管理背景下的收益。当我们通过这种对收益的关注来更好地治理和整合时，就能将因遗漏一些重要事项而产生的不愉快最小化了。这种对收益的关注对项目集团队的成功至关重要。这也为项目集经理提供了重新审视成果重要性的机会。整合还包括：与项目组合管理的视角相联系，确保没有遗漏企业级的风险（项目集成功的关键）。

学习要点：
- 理解通过输出、能力和成果来实现收益的过程。
- 如何通过项目组合治理来支持项目集收益的实现？
- 评审企业风险管理及其与实现收益的关系。

3.2.1 输出、能力、成果与实现收益

深入思考这个话题是为了确保我们关注的是正确的事情。如图3.3所示，知道要度量什么以及为什么要度量，对于项目集的成功是至关重要的。就像在网球比赛中一样，紧盯着球是至关重要的。忽视这一点会导致输掉比赛，或者用项目集的行话来说：没有达到预期的成果。同样，图3.4中给出的输出、能力、成果和收益之间的主要区别也很重要，项目集经理应该确保项目集关键干系人的利益是一致的。

- 与体育比赛一样，比分固然重要，但最后的结果才是最重要的。
- 我们追求的是对达到最终目标至关重要的成果。

- 最终目标是实现价值，这才是客户、用户和其他关键干系人所关心的。
- 这虽然只有很小的区别，但最终可能导致团队和其他干系人的理解出现重大偏差。

输出：（动作+行为）对可交付物做出贡献

可能提升的能力

成果是业务或组织的优先事项

收益来自能产生价值的成果

图 3.3　度量什么以及为什么要度量
来源：6493990 / 764 号图片

图 3.4　输出、能力、成果和收益之间的主要区别

3.2.2　项目组合治理和收益

- 图 3.5 展示了一个简单的权重收益示例，提醒我们要关注收益。
- 我们选择的标准是以收益为导向的。
- 明确哪些要保留，哪些要丢弃，哪些要维持。
- 标准、加权分数，以及计分方案的总分。
- 图 3.5 所示的方法可用于比较不同方案的价值。

Y 方案	权重	收益 没有	收益 有一些	收益 高	分数	总分
影响的优先级						
1. 至少支持一个战略目标	20%	0	5	10	10	2
2. 在 2 个月内实现价值	20%	0	5	10	5	1
3. 品牌贡献	10%	0	5	10	0	0
4. 合规要求	25%	0	5	10	10	2.5
5. 有助于解决道德问题	5%	0	5	10	5	0.25
6. 提升运营准备度	10%	0	5	10	5	0.50
7. 加强卓越治理	10%	0	5	10	10	1
					影响的优先级评分	7.25

图 3.5　权重收益示例
改编自 *MoP-Portfolio Management*

3.2.3 企业风险管理

企业风险管理（Enterprise Risk Management，ERM）是将整合的重点引导至"收益思维"的有效方法。

要专注于建立一种通用的语言体系，如 ISO 和 COSO 及其他标准，这些标准强调我们应该在企业层面进行风险管理，以考虑以前过程的其他维度，如文化方面。

在 UAE 的案例中，相关组织成立了专注于 ERM 的部门，并配备了首席财务官等适当的干系人，以确保项目集团队获得适当的资源和重视。

- ERM 框架可以是行业最佳实践的混合体。
- 具有通用语言（每个人都必须理解相关术语）。
- 培训应根据个人需求进行剪裁。

图 3.6 显示了一个图形方式的权重收益示例，说明了是否达到"继续进行"的状态。这不仅是一个线性的决策过程，我们还可以画一条曲线来显示实现收益的最佳时机。企业风险函数有助于我们全面分析如何做出最好的决策。

- ERM 应该支持战略决策。
- 应获得领导层和高级管理者的支持和认可。
- 适当改变沟通的内容，使之包括风险管理（尤其要通过高层领导者的引导，并达到一定的成熟度，这将改变项目集成功的规则）。

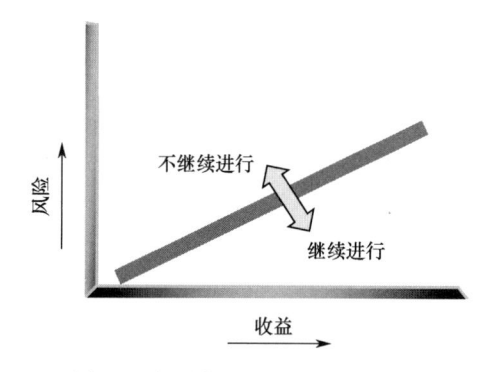

图 3.6 权重收益示例（图形方式）

复习题

单选题用圆括号"（　　）"标示，多选题用方括号"[　　]"标示。

在实现客户价值的过程中，（　　）最具战略重要性。

A．活动

B. 收益

C. 能力

D. 可交付物

以下哪些条目体现了在项目组合、项目集、项目的治理中专注于价值？[　　]

A. 总是超出期望

B. 向用户交付收益的速度

C. 实现更大的范围

D. 与战略目标的相关程度

为在治理中成功地运用 ERM 而创建相关的文化，其关键是什么？（　　）

A. 使"继续进行/不继续进行"的过程迭代化

B. 更注重处理问题的速度

C. 确保使用定量风险管理

D. 获得领导层的支持和认可

3.3 通过同理心来整合

探讨同理心，以及同理心在领导者与团队建立联系时的作用可能非常令人兴奋。情商对于团队的凝聚力非常重要，就像前面提到的政治敏感度一样。这会让你做好充分的准备，在你处于最佳状态的时候，应对不确定性，并深入了解诸如脆弱性等话题。这不仅关乎软技能，正如我们所知，PMI 和其他组织已经证明了这些技能是最强大的差异化技能。成功与最新的数字孪生或人工智能应用无关，它更在于你作为领导者如何与人相处。

学习要点：

- 理解人才缺口及未来项目集和项目领导者应具备的能力。
- 布琳·布朗强调了同理心的意义及其对项目集进行有力整合的影响（布朗博士为我们提供了实现更好整合的方法）。
- 项目集的执行是与规范相关的，要建立这样的认识（GM 公司和其他组织、军队等都体会到规范是成功不可或缺的要素）。
- 探索脆弱性，以及如何利用它来创建紧密团结的项目集团队（创建安全和开放的对话是下一代项目集管理的方向）。

3.3.1 全球性项目集和项目管理人才

项目管理协会（PMI）和其他组织多年来一直在评估必要的项目集和项目管理技能。这些与众不同的技能包括：

- 系统思维。
- 引领变革（需要具有这种热情，以便在正确的时间引入正确的变革，即渴望领导变革，同时关注优先级和其他制约因素）。
- 跨界连接（文化差异和地区特色具有足够的区分度，这要求我们在工作中珍视这种多样性，并将其作为获得成功的独特优势）。

3.3.2 同理心和有力的项目集整合

- 布琳·布朗在她的播客和视频中展示了何为同理心，以及项目集经理如何运用同理心与团队建立联系。
- 使关键的项目集对话变得更顺畅（当你真正展现出同理心并愿意花时间理解时，有意义的对话就会更频繁地发生）。
- 全方位的团队协作关系得到了加强（这是因为我与团队的关系更好，有更强大的人际网络，这种关系促进了必要的开放性，使我们敢于冒险，采取更大胆的行动，做出更艰难的决策）。

3.3.3 项目集的执行规范

如图 3.7 所示，为了达到项目集的执行规范，关键在于对重要事项投入时间（关键时刻）、精力（专注领域）和资源（资源投入）。在这三个方面的执行规范可被分解为与每个方面相关的元素。此外，为了满足成功所需，可以考虑采用类似 PMO 的模式和其他战略举措，以寻求更匹配的方案。

	关键时刻	专注领域	资源投入
规范项目集工作	·在项目集启动前 ·收益演练	·沟通 ·重新确定优先级 ·增加价值 ·教育	·干系人参与 ·业务经验

图 3.7 项目集的执行规范

3.3.4 脆弱性问题

对于领导者和项目集经理来说,脆弱性是个不容易谈论的话题。在实践中,这需要极高的开放度、充分的自信,以及对于放权的舒适感。这是你可以为项目集团队提供的宝贵优势之一。这再次强调了服务型领导特质,以及在与团队和其他主题专家交流时保持谦逊的重要性。

如图 3.8 所示,项目集经理越有执行经验,就越能展现脆弱性,也就越能使自己处于有利位置,从而助力团队取得成功。在理想的情况下,我们希望团队能够分享各自的见解,以建立知识管理的文化,并营造持续改进和追求卓越的氛围。

- 当与规范相结合时,就能获得更高的影响力。
- 脆弱性为创新思维打开了大门。
- 有助于建立学习文化。

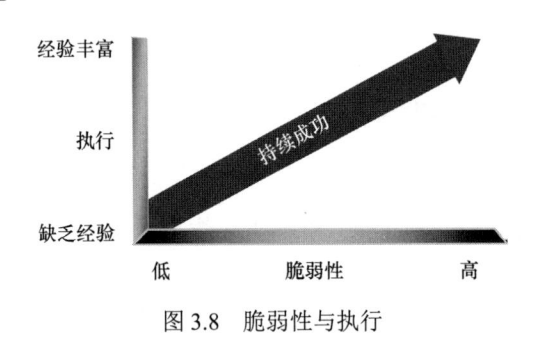

图 3.8 脆弱性与执行

复习题

单选题用圆括号"(　　)"标示,多选题用方括号"[　　]"标示。

以下哪个技能对于为项目集团队带来不同的能力是至关重要?(　　)

A. 数字技能

B. 跨界连接

C. 引领变革

D. 系统思维

为什么同理心可以帮助项目集经理成功地推动艰难的项目集团队对话?[　　]

A. 项目集是复杂的

B. 有更高的概率获得真正的整体项目集视角

C. 因为这是布琳·布朗认定的

D. 与团队核心问题有更好的关联

下面哪一项是项目集执行规范得到很好展现的例子?(　　)

A. 增加价值
B. 提供多份干系人报告
C. 详细的规划
D. 增加对问题管理的关注

3.4 依据项目集路线图进行沟通

路线图已经成为经典的工具，组织和团队可用它整合不同的视角，稳步推进项目集，以实现特定的成果。毫无疑问，在项目集中也使用路线图。项目集路线图是一个非常有用的工具。在使用项目集路线图时，项目集经理应该有非常多的、有创造性的想法。图形在沟通中具有极强的表现力。在这种情况下，项目集经理可以使用图形来整合不同干系人的观点、工作产品、行动步骤、决策点、发布，以及许多其他有价值的主题。图形不仅能展示流程，还能在流程中体现价值，这为项目集经理带来了巨大的收益。这有助于将项目集的生命周期很好地连接起来。

学习要点：

- 西门子公司的案例展示出，在数据丰富的项目集路线图的支持下，项目集的执行速度得到了巨大的提升。
- 利用西蒙·斯涅克的"领导者最后发言"概念，共同制定合适的项目集路线图。
- 理解为适合特定需求而制定的项目集路线图的关键属性。
- 权衡项目集路线图的利弊（由此产生的视觉力量的重要性，以及创建创新空间的价值）。

3.4.1 数据在项目集路线图中的角色

- 在西门子公司的案例[1]中，从整个项目集生命周期中收集的丰富数据可为制定全面的项目集路线图提供支持（见图 3.9）。
- 我们不是凭直觉做出决策，而是利用数据来确定战略趋势。
- 项目集的变更受数据分析的科学性和趋势预测的影响。
- 信任度对于项目集的决策非常重要。
- 我们对技术的依赖程度越高，就越需要致力于建立信任。

---

[1] 引自白皮书《使用集成的项目集和生命周期管理来转变未来工作》，可访问西门子网站，搜索"program-lifecycle-management-consumer-product"。

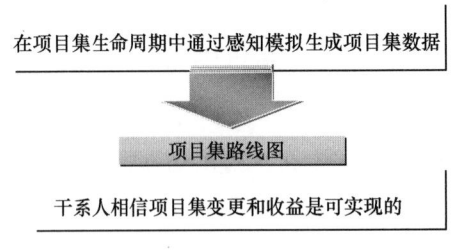

```
在项目集生命周期中通过感知模拟生成项目集数据
                    ↓
              项目集路线图
   干系人相信项目集变更和收益是可实现的
```

图 3.9 数据在项目集路线图中的角色

3.4.2 项目集领导者最后发言

使用项目集路线图有助于项目集经理的沟通工作。成功沟通的原则之一是，西蒙·斯涅克建议的"领导者最后发言"。西蒙·斯涅克的伟大故事是从"为什么"（引自西蒙·斯涅克的著作《从询问开始》）开始的，在这个案例中，借鉴了其"领导者最后发言"的观点。这要求领导者能够坦然接受这种观点，并赋予其价值。在判断何时积极参与或保持距离时，保持平衡是非常关键的，这个能力的重要性就像我们之前讨论项目集发起人的队长角色一样。

对项目集团队的影响：

- 创建安全的空间至关重要。
- 增强信任。
- 培养团队的学习能力（团队应自主学习，而不应等待领导者给出解决问题的方法）。
- 建立团队的多样性和连通性（在提供适当空间的情况下）。
- 树立价值观（这是我们希望整合的要素）。

3.4.3 调整项目集路线图

如图 3.10 所示，项目集路线图展现了一些主要功能：

- 既有现在的元素，也有将来的元素。
- 4 个关键战略支柱，如服务交付。
- 给出了时间范围和主题。
- 想要实现的关键方案或收益。

虽然运用了科学的方法来进行战略项目集的层级分解，但你也应该发挥自己的创造力，用最合适的方式来展示项目集目标的进展。

有效项目集路线图的要点：

- 视觉展现。

第 3 章 推动整合

- 与战略目标关联。
- 聚焦价值。
- 展现变更管理。
- 明确战略支柱（战略的基本要素，最终会被逐级传递至项目集和项目集成果）。

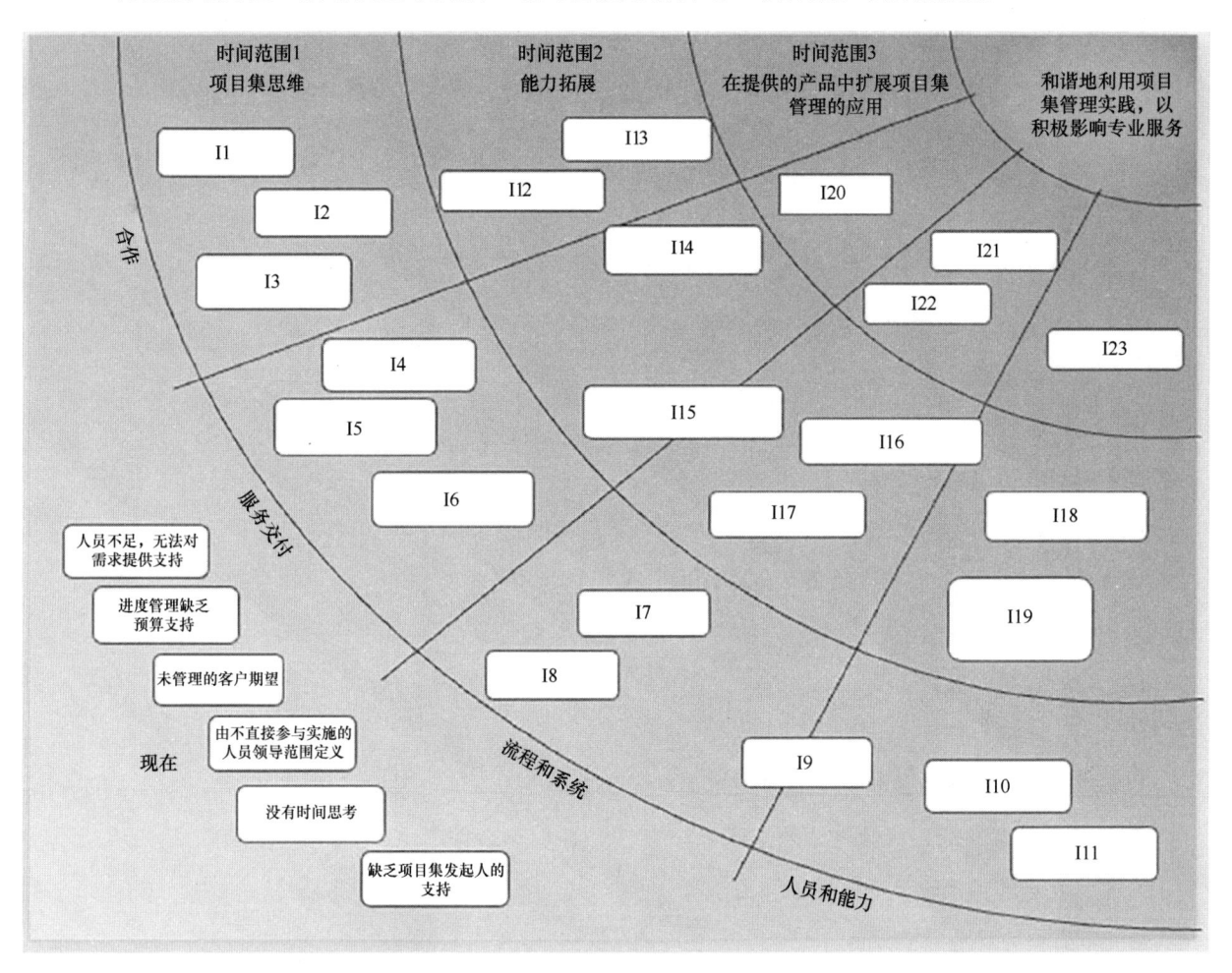

图 3.10 项目集路线图示例

> **提示：**
> 项目集经理应该创造性地展现可视化的项目集路线图，以反映项目集实现价值的过程。

反思应在何时使用或不使用项目集路线图：

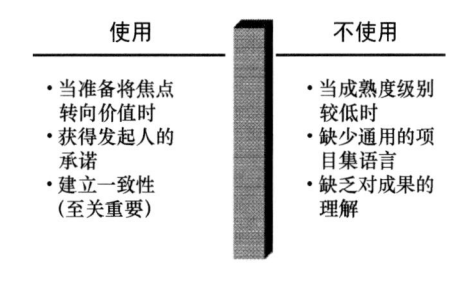

使用	不使用
• 当准备将焦点转向价值时 • 获得发起人的承诺 • 建立一致性（至关重要）	• 当成熟度级别较低时 • 缺少通用的项目集语言 • 缺乏对成果的理解

提醒：
- 项目集路线图并不那么精确。
- 在提升成熟度的过程中，如果仍需要借助核对单或更简单的方法来持续使用项目集路线图，请必须谨慎行事。
- 高层领导者和其他领导者必须承诺在项目集决策过程中使用项目集路线图。
- 虽然这些主题看似简单，但它们是连接人员、过程和路线图重要成果的关键，这些都是成功整合项目集工作的推动因素。

> **复习题**
>
> 单选题用圆括号"（　　）"标示，多选题用方括号"［　　］"标示。
>
> 以下哪些是"领导者最后发言"原则的直接好处？［　　］
> A. 证明谁是项目负责人
> B. 建立牢固信任的基础
> C. 增加对紧迫性的关注
> D. 提出和包容不同的观点
>
> 以下哪些选项展示了合适的项目集路线图？［　　］
> A. 标记了绩效指标
> B. 与战略愿景保持一致
> C. 关注活动和任务
> D. 通过易于理解的视觉元素，跨越不同的时间范围
>
> 良好的项目集路线图的独特之处是什么？（　　）
> A. 成果是可视化的，并体现了相关承诺
> B. 不需要产品负责人的承诺
> C. 即使没有通用的项目集语言也可以使用
> D. 用于提升项目集管理成熟度

3.5 强大的故事

伟大的领导者都是优秀的故事讲述者。谁不喜欢听好故事呢？

我们在精神上和情感上都会受到故事的影响。故事的"魅力"是独一无二的。项目集经理应该讲好故事，以便将干系人关联至各个过程的关键环节。这种能力几乎可以说是至关重要的！着眼未来，这正是项目集经理要持续发展的关键技能之一。有效的优先级排序和卓越的沟通取决于故事的巧妙使

用。项目集路线图也是描述故事的良好示例。

> **学习要点：**
> - 参照《PMBOK®指南》的开发故事，管理专业领域的变革（显示这种变化是如何随着时间的推移而发生的）。
> - 参照 NPR 的指导原则，了解故事流应该具有怎样的结构（用一个例子说明项目集故事为什么应该是流式的）。
> - 研究一些敏捷仪式及其在提高故事透明度方面的优势（这些仪式之间的持续应用）。
> - 通过使用项目集画布等工具，可以将项目集故事中的各个元素连接起来（这种视觉方法能非常有效地将项目集的不同元素联系起来）。

3.5.1 项目管理标准的故事

- 图 3.11 描述了自 1996 年以来 PMI 项目管理标准的故事（项目管理标准的演进历程）。
- 从关注过程和知识领域转向原则和绩效域。
- 推动项目管理和项目集管理向更多样化的混合型实践发展。
- 项目集管理的关注点从治理和阶段关口变为各种行为，例如，我们讨论过的信任、规范、团队合作，以及其他与项目集相关的关键干系人。
- 对我们来说，重要的是持续描述我们为什么这样做，以及我们应如何达到当前状态。
- 借助沟通良好的故事，可以使我们和项目集团队在讨论项目集如何经历和引领变革时保持一致。
- 具有提升成熟度的路径。
- 关键原则会发生演变。
- 考虑故事之间的联系。

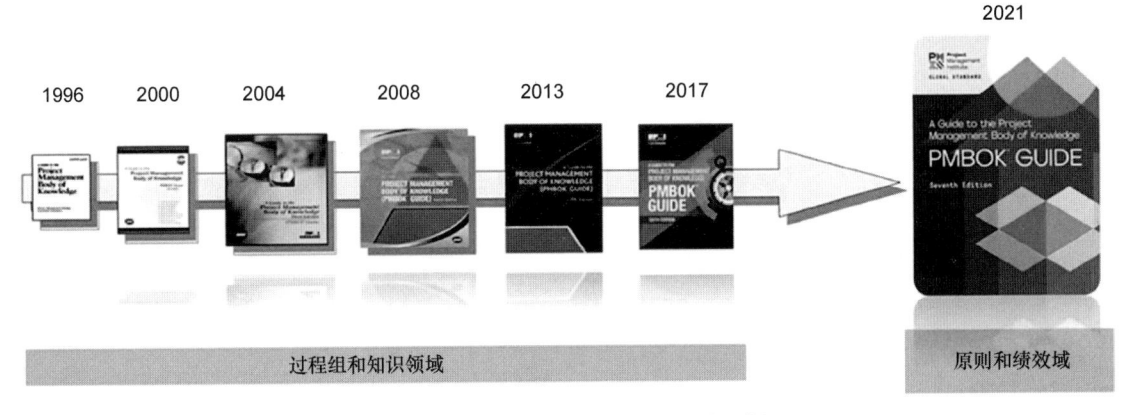

图 3.11 PMI 项目管理标准的故事示例

3.5.2 故事流

NPR 和类似的分享故事技巧是有价值的。从第一个故事开始，故事流就非常重要，就像电影里的那句台词："你向我问好的那一刹那，就已经俘获了我的心。" 值得注意的是，注意力的持续时间对项目集未来的成功，尤其是对下一代变革至关重要。

- 开端是非常重要的，往往决定了项目集的成功与否。
- 培养团队的同理心（如果你不培养，就会失去你的干系人）。
- 就像河流一样（记住那层层递进的水流）。
- 要有明确的行动号召（除非你能清晰描述下一步要采取的行动，否则不应该召开团队会议）。

> 提示：
> 项目集经理可从遵循正确的故事流原则中获得了巨大的价值。

3.5.3 敏捷仪式作用

图 3.12 总结了如何使用敏捷实践中的敏捷仪式，从模糊的世界转向清晰（高度透明）的世界，并引入关键对话。对待办事项的优先级进行排序是与产品负责人进行战略对话的一个很好的方式。迭代规划会议则专注于：讲述接下来要发生的事情。迭代评审是一种优化后续迭代的方法，并使其路径更加清晰。持续改进是至关重要的，这是精彩的故事和高质量的互动所实现的。

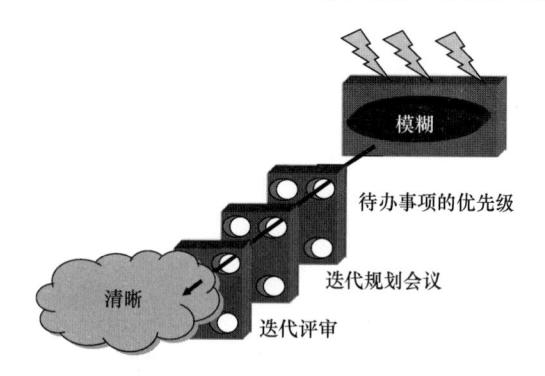

图 3.12 敏捷实践中的敏捷仪式

提醒：

- 可视化。
- 战略目标的连接。
- 聚焦价值。

- 说明变更管理的过程。
- 形成战略支柱。

3.5.4 项目集画布

项目集画布（见图 3.13）是一个很好的组织模板，用于显示关键的项目集信息。这使项目集元素对干系人可见。项目集画布也能够很自然地推动项目集的整合。你可以突出显示正在跟踪和关注的领域。这也使我们重新平衡对价值的关注。项目集画布就像一个大型看板或信息发射源，它使人们将注意力集中在对项目集最重要的事情上。

图 3.13　项目集画布

来源：Pixaline / 499 号图片

提醒：
- 整合项目集故事的元素。
- 强调战略与价值的平衡与结合。
- 让项目集经理能够扮演指挥家角色（当项目集经理能够通过类似项目集画布这样的工具把握项目集全貌时，他会更加成功）。

> **提示：**
> 项目集画布是一个典型的工具，帮我们回归到整合规划、增强连接性的核心目标上。

复习题

单选题用圆括号"(　　)"标示，多选题用方括号"[　　]"标示。

以下哪项是良好构建项目集故事流的关键成果？（　　）

A. 有更多的乐趣

B. 培养同理心

C. 噪声

D. 聚焦问题

以下哪些敏捷仪式有助于增强项目集团队的专注度？[　　]

A. 详细的规划练习

B. 迭代评审

C. 回顾

D. 迭代规划会议

在创建项目集画布时，什么是最有价值的？（　　）

A. 整合项目集故事

B. 呈现出美好的图景

C. 高度关注活动

D. 只展示资源

第 2 部分

运用影响力技能和数字化工具来推动持续的变革

概述

第 2 部分介绍了在未来工作中取得成功所需的项目集管理技能。你不仅应投入时间和精力来探索如何进一步提升领导力,还应了解项目集管理的关键原则。在接下来的十年里,影响力/人际关系技能与数字化工具之间有望实现关键的平衡,这些正在加快变革的步伐,将扩大项目集为干系人创造价值的影响力。

作为领导者和项目集经理,你将在组织变革过程中承担变革推动者的角色。你将有机会学习和理解如何使项目集的团队成员与组织变革的终极目标保持一致。你将深入了解多种有助于营造健康"变革文化"的特质。我们将通过一些示例和案例研究,让你深刻认识到分析和争取干系人的重要性及相关机制,同时理解变革中与人相关的内容。你还将在本部分了解到,一个与未来项目集经理影响力技能相关的卓越模型。

对于项目集经理来说,为了培养符合未来需求的技能,他们需要完全沉浸在学习之中。你可以使用各种各样的学习工具，但你需要时常"跳出"学习过程，花时间思考我向你分享的各种实践，然后让这些技能来适配学习和工作的需要——只有这样，你才会取得成功。当你承担未来变革者角色时，可能要依赖于一些特定能力，来帮助你在人际关系技能与数字素养之间保持平衡。这既是一次学习之旅，也是一次思维转变之旅。当持续推动变革时，项目集经理应承担起重任，引领全球最有影响力的项目集！

学习要点

- 影响力技能对未来工作的重要性，以及项目集经理如何持续利用这些技能。
- 如何培养关键能力，以便在人际关系技能（影响力技能）与数字素养之间保持平衡？
- 组织只有在战略规划和转型步骤上加大投入，未来高度互联的项目集团队在进行思维转变时才可能取得成功。
- 通过项目集文化的推动，实现跨组织的卓越治理，提出关键问题并确保各方达成共识，以及创造变革所需的联盟。

关键词

- 文化图谱。
- 敏捷性。
- 影响力技能。
- 思维模式。
- 工作前景。
- 变革。

第4章 变革

本章重点探讨变革的推动过程及变革者的角色。旨在彰显变革在推动企业未来发展中的关键作用，并深入剖析健康的变革文化的核心要素。通过丰富的示例和鲜活的案例，我们将揭示项目集复杂性的根源，并探讨应对之道。未来的项目集经理将演变为变革的推动者，项目集经理将从变革能力中受益。此外，本章还特别强调了如何创作那些能够激励人心，引领成功变革的故事，为企业的持续发展注入动力。

> **学习要点：**
> - 审视未来企业竞争的可持续性需求（正在发生什么，以及在我们的工作中为什么可持续性很重要）。
> - 探索革新未来组织的变革能力。（未来组织的创新需要哪些要素？）
> - 以管理变革的复杂性为例（例如，在 UAE 的大型能源项目集中，我们就在面对这种复杂性，并且它随着数字化、干系人复杂性的增加而增加。我们将通过 UAE 项目集的案例来帮助我们理解如何应对复杂性）。

4.1 业务的未来

企业在对项目和项目集的理解上日益成熟，并清楚地认识到这些项目和项目集已成为实现转型和增长的明确途径。企业的重大战略议程得以通过一系列紧密相连的项目组合来推进，使组织能够为其核心干系人和股东带来必要的变革，从而推动企业的持续发展与进步。

4.1.1 未来竞争的可持续性需求

图 4.1 提醒我们，我们所处的世界是相互联系的。为了确保未来的可持续性发展，应对环境、资源、

人口和政治等相互竞争的需求，对于组织的议程来说至关重要。

图 4.1　相互联系的世界
来源：杰洛特/25607 号图片

变化是唯一不变的事物。不仅要让变革发生，还要让变革持续下去，这对于保持项目集和项目的影响力至关重要。组织和团队需要考虑众多因素来应对这些需求。

战略重心调整（我们投资的构成发生了变化）：

- 国家级战略。
- 组织的战略议程（最终由项目集经理执行）。

项目集与战略的一致性（项目集与战略的对齐情况）：

- 整合的重要性（需要加强这种整合能力）。
- 价值驱动因素（收益实现以及实现收益的重要性，应将价值放在首位。这可以通过制定并围绕价值设计项目集路线图来实现）。

变革的影响：

- 全新的行为模式（确保项目集团队认识到变革的必要性，培养他们珍视变革的心态，并与客户更好地保持一致）。
- 新的工作方式（我们如何在提高应对变革能力的同时，加强协作、沟通和互动）。

4.1.2　变革能力

图 4.2 展示了推动变革文化的重要变革能力——描述故事。随着变革能力的不断发展，以下变革能力对企业的未来发展至关重要：

- 复原力（在应对世界变化方面体现得淋漓尽致）。
- 适应性（以应对不断变化的工作方式）。
- 逐级聚焦（实现战略性的转变，以保持一致性和进行关键对话）。
- 描述故事（需要持续发展，包括重点、节奏、语气，以及故事如何将项目集及其团队联系起来）。
- 头脑风暴（在未来的工作中，做到以客户为中心非常重要）。
- 设计思维（有助于通过迭代来解决痛点，并围绕更好的客户需求设计解决方案）。

图 4.2　通过描述故事来推动变革文化
来源：黑暗面-550/226 号图片

4.1.3　变革管理的复杂性

复杂性永远不会消失。图 4.3 强调了一个情况，即变革管理的复杂性主要集中在参与变革过程的人员上。在变革管理的过程中，许多复杂因素会影响变革的成功实施。这种复杂性大多与干系人、技术和沟通有关。

UAE 的核能项目集：

- UAE 的第一座核电站，包括配套机组（一些新的、以前从未做过的事情）。
- 韩国电力公司的 APR1400 代表了下一代核电站技术（韩国正在建造其原型，并在阿布扎比将这些经验与新技术结合起来，同时创建新的安全文化）。
- 该核能项目集是目前世界上文化最多元的项目集，涉及 40 多个国家（要考虑不同的思维、沟通和合作方式。项目集经理要适应变化，利用所学的知识，在各类干系人中产生最大的影响，并建立紧密的联系）。

图 4.3　变革管理的复杂性
来源：杰洛特/25607 号图片

在简单的项目集中也同样需要能应对复杂性的素质。我们需要有战略性的战术解决方案来应对项目集的复杂性。

复习题

单选题用圆括号"（　　）"标示，多选题用方括号"[　　]"标示。

以下哪项是未来组织在满足其战略可持续性方面表现出色的关键转变？（　　）

A. 新的行为模式

B. 价值驱动因素

C. 国家级战略

D. 整合的紧迫性

以下哪些项有助于应对项目集所处的 VUCA 环境？[　　]

A. 逐级聚焦

B. 复原力

C. 描述故事

D. 适应性

以下哪个情形是 UAE 核能项目集的意外收益？（　　）

A. 通过一个包含丰富多样性的案例来阐释和学习

B. 荣获优秀奖

C. 使市民快乐

D. 成为 UAE 第一座拥有多机组的核电站

4.2 变革文化

高层的领导风格和导向决定了组织的文化,也决定了变革能力能否成长并有效地实现具有挑战性的成果。健康的变革文化意味着,人们对变革使命的重要性有正确的理解,并且对引领我们进入变革之旅的项目集有适当的投资和支持。

> 学习要点:
> - 应对最糟糕的情况(如果没有健康的变革文化,如何改变?)。
> - 研究文化属性以实现变革(我需要什么样的支持?)。
> - 与卓越挂钩,研究 EFQM 模型(围绕卓越的项目集和正确的卓越文化,有很多属性值得我们反思)。
> - 文化对项目集失败的影响因素(为什么这是投入时间和精力的重点领域?)。

4.2.1 不健康的变革文化的影响

可能的影响:

- 管理层和/或关键干系人可能强加给项目集经理一些不切实际的期望(没有进行正确的对话,或者对情况缺乏敏锐的感知)。
- 无效的项目集治理(这确实是一个不好的征兆,因为我们需要被授权,以便及时做出正确的决策)。
- 抵制新想法和创新(这会对项目集成功产生巨大的影响,需要与干系人合作,并建立联盟)。
- 不断变化的优先级(典型的后果是,团队不知道事情为什么会发生变化,这导致他们失去了信任。这对团队继续推进项目集工作的能力产生了负面影响)。

4.2.2 促成变革的文化属性

图 4.4 提醒我们,在选择健康的文化(基于一系列关键属性)时领导者的决策是至关重要的。以脆弱性为例,我们之前提到的布琳·布朗的研究工作具有很高的价值,它能够帮助我们排除干扰,更好地提高专注度。

图 4.4 文化的选择
来源：Pixource/95 号图片

- 要排除干扰，对收益、试错和快速学习达成共识。

谦逊的示例（服务理念）：

- 在必要时积极参与（把握合适的时机），在适当的时候保持距离，并及时给予团队成员（特别是那些为项目集成功做出最大贡献的成员）认可。

冲突哲学的示例：

- 善于当听众（加强倾听能力），建立关键的联系（构建网络和联盟），并经常进行坦诚的对话，以提高自己的情商（在营造变革所需的正确文化方面有很大帮助）。

4.2.3 卓越和 EFQM 模型的探索

如图 4.5 所示，文化的很多属性（如项目集管理的目的、项目集领导者的敏捷性、创造力和创新等）在本质上是相辅相成的。项目集本身具有多样性，并带来了不同的方法和丰富的经验，因此会很自然

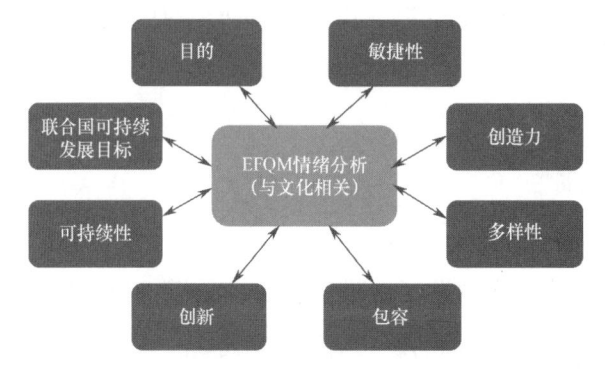

图 4.5 EFQM 中的文化属性
来源：欧洲质量管理基金会（EFQM）

地产生矛盾。这也塑造了一种文化,这种文化包容创新,并持续追求如联合国可持续发展目标那样的议程。

4.2.4 文化对项目集失败的影响

- 那种侧重于"命令与控制"的文化(层级结构)不利于项目集团队的运作(这种文化在未来将不复存在)。
- 因满足预算和截止日期而获得奖励的高管可能不会专注于项目集收益(完全削弱了领导者专注于价值的能力,因此我们需要对其进行平衡,"不要赢得战斗而输掉战争")。
- 项目集经理和资源经理之间缺乏协作,导致矩阵式工作方式的失败(这是文化变革中的经典问题。看到各个不同业务领域的团队所带来的好处,简化其学习过程,并保持一致性,以使我们的文化趋向成熟)。

复习题

单选题用圆括号"(　　)"标示,多选题用方括号"[　　]"标示。

以下哪项是影响项目集经理决策能力的不健康文化的重要后果?(　　)

A. 协作

B. 无效的项目集治理

C. 抵制新思想

D. 支持动态管理

以下哪些EFQM情绪分析涉及文化卓越的维度?[　　]

A. 分享想法

B. 敏捷性

C. 信任

D. 可持续性

以下哪个指标会削弱人们对收益的关注?(　　)

A. 以身作则,展现领导力

B. 因满足预算和截止日期而奖励高管

C. 自由共享信息

D. 成为第一个拒绝变革的人

4.3 变革事项

> **学习要点：**
> - 项目集经理是否适合推动变革？
> - 定义业务变革和业务运营。
> - 为什么业务变革既有趣又有影响力？
> - 战略变革及其与清晰的组织愿景的对应关系（战略如何为项目和项目集形式的战略行动做出贡献？）。

4.3.1 项目集经理和推动变革

图 4.6 汇集了一些推动变革的关键模块，这些模块在本书的各个章节中都有所涉及。其中，"创建变革的举措"模块强调了目标的重要性，以确保干系人对项目集成功有共同的理解。"跨组织协作的能力"模块代表了支撑跨业务行动取得成功的关键组织变革之一。这需要高管团队致力于推动组织文化和奖励机制朝着这个方向发展。"指挥家特质"模块在本书中有多角度的探讨，展现出了项目集经理在推动变革时应具备的独特且极具价值的特质。"一线的经验"模块更是不可或缺，它使领导者能获得真实的观点和想法，精准地解决与变革息息相关的流程、技术和人员问题。"端到端的业务能力"模块代表了领导者推动变革的能力，这也是区分领导者的重要素质之一。这不仅意味着要有整体视角，而且还要对项目集的价值流和生命周期有深刻的认识。在高度以客户为中心的和敏捷的工作方式中，这些都是至关重要的，并将持续影响未来十年的工作方式。

图 4.6 推动变革的关键模块

当讨论项目集经理的个性及其领导适配度时，以下是一些至关重要的素质和技能：他们应能够灵活应对变革，在组织内外协同工作，扮演好指挥家的角色，确保整合的质量，并基于丰富的实战经验

（与人沟通和管理流程方面的经验），来全面理解业务。他们需要精准把握分寸，并愿意倾尽全力，以应对项目集变化的期望。

> 提示：
> 专注于推动变革的五个模块，提高自身能力，以推动对项目集干系人具有战略意义的变革。

4.3.2 业务运营和业务变革

组织在其业务的项目组合中不断变得更有创造力，并且正在以下方面发生变化：

- 战略与战术重点（我们越能意识到项目集是战略载体，就越能感受到这种转变的加剧）。
- 在思维能力的运用上存在差异（项目集要求我们在思维上具备前瞻性）。
- 对项目集价值的影响（项目集如何对实现价值产生持续影响？）。
- 如何处理干系人的参与（战略性、面向未来、应对风险，以及观念和思维方法的改变）。

来源：mohamed_hassan/6079 号图片

> 提示：
> 组织正面临着巨大的转变，需要有意识地理解业务能力的变化。

4.3.3 业务变革是有趣的和有影响力的

项目集经理所处的职位使他们具备了成长和学习的能力，可以学到更多项目集管理所需的未来素质：

- 灵活性和适应性。
- 自信、说服力、良好的口头表达能力（增强沟通效果）。
- 有抱负、活力和执行力（以应对各种阻力）。

- 有效的沟通者和整合者（对于业务变革的成功至关重要）。
- 广泛的个人兴趣。
- 投入、热情、想象力和应变能力（真正让你快速学习和成长的绝佳机会）。

对组织和个人的直接影响：

- 战略性地将项目集工作与业务成果相连接（项目集最令人兴奋的方面在于发现连接点，并将这些连接点传递给整个项目集团队）。

4.3.4 战略变革与清晰的组织愿景

实现变革需要众多干系人的愿景高度一致。图 4.7 显示了组织愿景的一些关键因素。许多因素有助于呈现这种清晰的组织愿景。卓越的运营、与客户的联系、对外部环境的理解，以及高管在重要事项上投入时间和资源的内部支持，这些因素结合在一起，构成了至关重要的全局性愿景。

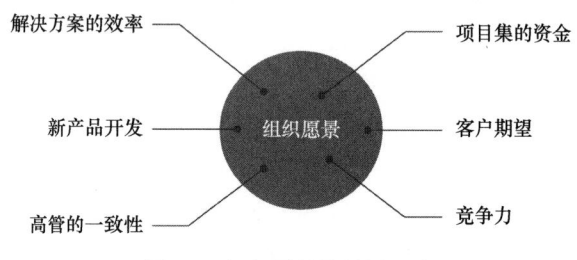

图 4.7 组织愿景的关键因素

许多不同类型的项目集可能在组织的战略议程中占有一席之地，并拥有不同的期望、复杂性和干系人。因此，我们需要具有应对这种多样性的敏感性，并具备支持项目集成功的领导特质。

复习题

单选题用圆括号"（　　）"标示，多选题用方括号"[　　]"标示。

以下哪项最有助于项目集经理推动变革？（　　）

A. 独立工作能力

B. 一线的经验

C. 深厚的技术专业知识

D. 经常说不

以下哪些是业务变革类项目集中积极有趣的元素？[　　]

A. 显示谁拥有最大的权力

B. 自信和适应性

C. 按照项目集经理选择的方向推动变革

D. 见证项目集成果给客户带来的影响

以下哪项可直接支持组织愿景的实现？（   ）

A. 新产品开发

B. 运行新的 ERP 实施

C. 快乐的干系人

D. 使用较少的资源来运营业务

4.4 鼓舞人心的项目集故事

学习要点：

- 在定位项目集经理的角色时，要着眼于描述故事的能力（需要投入时间）。
- 项目集团队章程是团队动态故事的关键（这是为团队设计的）。
- 裁剪变革故事，以激发成功的变革（在通过项目集来推动变革的过程中，使用影响力技能的关键在于要围绕制约因素、干系人和其他指标进行裁剪）。

4.4.1 项目集经理和描述故事

在领导项目集的故事中（见图 4.8），不仅突出了提升描述故事能力的重要性，而且还强调了在整个项目集生命周期中，故事所具有的动态性和可变性。

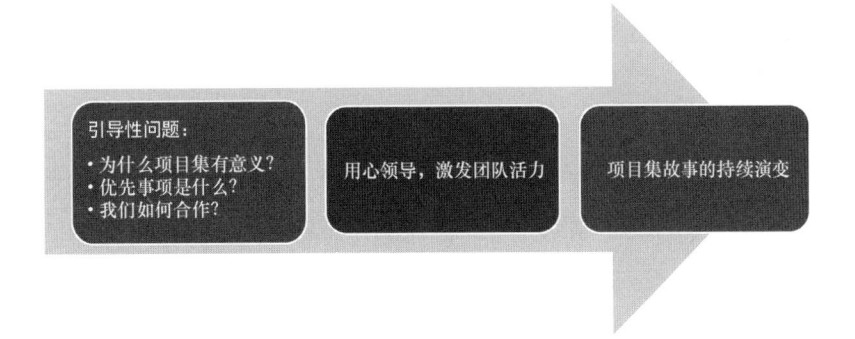

图 4.8 领导项目集的故事

提示：

- 提升沟通能力。
- 找到有助于聚焦核心议题的确切问题。
- 了解不同交付方法中存在的问题。

- 找到衔接故事的正确机制。
- 注重知行合一，让团队能够感受到你的能量。
- 这不只是一个故事，因为我们需要考虑在项目集各阶段的细化，以及成熟度和干系人的变化。

4.4.2 项目集团队章程

项目集团队章程是一个重要的工具，它能激发项目集团队的凝聚力，并使他们有效推动变革成果。我们通常不会花时间仔细考虑这个问题，或者将其以某种形式记录在文档中。项目集团队章程对于引导正确的互动，让团队成员理解团队存在的意义至关重要。如图 4.9 所示，项目集团队章程包含了 4 个关键要素。它通常只有几页纸，涵盖了如何处理冲突，评估团队绩效，建立共同承诺，以及明确其他责任事项等。

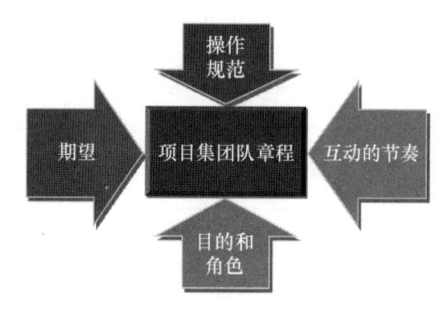

图 4.9 项目集团队章程的要素

提示：
项目集团队章程有助于项目集经理推动变革。你必须完善这个章程，并在整个团队中推广。

4.4.3 裁剪变革故事

图 4.10 强调了在塑造变革故事时不断适应变化的重要性。项目集经理在面对变革时，需要进行灵活调整并敏锐感知变化，这已成为一项必不可少的技能。在裁剪用于推动变革并与项目集干系人建立联系的变革故事时，项目集经理应该考虑以下几个方面：

- 对于剪裁来说，背景（优先级、成熟度、成功的定义等）是非常重要的依据，当背景发生变化时，我们必须进行定制。
- 文化和虚拟方面（如在世界各地工作或居住的方式，以及工作的发展方式）。
- 干系人的心态（包括态度、角色和责任的明确性，你需要通过变革故事来将干系人引导回正确的方向，确保故事有连贯性，并明确呼吁干系人采取行动，让他们重新集中注意力）。
- 项目集的交付方法（介于瀑布式交付与敏捷交付之间，因此需要定制工作方式和仪式）。

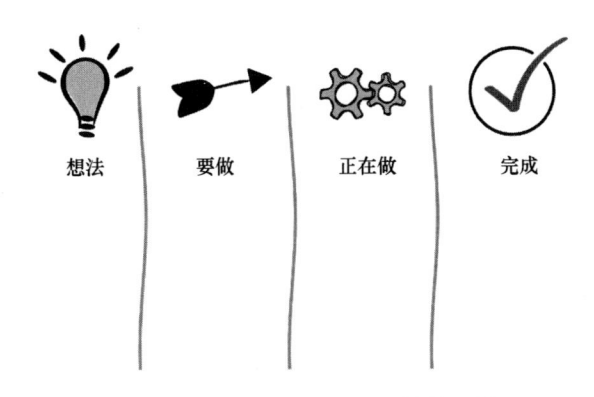

图 4.10　在变革故事中制订裁剪计划
来源：杰洛特/25607 号图片

复习题

单选题用圆括号"(　　)"标示，多选题用方括号"[　　]"标示。

以下哪项是激发项目集团队灵感的引导性问题？（　　）

A. 团队应参加哪些会议

B. 优先事项是什么

C. 在什么时候应冻结项目集范围

D. 该项目集预计将获得多少资金

以下哪些是制定和使用项目集团队章程的优势？[　　]

A. 角色和职责

B. 基本规则

C. 显示排名

D. 会议频率

以下哪个剪裁项目集故事的方式可满足团队成员接收反馈的偏好？（　　）

A. 所有团队成员都应该能理解项目集故事

B. 为精神状态进行裁剪

C. 为文化进行裁剪

D. 为交付方法进行裁剪

4.5　质量转型

学习要点：

- 实现转型成功需要在人员、流程和技术之间找到平衡（在转型过程中，平衡是一个关键词）。

- VUCA 将持续存在（现状就是如此）。
- 使用 SAFe® 来管理规模化转型项目集（SAFe® 是众多可帮助我们进行规模化转型的框架之一，也是最合适的那个）。
- 在理性思维与感性思维之间建立持续的项目集连接，以成功实现执行结果（在推动变革影响的过程中，需要不断强调这一点）。

4.5.1 平衡人员、流程和技术

任何时候，当团队致力于创建变革时，都必须考虑并平衡人员、流程和技术这三个要素。如果过分关注其中一个要素而忽略其他要素，可能导致项目集失败，并错过最重要的项目集收益。

- 对于人员来说，必须培养正确的思维方式和能力素质，这是未来创新组织的必备条件（我们需要培养不同的思维方式，并提高学习能力）。
- 创新和技术要素包括自主性与一致性的平衡、安全的文化、协作、思考的时间和组织流程的连贯性（确保我们专注于有意识地推动这些行为）。
- 未来的领导力需要负责任的心态：不墨守成规的人员（领导者不墨守成规且有强烈的主人翁意识）和真正关注组织绩效的参与者。

4.5.2 VUCA 的持续性

在未来的工作环境中，易变性、不确定性、复杂性和模糊性（VUCA）将继续存在并不断演变。如图 4.11 所示，项目集领导者向组织展示了如何有效地应对 VUCA 并引导项目集抵达成功的彼岸，从而增加了项目集成功的概率。

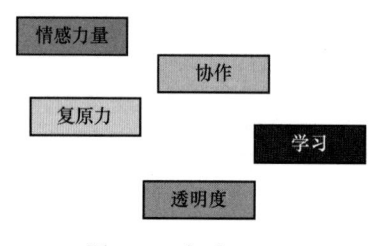

图 4.11 应对 VUCA

项目集经理应该考虑拓展自己，加强协作并使之有针对性，创建一个有利于培养变革领导力的环境，并通过透明、灵活的实践来直接帮助团队应对 VUCA 环境。

4.5.3　SAFe®和规模化转型

提示：
- 跨 SAFe® 层级的协作。
- 治理在规模化中的作用（提升和专注于治理的清晰度）。
- 围绕价值的参与和整合（使干系人积极参与）。
- 更快的上市时间（包括产生影响的速度）。

4.5.4　理性思维和感性思维的持续连接

为了卓越地执行战略，变革领导者必须洞悉全局，将卓越作为团队运营方式和团队工作方式的核心。
- 清晰的心态转变。
- 要做到价值观与思维认知保持一致，需要将理性思维与感性思维相连，如图 4.12 所示（这需要描述故事、路线图，以及适应和应对挑战）。
- 适应型的执行方式。

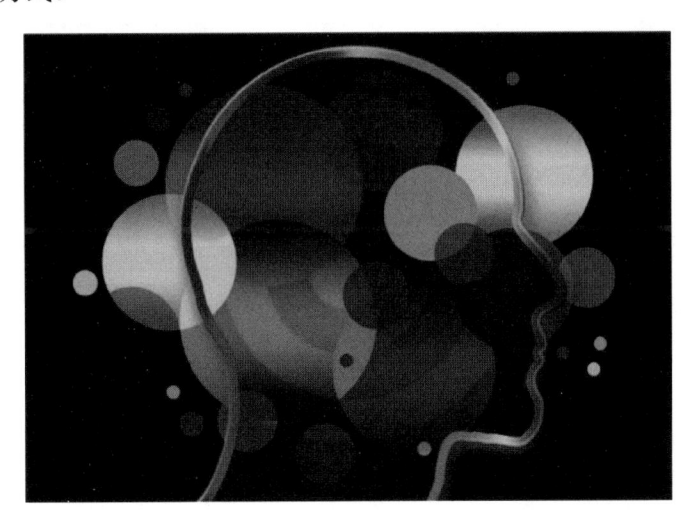

图 4.12　将理性思维与感性思维相连
来源：杰洛特/25607 号图片

提示：
项目集领导者深知理性思维与感性思维之间的密切联系。理性思维推动实际的业务，感性思维为变革提供能量。

复习题

单选题用圆括号"（　　）"标示，多选题用方括号"[　　]"标示。

以下哪项是人们实现转型目标所需创新的关键因素？（　　）

A. 持之以恒

B. 安全的文化

C. 注重行动

D. 详细规划

以下哪些技能可帮助项目集团队应对持续存在的VUCA环境？[　　]

A. 抵制变革

B. 复原力

C. 制定基准

D. 情感力量

为什么知行合一对实现转型成果至关重要？（　　）

A. 说明了组织中的层级结构

B. 说明了团队执行最重要事项的能力

C. 使干系人满意

D. 体现人性化

第 5 章　有效参与

本章重点讨论如何将干系人和项目集团队的积极性引导至项目集的目标及其所需实施的一系列行动步骤，这对于实现项目集成果至关重要。项目集的成功与有效争取干系人的参与直接相关。因此，深入理解项目集干系人的扩展群体至关重要。

项目集经理应该思考如何对不同层级的干系人进行分类和设计。他们需要学习如何分析和争取干系人，这一学习过程将成为设计合适的参与策略的基础。此外，鉴于项目集所具有的流动性，项目集经理还应培养对项目集生命周期中"参与变化"的感知能力。

> 学习要点：
> - 复原力和埃隆·马斯克的示例（在领导大型项目集的案例中可以看到哪些示例？）。
> - 参与策略在整个项目集生命周期（适应型）中有何变化？
> - 了解阻碍干系人参与的组织"病毒"（应创建干系人参与社区）。
> - 用合适的"药方"（参与策略）与组织"病毒"做斗争。

5.1　适应整个生命周期

项目集经理成功适应不断变化的干系人参与需求的关键能力之一是复原力。

埃隆·马斯克的复原力案例：

- 有愿景，始终怀有远大梦想（项目集经理应该展现出这种气质和心态，并能引导他人形成这种认识）。
- 执行想法，以免错失良机（在尝试新方法时，把握时机是影响结果的关键）。
- 坚持不懈（非常重要的特质，就像马斯克一样）。
- 思考大局（要始终洞察事物之间的联系）。
- 积极寻求建设性的反馈（反馈很重要）。

- 将失败视为一种选项,并承担可预估的风险(这不是结束点,而是加强风险管理能力的过程)。

5.1.1 贯穿项目集生命周期的参与策略

如图 5.1 所示,干系人参与的持续改进方法表明,需要不断评估哪些策略有效,哪些策略无效,并相应地快速调整参与策略。

图 5.1 干系人参与策略(贯穿整个项目集生命周期)
来源:mohamed_hassan / 6079 号图片

必须使战略保持流动性的原因:

- 在项目集的不同阶段中干系人会发生变化(需要适应这种情况,我们可以将这些阶段作为机会,有些变化是正常的)。
- 干系人扮演的角色和带来影响会发生变化("循环"显示了步骤的连续性,以及缩小干系人当前状态与期望状态之间差距的方法,就像我们在传统的持续改进周期中所做的那样)。
- 干系人的兴趣程度会发生变化。

5.1.2 组织"病毒"

项目集经理应该识别和处理组织中的"病毒"。这些"病毒"代表了组织在发展过程中形成的文化、工作方式和行为模式。

组织"病毒"的示例包括:

- 不健康的政治环境。
- 缺乏责任感(没有主人翁意识)。
- 抵制项目集带来的变革,或者对其感到不安(需要运用影响力技能来管理抵触情绪)。
- 支持力度不足(有正确的期望和对其角色的正确理解)。
- 在基础设施方面存在差距(平台、跨文化工作环境下参与要素的适配等)。

- "非我创造征"的心理现象（这种心理现象使项目集经理非常担忧团队是否具备正确的态度和承诺，因此需要尽快建立合作关系来应对这个问题）。

5.1.3 合适的参与方法

图 5.2 给出了一组参与方法，灵活运用这些方法将有助于解决参与度问题，提前"干掉"一些前面强调过的组织"病毒"。这些方法包括：提升透明度，建立奖励机制，强调变革的价值（描述故事），成为高管教练（积极寻找与高管沟通的途径），投资数字技术（使用新技术直接推动项目集成功），展现情境领导力（寻找适合自己的领导风格来应对组织"病毒"）。

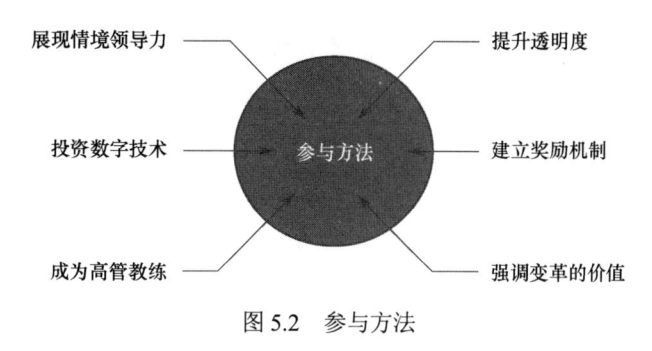

图 5.2 参与方法

复习题

单选题用圆括号"（　　）"标示，多选题用方括号"[　　]"标示。

项目集经理可以从埃隆·马斯克的案例中学到哪种复原力的特质？（　　）

A. 风险规避

B. 快速执行并承担风险

C. 保持对项目集细节的关注

D. 无视批评

以下哪些组织"病毒"会阻碍干系人的适当参与？[　　]

A. 数字领域的专业知识

B. 缺乏问责制

C. 远离政治

D. "非我创造征"

以下哪种方法有助于应对抵制变革的组织"病毒"？（　　）

A. 改善办公设备

B. 层级化的领导方式

C. 多点责任制

D. 沟通变革的价值

5.2 项目集干系人

甘地曾说：你必须为你希望看到的世界而改变。为了实现某个项目集的预期变更目标，相关干系人必须围绕变更目标齐心协力，并为实现规划的结果做出贡献。在未来，"以身作则"的领导方式将变得越来越重要，因为传统的管理方式都不再适用，而服务型领导以及在不同干系人群体之间建立联系的强烈意愿将成为主流。

> **学习要点：**
> - 重新思考项目集成功的定义（对不同形式的成功持开放态度）。
> - 拓展对项目集干系人范围的认识（扩展至更广泛的社区）。
> - 识别和分析拓展项目集干系人的技术。
> - 利用干系人的层级来创建项目集焦点（如何提高参与效率？）。

5.2.1 重新思考项目集的成功

如图 5.3 所示，项目集经理需要不断清晰地界定成功的含义，并根据项目集干系人生态和其他变更事项的变化，适时地重新思考成功的定义。

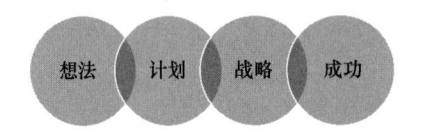

图 5.3 重新思考成功的定义
来源：geralt/25607 号图片

- 所有正确的想法都被提出来了吗？（在启动之前，我们要努力了解干系人的立场。）
- 计划是否反映了项目集的复杂性并包含了关键输入？（计划要对团队和干系人有作用。）
- 对执行战略的方法做出承诺吗？（如团队章程和我们讨论过的其他工具。）
- 对项目集成功的看法是否一致？（重新思考成功，确保其核心是实现收益和价值，并对那些普遍看法进行深入讨论。）

5.2.2 拓展项目集干系人的范围

遗漏关键干系人可能对项目集或项目的成功产生重大影响。项目集领导者应该拓展对项目集干系人范围的认知,以确保达成更广泛的共识,并在必要时制订正确的评估和参与计划。关键干系人不仅包括客户、用户或高管团队,而且还可能包括更广泛的3I(Interested Involved Impacted,3I)群体[①]。

拓展的干系人可能包括多类个人和组织:

- 发起人。
- 监管人员。
- 团队(有时为多个团队)。
- 社区。
- 监管机构(制定标准的机构)。
- 其他(我们需要拓展视野并保持平衡)。

5.2.3 评估拓展干系人的技术

跨区域和组织内的文化在感知并响应干系人方面起着关键作用。这种文化理解与项目集领导者所需的感知和响应能力紧密相连。在与各类干系人合作时,项目集经理可以根据艾琳·梅耶强调的八个文化元素(见图5.4)来评估所需做出的调整。

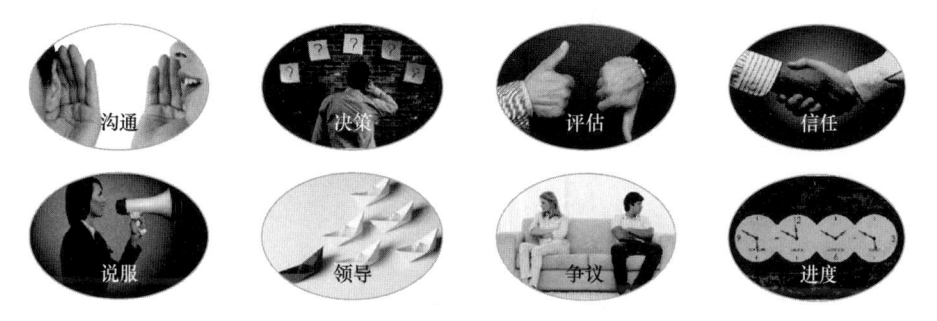

图 5.4 八个文化元素

来源:Faber Visum/Adobe Stock Photos; Brian Jackson / Adobe Stock; sharpshutter22 / Adobe Stock; yossarian6/Adobe Stock Photos; WavebreakmediaMicro/Adobe Stock Photos

这八个元素中的每一个都可能根据地区、国家的不同而有所不同。项目集团队成员需要尊重这些文化元素的差异,并将其纳入参与策略。

> **提示:**
> 组织的领导者应理解,当前的工作环境是全球化的。理解这八个元素有助于领导者在与干系人建立联系方面表现出色。

[①] 3I群体包括对项目集感兴趣的、已参与项目集的、受项目集影响的人员。

5.2.4 干系人层级和创建项目集焦点

干系人群体的范围已得到拓展，从项目集经理身边的直接群体，到更广泛的个人和组织，包括合作伙伴、客户等。我们的目标是，创建一个有序的层级结构（见图 5.5），并在制定策略时寻求高效，以满足不同干系人群体的需求。策略的制定需要有明确的目的，要使用干系人都能理解的语言进行交流。这不是一个人可以完成的事情，项目集经理需要依赖其核心团队来设计战术和参与策略。持续调整策略以保持项目集焦点的重要性不言而喻，并且与项目集成功密切相关。

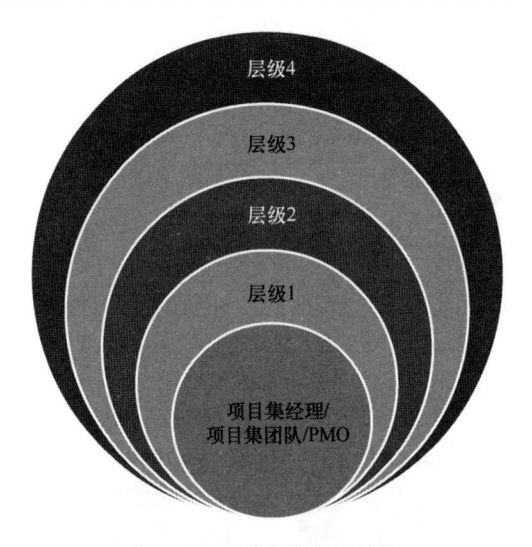

图 5.5 干系人的层级结构

- 根据多个维度对层级进行优先级排序。
- 确保参与策略的效率。
- 通过核心项目集团队的推动实现一致性。

> **复习题**
>
> 单选题用圆括号"(　　)"标示，多选题用方括号"[　　]"标示。
>
> 以下哪项是项目集成功的良好例证？（　　）
>
> A. 项目集团队拥有最好的成员
> B. 项目集计划反映了项目集的复杂度并包括了关键输入
> C. 为项目集选择最具创意的想法
> D. 监管项目集成果
>
> 以下哪些项反映了与敏捷项目集团队的反馈开放性直接相关的文化元素？[　　]
>
> A. 决策

> B. 评估
>
> C. 说服
>
> D. 沟通
>
> 以下哪项是处理干系人层级时要面对的挑战？（　　）
>
> A. 干系人之间缺乏一致性
>
> B. 使用正确的评估工具
>
> C. 使干系人满意
>
> D. 只有三层干系人层级

5.3 争取项目干系人参与

> 学习要点：
> - 最糟糕的情况是，干系人没有参与（可能是一场噩梦，所以需要尽快解决）。
> - 项目集干系人交叉和管理复杂度。
> - 探索适当的参与策略与30%成功转型率之间的联系，以理解参与矩阵（漏掉了哪些秘密公式？很多时候它与转型的人员方面有关）。

5.3.1 缺乏参与的影响

- 项目集/项目何时会失败？（在执行早期或在启动之前。）
- 你做对了所有事情，但项目集仍然失败？（这与是否交付和工作是否忙碌无关。）
- 我们对干系人的感知和理解有多深入？（改善与干系人的互动方式是非常重要的。）
- 我们是否理解文化多样性对参与度的影响？（可以查看艾琳·梅耶强调的八个文化元素，来帮助我们调整参与策略。）
- 面对持续的组织变更和项目变更，以及没完没了的"救火"工作，我们是否足够敏捷？（适应并处理商业变化和政治变化都非常重要。）

5.3.2 干系人与管理复杂性

制定战略固然是困难的，而执行战略则更复杂。如图5.6所示，可以使用多种模型来执行战略，并将愿景和使命传递到项目集和项目成果中。

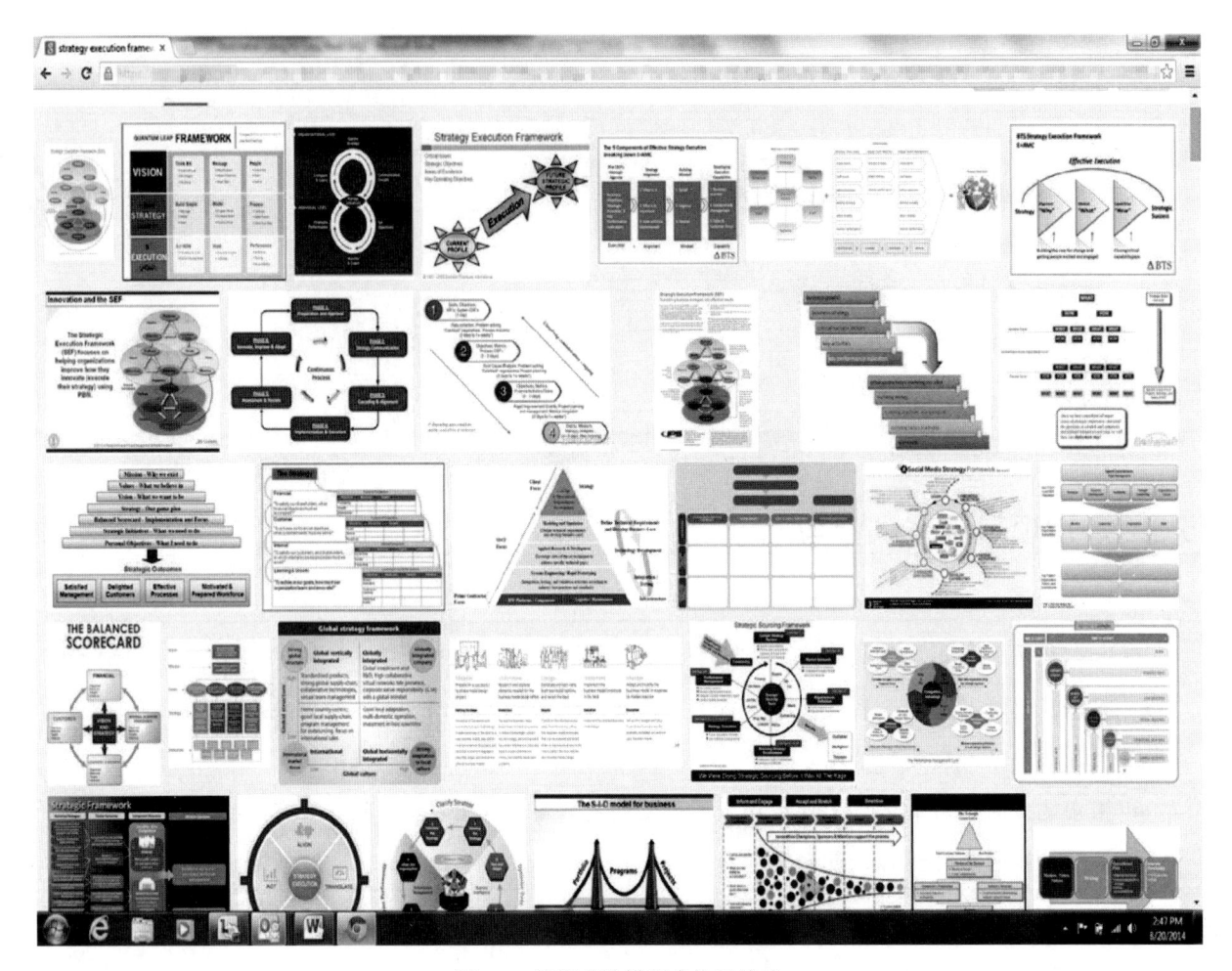

图 5.6　使用多种模型来执行战略

> **提示：**
> - 在当前的 VUCA 环境中，项目集的复杂性尤为突出（对使用不同模型持开放态度）。
> - 为了通过项目集和项目来执行战略，可以用多种模型来处理复杂性（进行简化是很重要的）。
> - 大多数模型都包含关键干系人参与的元素（每个模型都明显包含了关键干系人参与组件）。

> **提示：**
> 领导者深知找到最适合的方法来使干系人对预期的战略执行结果达成一致的重要性。

5.3.3　参与策略与转型成功

图 5.7 显示了之前提过的干系人参与策略，可根据该图来持续更新策略，以便更好地争取干系人并解决任何沟通上的问题。

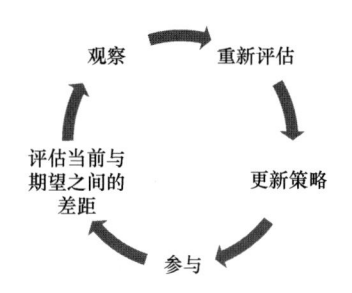

图 5.7 干系人参与策略

成功的转型项目集中可能只有小部分（30%）在以下方面表现出色：

- 灵活性和适应性。
- 将干系人的参与策略逐步细化（这一点至关重要）。
- 当无人参与时，创造性地进行补位（需要个人或集体尽力而为）。
- 将转型与干系人对价值的认知相结合。
- 成功的转型应以人为本（这不仅是技术过程，要想转型成功还需要考虑"人"这个关键因素）。

复习题

单选题用圆括号"（　　）"标示，多选题用方括号"[　　]"标示。

以下哪项说明了缺少干系人参与会影响项目集的成功？（　　）

A. 及时提出正确的问题

B. 你做对了所有事情，但项目集仍然失败

C. 项目集经理像指挥家一样发挥作用

D. 开放的反馈流程很盛行

以下哪些迹象表明，战略执行的复杂性与干系人的适当参与有关？[　　]

A. 增加业务运营上的投资

B. 大多数战略执行模型都有一个关键干系人的维度

C. 按照项目集经理选择的方向推动变革

D. 与项目集需求有关的模糊性

以下哪项对项目集的成功转型有贡献？（　　）

A. 坚持使用一种结构化的方法管理项目集

B. 以技术为中心

C. 将转型与干系人对价值的认知相结合

D. 确定参与计划的基准并坚持执行该计划

5.4 合适的参与策略

> **学习要点：**
> - 隐藏在成功背后的"神话"，以及一个制药公司的案例研究（理解定制需求）。
> - 使用案例研究来强调定制需求的必要性，以实现适当的参与。
> - 影响裁剪参与的多个因素（汇集PMI在其标准中新增的要点，项目集经理应该引领裁剪工作）。

5.4.1 成功背后的误区

对于项目集经理而言，这是一个重要的认识。尽管传统的成功驱动因素仍具有参考价值，但我们必须重新审视并明确界定成功的真正驱动因素。若实际需求超出了协议或合同的范畴，项目集经理会非常"头疼"。因此，在与干系人群体进行协作的过程中，项目集经理务必保持高度警觉，积极寻求并吸纳干系人的反馈，以确保项目集的顺利推进。

制药公司的案例给我们带来了一个深刻的教训。制药公司的领导者误以为，既然该全球性组织验收了项目集的可交付物，似乎对图5.8中所示的项目集"成功"的定义表示认可。然而，项目集并未取得真正的成功，这恰恰揭示了缺乏适当参与所带来的问题，并导致项目集未达到预期的效果。因此，我们必须从中吸取教训，重视并加强干系人的参与和反馈，以确保项目集的真正成功。

图 5.8 项目集"成功"的定义

> **提示：**
> 项目集经理必须识破成功的假象。他们有责任与关键干系人进行对齐，共同确定成功的定义。

需要进行适当的参与和互动

在制药公司的案例研究中，有大量错误的假设从未得到澄清（我们必须清楚"假设"是什么，"假设"会如何变化，以及干系人是如何与这些变化相关联的）：

- 项目集 SOW（工作说明书）涵盖了所有干系人的预期（这个案例表明，组织没有关注干系人的抵制，然而，这是必须进行管理的）。
- 对项目集成功的看法过于僵化（我们需要重新审视成功的定义，以及超出明确期望的需求是什么）。
- 当按时交付成果时，客户可能会表现出满意（但我们没有关注最初沟通之外的真实目的——与客户建立亲密且灵活的合作关系）。

现实情况是，适当的干系人参与策略是项目集成功的关键因素。

5.4.2 裁剪因素

PMI 在《PMBOK®指南》（第 7 版）中强调了裁剪项目和项目集交付方法的重要性。这一裁剪过程遵循常识，它从选择交付方法开始，根据目标组织或客户的需求进行适当的定制或裁剪，然后将其分解至项目集/项目级别，最终贯穿持续改进的经典生命周期。这对于应对工作方式和项目集交付方法的持续变化是非常有意义和有效的。

这种裁剪在项目集工作中是优先级极高的任务，所以我们需要花时间把它做好，以满足干系人的需要和项目集的预期：

- 项目集交付方法（混合型的未来）。
- 组织的文化和工作方式（必须谨慎调整战略，以适应人们最佳的工作方式）。
- 项目集/项目的性质、复杂性和干系人（包括政治、议程和态度）。
- 干系人将项目集作为学习机会的能力（将项目集和项目作为"实验室"是鼓励学习的好方法，可为未来成功积累经验）。

复习题

单选题用圆括号"（　　）"标示，多选题用方括号"[　　]"标示。

正如制药公司的案例研究中所强调的那样，以下哪项揭示了项目集成功的假象？（　　）

A. 取得结果的能力

B. 与客户友好互动

C. 深刻理解干系人的期望

D. 感知干系人参与的真实需求

以下哪些项清楚地说明了干系人参与的必要性？[　　]

A. 与 SOW 一致的需求稳定性

B. 项目集生命周期中的关键干系人变更

C. 项目集的关键组成部分已显示出收益

D. 即便可交付物已完成，但其影响力并未展现

以下哪项对定制干系人参与策略有帮助？（　　）

A. 可重复的项目工作交付模式

B. 组织的文化和工作方式

C. 高级管理者的心血来潮

D. 使用最先进的技术

5.5 感知与响应

学习要点：

- PMI 的战略历程，重点以干系人为中心。
- 学习型组织对感知与响应的支持（从知识和管理的视角来看）。
- 在项目集领导力中发展敏捷性（未来要建立的重要能力）。
- 在项目集领导者中平衡"利用"和"探索"属性（包括短期和长期目标，涉及实验性尝试）。

5.5.1 PMI 的战略历程

PMI 制定了有关项目组合、项目集和项目管理的众多标准和实践指南，还为这些标准和实践指南提供了大量的相关资源。图 5.9 旨在阐述这一战略历程。从构建专业学科（进而建立最佳实践），到向更广泛的人群（他们广泛地参与项目）传播和扩展，再到近年来对变革者的强烈关注。PMI 一直在不断发展。

	早期 专业人士	2017年 实践者	2020年之后 变革者
PMI的 战略历程	• 从业者 • 组织 • 学术界	• 项目经理 • 从业者 • 有抱负的项目经理	• 专业人士 • 青年 • 学生 • 企业家

图 5.9　PMI 的战略历程

你可以用这个类比对照自己的变革历程和产生的影响力（专业层面和个人层面）。审视像 PMI 这样的发展历程，人们会意识到与周围的干系人建立联系的必要性，以帮助我们重新思考现有的影响、服务，以及如何有效地与干系人建立联系。

> **提示：**
> 领导者应该保持与干系人的联系。密切感知他们不断变化的需求，积极应对，确保产生有价值的积极影响。

5.5.2 学习型组织的感知与响应能力

- 学习型组织要创造安全的场所供人们探索和尝试（没有什么比这更重要）。
- 实验是至关重要的（创新模式）。
- 持续生产（卓越交付，获取优势）。
- 获得干系人的早期反馈（这很关键，例如，在敏捷交付中使用 MVP）。
- 用谦逊和透明驱动持续的学习文化（领导者和团队成员意识到还有更多的东西要学习，并渴望看到自己的变化和发展）。
- 同理心是推动客户对齐思维的关键（我们的目标是提供专业知识，帮助客户看到他们看不到的东西）。

要展示同理心并持续学习（见图 5.10），这是加强未来领导者感知和响应能力的关键。

图 5.10　展示同理心并持续学习
来源：sasint/224 号图片

5.5.3 项目集领导力中的敏捷性

"受害者"还是"参与者"？

领导者可以采取的两种立场对其职业和个人成功的影响是截然不同的。这两种立场可以看作"受害者"和"参与者"角色。组织的领导力风格已经发生了变革。项目集领导者需要参与这一变革。他们需要从"受害者"转到"参与者"角色，减少指责，避免相互推诿，不寻求简单的出路。

项目集经理要承担起与个人适应能力紧密相关的核心责任（运用解决方案的思维）：

- 扮演教练角色（"参与者"角色）。
- 不要急于提供任何解决方案（先暂停片刻）。
- 保持开放的风险偏好（例如，项目集章程可能指出明确的上报路径）。
- 培养合作精神。
- 持续提升情商（被置于艰难的情境中，被推到舒适区的边缘）。
- 具有主人翁的心态（牢记"指挥家"和整体领导者的责任）。

5.5.4 平衡"利用"和"探索"属性

图 5.11 显示了"利用"和"探索"属性，以及当它们达到平衡时可以实现的成就。在项目集工作和组织战略的执行过程中，这些属性之间始终存在一种紧张关系。这些也与关键项目集干系人的风险偏好和项目集经理表现出的风险偏好相关。寻找恰当的平衡点既是一门艺术也是一门科学，需要综合运用理性思维和感性思维来做出有效的项目集决策。

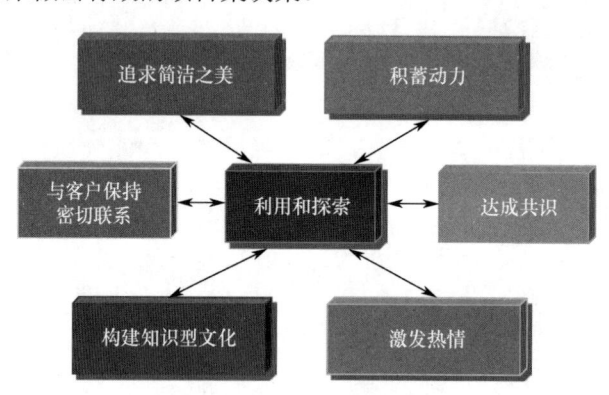

图 5.11 "利用"和"探索"属性

项目集本身就足够复杂了，因此无须再增加复杂性。对于项目集经理来说，建立联盟，达成共识，将理性思维与感性思维相结合并确保其有效运作，理解并应用知识，以及在以客户为中心的基础上实现短期收益与长期收益间的平衡，这些都是至关重要的。

> **提示：**
> 项目集经理应该提升"利用"和"探索"的能力，还应该平衡干系人和项目集需求之间的关系。

复习题

单选题用圆括号"(　　)"标示，多选题用方括号"[　　]"标示。

以下哪项有助于增强组织的感知与响应能力？(　　)

A. 认真实验

B. 用谦逊和透明来驱动持续的学习文化

C. 项目集结束时获得的经验教训

D. 坚持"客户永远是对的"原则

以下哪些因素有助于提高项目集领导工作的灵活性？[　　]

A. 提出想法和解决方案

B. 风险偏好

C. 具有主人翁的心态

D. 使用"受害者"的语言

以下哪项体现了对"利用"和"探索"属性的平衡？(　　)

A. 提高项目集团队的技商

B. 专注于取得即时结果

C. 与客户保持密切联系

D. 使用复杂的路线图

第6章 影响力技能

未来的工作方式正在发生变化。近年来，我们的工作方式、联系方式和工作成果的执行方式都发生了重大变革。尽管技术创新领域有了巨大的突破，但软技能、人际交往技能或社交技能的重要性比以往任何时候都更加显著。PMI和全球其他专业人士已开始将这些技能定义为"影响力技能"。选择这个表述并不令人意外，因为人们越来越清楚地认识到，这些技能已成为成功执行战略的真正力量，是塑造未来差异化竞争优势的关键因素。

本章阐述了通过转变思维方式来掌握这些技能的价值。要理解技术与人际交往技能间的平衡，这是一项需要重点培养的能力。对于已获得PMI项目集管理专业人士（PMI-PgMP®）认证的人员，增强对职业素养和价值主张的认识将有助于项目集经理以身作则，发挥引领作用。

> **学习要点：**
> - 在未来工作中，多样化技能的重要性将急剧增加。（这是一个基本观点。）
> - 什么是技能革命？项目集经理为什么要关注？（这是对你的行动号召。）
> - 布琳·布朗和约翰·麦克斯韦以不同的领导方式和思维转变为例。（伟大的领导者能帮助我们发挥潜能。）
> - 技能遗忘、技能学习、技能提升、技能再培训，有哪些区别？有什么不同？（不断挑战我们的设想。）
> - 积蓄技能动力。（持续改进和调整。）

6.1 技能革命

技能革命已经到来。培养这些技能并制定持续提升这些技能的路线图至关重要。同样值得一提的是，技能革命与相关技能的遗忘、学习、提升和再培训动态结合在一起。这使项目集经理能够学习如何利用这些影响力技能来推动项目集取得成功。

6.1.1 未来工作场景中的多样化技能

图 6.1 展示了我们在把握项目和项目集未来机遇时所需的工作技能。对于图中所呈现的广泛技能，我们需要持续地培养和实践它们。这种未来工作技能建立在专业标准、阅读和实践原则的基础上，并关注服务型领导力（为团队提供帮助）、创新、建立信任、感知与响应（与干系人建立更紧密的联系）等。

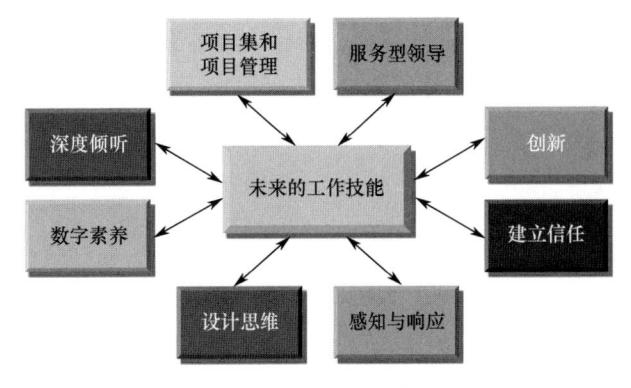

图 6.1 未来的工作技能

在问题解决的过程中，设计思维的经典价值主要体现在发现客户的真正需求。未来的领导者会意识到数字技术的友好性，并将其融入深度倾听客户需求的过程。这种深度倾听客户需求的方法与设计思维相结合，将直接影响问题解决的有效性。因此，未来的领导者需要充分发挥设计思维在挖掘客户真正需求方面的作用，合理利用数字技术，并结合从客户视角出发的深度倾听。

> 提示：
> 领导者需要具备多项技能，以信任为基础，创造性地解决难题，推动数字科技与人文素养的提升。

6.1.2 技能革命的内涵

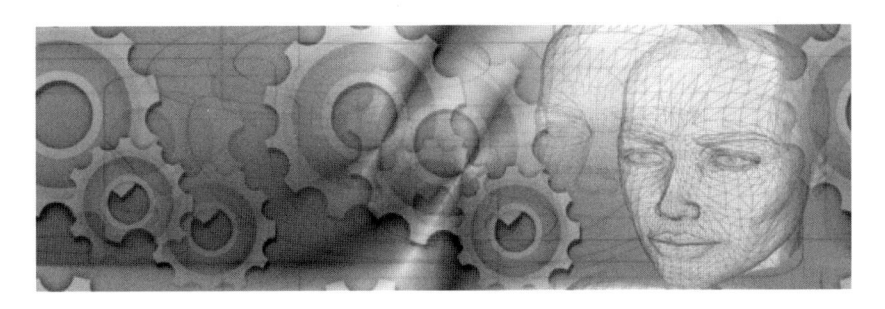

来源：kalhh/4296 号图片

革命：
- 文化影响（我们的工作方式，包括虚拟和数字技术的发展）。

- 工作方式的灵活性（不应依赖于任何一种传统的工作方式）。

项目集管理者：
- 用管理层的语言沟通（项目集具备战略性）。
- 要洞悉端到端的整体场景（项目集管理者进行整合并建立联系）。

6.1.2.1　领导方式和思维方式的转变

布琳·布朗：
- 失败是创新与创造的先驱。
- 在研究中，我发现脆弱性是维系人际关系的黏合剂，它像一种神奇的"调味品"，能改变我们的视角，使我们能够自如地建立和维系人际网络。

约翰·麦克斯韦：
- 领导者是知路人、行路人、领路人。
- 领导者具备亲和力，能够与团队建立紧密联系，同时又与团队保持一定的距离，以激励他人（这是我们不断努力找寻的平衡点，既要与团队建立联系，又要保持适当的距离，将实际行动与项目集有机地结合在一起）。

6.1.2.2　技能遗忘、技能学习、技能提升、技能再培训

- 未来属于那些拥有 T 型技能的人（深度与广度兼备，扮演不同的角色，基于不同的视角）。
- 这是一个持续进行的技能学习和技能遗忘的过程（消除偏见）。
  - 内容不断增加和变化的技能库。
  - 整合能力、响应速度和多样性尤为重要（欣赏不同的观点，了解其对项目集成功的贡献）。

来源：Dark_lone_nature / 61 号图片

6.1.2.3　影响力技能的分类

PMI 分析了全球近 3500 名专业人士的数据，发现对项目集成功最有帮助的四大技能分别是沟通能力、解决问题的能力、协作领导能力和战略思维能力。研究还探讨了这些技能在哪些方面促进了项目集的成功。对于优先考虑影响力技能的组织来说，它们能够更好地实现业务目标，减少范围变

更，并将预算损失最小化。

> 提示：
> 领导者应发展 T 型技能，持续学习，创造性地培养沟通能力、解决问题的能力、协作领导能力和战略思维能力。

6.1.3 积蓄技能动力

图 6.2 清晰展示了积蓄技能动力的构建模块。未来，项目集经理需要在工作中高效运用这些构建模块。

在健康的文化氛围中积蓄技能动力至关重要。通过应用一系列原则，可以帮助项目集经理不断培养所需的技能，构建动态技能库，并在信任和尊重的基础上扩大技能的多样性。

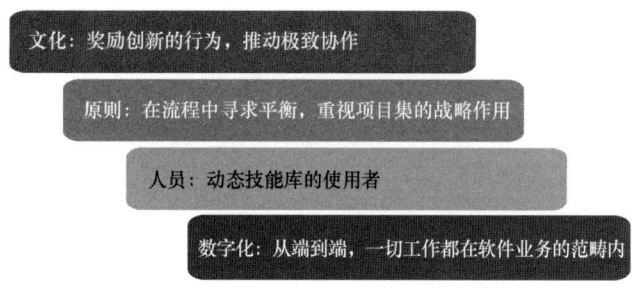

文化：奖励创新的行为，推动极致协作
原则：在流程中寻求平衡，重视项目集的战略作用
人员：动态技能库的使用者
数字化：从端到端，一切工作都在软件业务的范畴内

图 6.2 积蓄技能动力的构建模块

复习题

单选题用圆括号"（　　）"标示，多选题用方括号"[　　]"标示。

以下哪项是项目集经理应该关注和引导的技能革命的关键事项？（　　）

A. "命令与控制"文化

B. 工作方式的灵活性

C. 运用团队语言

D. 关注项目集的技术细节

布琳·布朗说："失败是创新与创造力的先驱。"为什么说思维方式的转变对未来项目集的成功至关重要？[　　]

A. 为组织提供更多的项目集管控

B. 提高风险承受能力

C. 为更好地构思创造所需的安全环境

D. 工作更具战略性

以下哪项技能动力构建模块有助于打破项目集孤岛？（　　）
A. 更加注重培养扎实的技术能力
B. 注重结构化流程的运用
C. 激励创新行为的文化
D. 只接受将共识作为决策工具

6.2 不再是传统意义上的软技能

学习要点：
- 最佳情境是，项目集经理处于技能革命的中心。（你的行动号召是什么？）
- 列出在跨项目集管理时应优先考虑的关键技能（请在各个阶段中加以使用）。
- 提升复原力。
- 建立协作规范（包括合作意图和合作强度）。
- 基于朱迪·乌姆拉斯的《感恩领导艺术》，锚定影响力技能。

6.2.1 项目集经理的角色

- 建立主人翁意识，以培养影响力技能/人际交往技能（找到建立这种意识的方法，并以价值为中心，通过达成目标来体现价值，如图6.3所示）。
- 将技能关联至项目集成功的"成功故事"（这正是让团队凝聚力更强的原因）。
- 以身作则，同时观察人才的实际表现（你站在"舞台"中央，人们关注你的一言一行）。
- 拥抱多样性（最重要的特质之一，毕竟，项目集的参与者来自不同的部门、单位、地区等）。

图6.3 通过达成目标来体现价值
来源：geralt/25607号图片

6.2.2 项目集成功的关键技能

如图 6.4 所示,项目集成功的关键技能可分为三类:性格、天赋和行为。这三类技能有助于挖掘团队的无限潜能,针对项目集的动态性提升复原力,有意识地培养人际交往技能,以确保关键的人文素养在未来依然有效并得到良好发展。

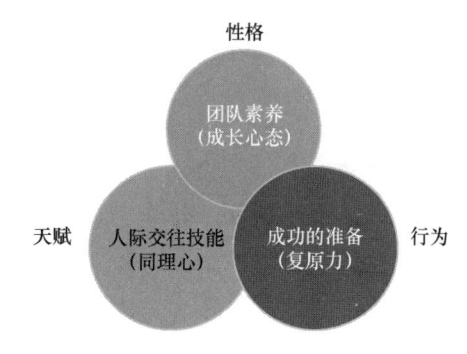

图 6.4 项目集成功的关键技能

> **提示:**
> 未来属于那些表现出成长型思维的领导者。这些领导者将利用情商来实现梦想。

6.2.3 提升复原力

成功的项目集经理意识到,复原力越强,项目集发生意外的风险就越小。

提醒:
- 在学习和适应的过程中,脆弱性是关键。
- 快速、有效地适应(面对负面影响,保持积极心态并抓住机会)。
- 在领导团队的过程中,以信任和同理心来重新定义挑战。
- 伙伴关系的作用(珍惜所学的知识以及与之相关的领导敏捷性)。
- 灵活性、创造性和战略重点的价值(驱动我们的思考和运作方式,并体现我们的领导力)。

6.2.4 协作的惯例

在未来的工作中,**协作=创新成功**(见图 6.5)。
团队健康的惯例:
- 每日检查。

- 由团队主导的项目集责任(逐级传递以提高承诺)。
- 积极的互动行为。
- 简单的规则:"闪电回合""五分钟规则""归纳总结"(例如,帕特里克·兰西奥在其《该死的会议》中提出的观点)。

图 6.5　协作=创新成功
来源:Geralt / 25607 号图片

6.2.5　卓越领导力的艺术

"认可原则"提高了项目集经理的影响力(简单且性价比高的项目集工具):

- 释放项目集团队的能量(通过授权)。
- 通过真实和真诚的方式来认可团队绩效,以维持项目集的收益。
- 研究显示,认可具有积极的情感和物质价值(毫不奇怪,因为人们会在特定的认可下茁壮成长)。
- 裁剪认可的方式,以获得最佳的结果。

> 提示:
> 项目集经理是认可原则的实践者。项目集经理善于运用这种影响力技能与团队建立更深层次的联系,并取得卓越的成果。

复习题

单选题用圆括号"(　　)"标示,多选题用方括号"[　　]"标示。

以下哪项有助于项目集团队为项目集提供有力的支持?(　　)

A. 在开始工作之前,始终确保有详尽的需求

B. 培养成长型思维

C. 始终遵循"客户至上"的原则

D. 尽可能上报项目发起人

> 以下哪些做法有助于提升项目集团队的复原力？［　　］
> A. 表现出无所畏惧的精神
> B. 重塑挑战
> C. 利用合作伙伴关系来协助管理意外风险
> D. 加强战术层面的专注度
>
> 以下哪项与认可原则的重要性有关？（　　）
> A. 感谢团队成员所做的一切
> B. 项目集团队更加努力工作
> C. 积极的情感和物质价值
> D. 使用相同的致谢方式以保证一致性

6.3 项目集成功的纽带

> **学习要点：**
>
> - 思考比尔·盖茨的评论："庆祝成功固然好，但更重要的是吸取失败的教训。"（从不会做的事情中学习，可能非常有效。）
> - 建立一致性，重塑沟通和文化的作用（以身作则，活用技能）。
> - 推进项目集的隐藏障碍。
> - 审视 EFQM 模型及关键技能。

6.3.1 庆祝成功

大家似乎对于庆祝成功的重要性缺乏足够的认识。项目集经理应当在项目集生命周期的各个阶段，适时地停下脚步，创造并把握机会来举办庆祝活动（见图 6.6）。因为，这不仅是对团队辛勤付出的认可，而且也是激发团队凝聚力和前进动力的有效方式。同时，我们也应当正视失败，特别是那些蕴含着深刻经验教训的失败（这类失败常常能为业务增长带来长期、积极的战略影响）。因此，及时总结和吸取经验教训，无疑具有极高的价值。更为关键的是，我们需要学会在成功与失败之间保持平衡，从中汲取智慧，这是我们作为管理者需要努力培养和提升的重要能力。

为什么从项目集失败中吸取经验教训很有价值？
- 人类大脑很容易记住错误。
- 营造安全感能促进团队毫无顾忌地学习。

- 适时庆祝能鼓励人们关注价值（在工作尚未完成时，利用这个时机与团队建立更紧密的联系）。

图 6.6　庆祝活动
来源：JillWellington / 2139 号图片

6.3.2　沟通和文化在保持一致性方面的作用

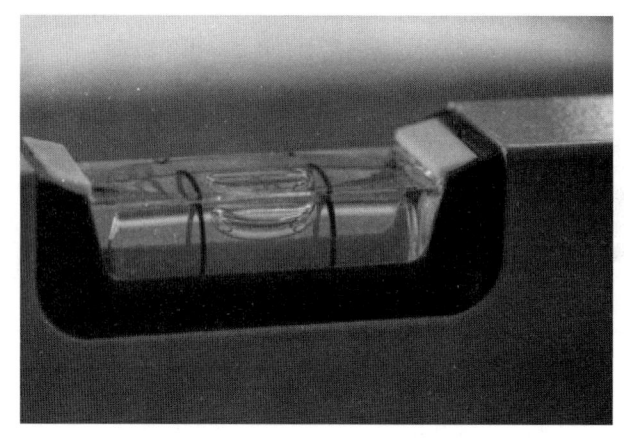

来源：planet_fox / 2756 号图片

- 适当赋予决策权（发起人的作用为成功奠定了基础）。
- 团队要勇于承认错误（保持谦虚的态度，认识到我们并非无所不知）。
- 分享估算的数据（在进行估算时，要积极争取团队的认同）。
- 发挥以团队为中心的领导力（团队的经验需要得到维护）。
- 将项目集管理视为一种战略能力。

项目集推进的障碍：

- 官僚主义将权力集中在少数人手中（在未来十年里，这种做法是行不通的）。
- 高管缺乏安全感（可能会暴露问题）。
- 对于实施失败的风险感到恐惧（这取决于领导者如何强调从失败中学习的重要性）。

- 对于虚拟团队成员和合作伙伴的不同观点缺乏包容（这不可取，我们应该珍视并寻求互补的观点）。
- 存在一种机制，它能过滤掉坏消息，防止其传到高层（展示 ROI，以及如果我们不尽早分享这一消息会造成的投资损失）。

6.3.3　EFQM 模型中的影响力技能

感知会影响对成功的评估，同时也对项目集管理者在未来工作中的领导力产生深远的影响。因此，在评估项目集的成功时，项目集管理者应主动管理和引导干系人（使干系人参与），以便他们能更全面地认识项目集真实的成果和收益。项目集的真正价值是，通过动态的技能再培训和技能提升，我们能够改变人们的固有看法，使他们深刻认识到项目集带来的长远影响。文化融合则基于共创的理念。我们越能够跨文化融合，越能够掌握项目集成功所需的多元化技能。如图 6.7 所示，EFQM 模型中包含了上述影响力技能。

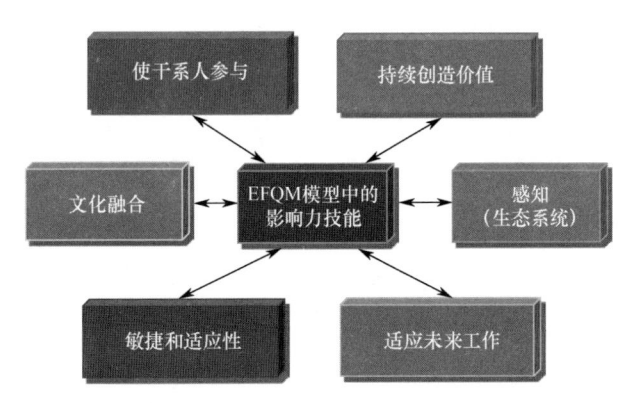

图 6.7　EFQM 模型中的影响力技能
来源：改编自 EFQM

> **提示：**
> 影响力技能为我们提供了适应未来工作的能力。可维持的项目集价值建立在一种文化之上，这种文化使生态系统具有适应性，并能有效地使干系人参与其中。

复习题

单选题用圆括号"（　　）"标示，多选题用方括号"[　　]"标示。

以下哪项说明了沟通和文化在保持一致性方面所起的重要作用？（　　）

A. 记录所有的项目集互动

B. 为项目集团队提供简单的路线图和章程

C. 持续召开项目集会议

D. 以领导者为中心的领导方式

哪些隐藏的项目集障碍会持续影响项目集的成功？ [　　]

A. 各业务部门的协调一致

B. 对于实施失败的风险感到恐惧

C. 分享坏消息

D. 对多样性缺乏包容

以下哪项 EFQM 模型中的技能主要是通过项目集经理的假设管理能力来提升的？（　　）

A. 适应未来工作

B. 文化融合

C. 感知（生态系统）

D. 持续创造价值

6.4 熟练掌握影响力技能

> **学习要点：**
> - 运用帕特里克·兰西奥尼的"团队协作的五大障碍"模型，为组建高绩效的项目集团队奠定基础（确保团队保持专注）。
> - 项目集经理可运用该模型来塑造文化和氛围，从而更好地利用技能的杠杆效应。
> - 反思 CMMI 及其他成熟度模型，有助于团队掌握技能并追求卓越。
> - 自我领导和复原力（包括管理压力）。

6.4.1 团队协作的五大障碍模型

如图 6.8 所示，帕特里克·兰西奥尼提出的"团队协作的五大障碍"模型深刻剖析了导致团队功能障碍的五个挑战，并为我们提供了有效应对这些挑战的解决方案。这一模型无疑成了项目集管理者不可或缺的工具之一。在有凝聚力的团队中，模型的顶端显示了对共同成果的关注，这意味着健康且团结的团队将齐心协力，专注于实现项目集的共同目标。然而，在功能障碍的团队中，政治斗争与个人利益的博弈往往占据上风，导致团队无法将精力集中在关键成果的实现上。

在模型中，第 2 层（冲突/惧怕冲突）是非常重要的，涉及处理和利用冲突。冲突本身并非总是负面的，关键在于团队如何妥善应对。当团队处在充满信任的环境中，能够公开且有建设性地讨论问题时，冲突便能转化为推动创新和增强团队凝聚力的强大动力。相反，功能障碍的团队往往难以有效地应对冲突，这无疑会阻碍团队的发展和进步。

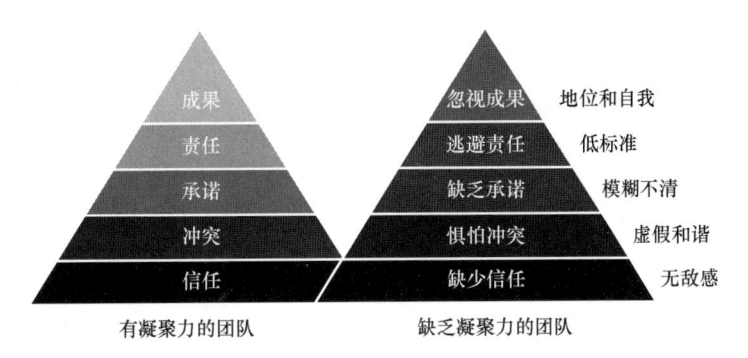

图 6.8 "团队协作的五大障碍"模型

来源：帕特里克·兰西奥尼的《团队协作的五大障碍》

值得注意的是，团队的发展是一个循环往复、不断进化的过程。一个团队可能在某些方面取得显著的进步，但随后也可能面临新的挑战，需要重新审视并调整之前的步骤。

> **提示：**
> 领导者应以信任为基石，鼓励并允许团队成员开展深入且关键的讨论。这种由信任构筑的安全感能够使团队成员勇于担当，对结果负责。

6.4.2 发挥技能的杠杆作用

来源：WOKANDAPIX / 1264 号图片

> **提示：**
> - 树立最有影响力的领导者典范（这需要展现领导者的风貌，做到言行一致，不断实践并精进自己的技能）。
> - 激发并保持持续的学习欲望（要将这种精神传递给团队中的每位成员，共同营造一个积极向上的学习氛围）。
> - 在保持领导者独特魅力的同时，更加自信地运用影响力技能，力求在每个细节上都做到尽善尽美。

- 勇敢地面对更为复杂和艰巨的挑战（这不仅是突破自我、实现个人成长的重要途径，而且也是将自己置于更广阔的舞台、接受更大考验的必经之路）。
- 熟练掌握从个人视角到系统视角的灵活切换（这需要在实践中不断磨炼和提升，例如，在处理问题时既能俯瞰全局，又能深入了解细节，真正做到游刃有余）。

6.4.3 成熟度模型

- 熟练掌握是一个不断重复"成功模式"的过程（并非一蹴而就）。
- 所有成熟度模型，包括CMMI、Kerzner等，都强调持续改进的重要性（见图6.9）。
- 营造一种追求项目集卓越的文化氛围是至关重要的（以主人翁的心态，致力于为卓越成果创造最佳的环境和条件）。

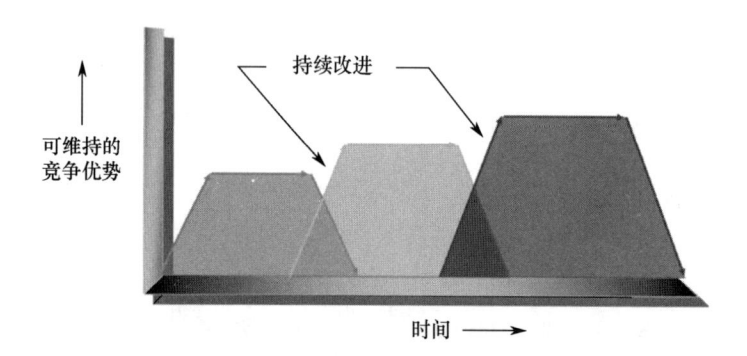

图6.9 成熟度模型中的持续改进

6.4.4 自我领导和复原力

图6.10提醒我们，未来最重要的影响力技能之一就是压力管理。随着项目集复杂度的增加和期望值的提高，压力管理将变得越来越有价值。压力管理包括以下能力：

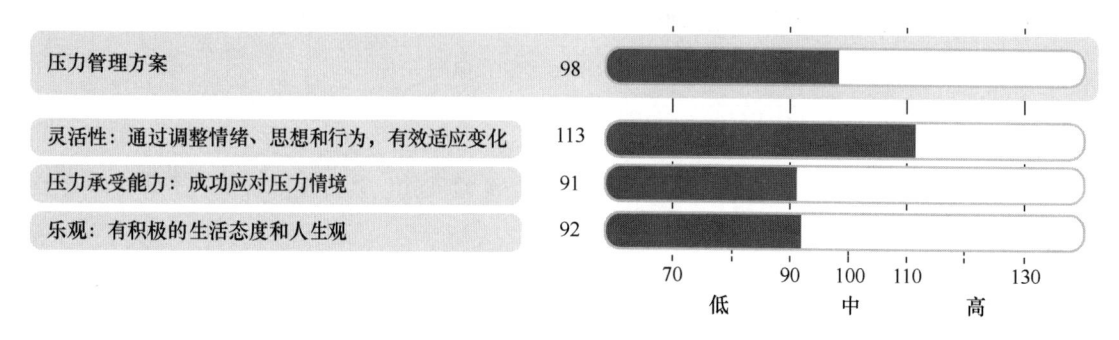

图6.10 压力管理示例

来源：采用EQ-i2.0测量情绪和社会功能的五个不同方面

- 灵活性。通过调整情绪、思想和行为，有效适应变化。
- 压力承受能力。成功应对压力情境。
- 乐观。有积极的生活态度和人生观。

> **提示：**
> 未来的领导者应培养自身的压力管理，这将赋予他们适应变化的能力，并运用他们的积极心态推动变革。

复习题

单选题用圆括号"（　　）"标示，多选题用方括号"[　　]"标示。

以下哪项可能造成虚假和谐，进而导致项目集团队的功能障碍？（　　）

A. 注重结果

B. 害怕冲突

C. 承诺

D. 缺乏信任

以下哪些方法有助于提高人际交往技能的成熟度？[　　]

A. 借鉴他人的经验

B. 学习欲望

C. 灵活切换视角

D. 选择领导简单的项目集

以下哪项是成熟度模式对掌握技能的贡献？（　　）

A. 第5级可确保项目集的成功

B. 战略将文化视为重要因素

C. 所有成熟度模式都以持续改进为核心

D. 掌握技能是最终目标

6.5 项目管理专业人员

> **学习要点：**
> - 项目集经理是组织的收益战略专家（这是项目集经理角色的最大转变）。
> - 为何专业的项目集管理很重要。
> - 了解获得认证背后的实践（如何获得认证？）。
> - 如何克服"获得认证意味着能成功地管理项目集"的错误认知（更加注重过程）？
> - 获得PMI-PgMP®所需的思维方式和实用技巧（使用专业语言，包括认证所涉及的一切要素）。

6.5.1 收益战略专家

来源：Positive_Images / 151 号图片

就像这幅展示棋手高超技艺的照片一样，这让我们意识到，可以在跨时代、跨专业领域的层面提升收益战略专家的战略素质。

- 在未来，项目集经理是关键的角色。
- 负责项目集全生命周期的收益管理（项目集管理的关键纽带，确保将干系人紧密连接在一起）。
- 应具有跨部门的思考能力（改变思维方式）。
- 具有多元化的观点。
- 在项目集管理工作实践中，提供专业的辅导（什么是正确的，什么是不正确的，等等）。

6.5.2 PMI-PgMP®的价值

- 专业性至关重要（体现了项目集管理者的承诺）。
- 使用统一的项目集语言（有助于团队合作）。
- 能够展现整个生态系统的实践成熟度（这得益于众多参与者的积极投入和协作）。
- 在团队及其子团队之间，建立信誉，保持一致性。
- 成功应对不确定性和复杂性（通过良好的训练和实践，以及获得认证来实现）。

6.5.2.1 获得认证

如图 6.11 所示，要获得如此重要的 PMI-PgMP®认证，就必须严格要求自己，做好充分的准备，并将多个领域的学习成果和专业知识整合在一起，以展示领导者的能力。

- 作为项目集经理开展工作。
- 培养项目集思维（如我们在本书中的历程）。

图 6.11 获得 PMI-PgMP®认证
来源：knowledgetrain / 3 号图片

- 参加培训和辅导。
- 理解 PMI 推出的《项目集管理标准》（识别并弥补你在理解和准备方面的不足）。
- 完成严格的认证审核流程。
- 通过小组审查和认证考试。

6.5.2.2 认证并不是终点，而是过程

- 对于认证目标的误解（工作方式的改善需要持续的学习过程）。
- 保持行为的一致性非常重要。
- 以结果为证。
- 对项目集团队的影响（你需要改变自己的做事方法，并展示应如何消除障碍）。
- 对团队文化建设的贡献。

来源：piviso / 63 号图片

6.5.3 有关项目集经理思维的实用建议

在图 6.12 中，总结了项目集经理为形成项目集经理思维所需的要素。基于这些要素，对项目集经

理有如下建议：具有战略眼光，建立发起人的角色并深化双方的伙伴关系（发起人的角色和关系），关注收益的生命周期，有担当（包括组建团队），使干系人参与，提供辅导，作为项目集经理及认证的专业人员要展现出整体领导者的形象（整合要素的影响）。

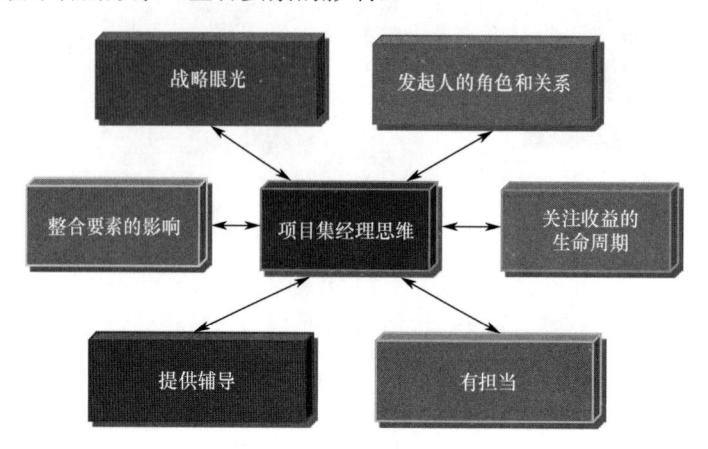

图 6.12 项目集经理思维

提示：

要获得 PMI-PgMP®，领导者应理解战略，具有足够的能力来掌控收益，与发起人密切合作，并能有效地进行辅导。

复习题

单选题用圆括号"（　　）"标示，多选题用方括号"[　　]"标示。

以下哪项有助于项目集经理成为项目集收益战略专家？（　　）

A. 具有强烈的主见

B. 应具有跨部门的思考能力

C. 专注于规划阶段

D. 树立行动倾向

以下哪些是成为 PMI 项目集管理专业人士的关键步骤？[　　]

A. 获得良好的项目集审查结果

B. 培养项目集思维

C. 理解 PMI 推出的《项目集管理标准》

D. 讨人喜欢

以下哪项是项目集经理思维的关键要素？（　　）

A. 提高反应能力

B. 关注可交付物

C. 整合要素的影响

D. 指挥团队

第 7 章 数字化的未来

数字化浪潮正奔腾而至，ChatGPT 作为 AI 突破性进展的一个鲜明例证，将深刻影响项目集团队的工作方式（例如，通过 AI 来获取信息和洞察趋势，能提升项目集经理的工作效率）。项目集经理应深刻认识到，在数字化浪潮中，他们扮演着至关重要的推动者角色。他们必须深刻认识到 AI 对未来工作流程的深远影响。

在本章，你将深入探索数字化解决方案在精准把握项目集背景方面的关键作用。你将了解颠覆性数字技术的发展趋势，以及这一变革对项目集和项目集经理的潜在影响。

此外，你还将学习"人类 2.0 方程"及其在构建人际联系和塑造人类未来工作方式中的应用。这将对项目集团队在数字化浪潮中寻求平衡，应对日益增长的混合工作方式具有重要的指导意义。

> **学习要点：**
> - AI 会在不久的将来迅速消失吗？（这确实令人怀疑。）
> - 在项目集管理领域，可用的数字化解决方案究竟有多丰富？（这一点对你的项目集经理角色将产生何种影响？）
> - 如今，每个组织都已逐渐转型为软件公司（多年来，这一趋势已愈发明显，并正逐渐成为主流）。
> - 数字化集成与其带来的差异化（数字世界正发挥着举足轻重的作用，它与我们之前探讨的影响力技能相结合，可对项目集经理产生直接且深远的影响）。

7.1 AI 将持续伴我们同行

未来的工作将高度数字化，而 AI 有望在其中扮演举足轻重的角色。经过多年的发展和完善，AI 已步入一个全新的阶段，各点之间的连接已完全打通。因此，有价值的见解得以被迅速捕捉和共享，并且其速度之快是前所未有的。作为非常特殊的项目集/项目工作的"推动者"，AI 的影响力不容忽视，它也必将长期存在并持续发挥作用。

7.1.1　AI 与项目集

在项目集管理方面，应用 AI 能够显著提升智能运营的效率，增强成果的准确性，并提升决策能力。为何 AI 能够影响项目集并持续存在呢？

如图 7.1 所示，在那些与项目集成功不直接相关的领域，AI 同样能够节省大量原本被浪费的时间。

图 7.1　AI 能够节省大量原本被浪费的时间
来源：geralt / 25607 号图片

- 在各个行业中，AI 正在呈爆发式增长。
- AI 能够在短短几秒钟内分析大量数据，可有效优化项目集的决策过程（提升决策的速度和质量）。
- 当前，大规模的 AI 投资正在深刻地改变着社会的生活和工作方式，将对我们的生活质量产生积极的影响。

很多项目集工作领域都能从 AI 中获益。例如，ERM 便是这些关键项目集领域中的一个。机器学习及其算法能够提升项目集经理预测项目集风险概率和影响的能力，甚至能够提出最有效的风险应对策略。AI 强大的预测分析还有助于项目集经理更好地制订计划。此外，报告的自动化不仅提高了报告的质量，而且还能帮助项目集经理快速识别模式，为其提供更多时间来思考战略，使他们对重要决策充满信心。

> **学习要点：**
> 未来的项目集领导者将采用不同的运营方式。AI 正成为"变革者"，将提升领导者的工作质量，从而获得更好的工作结果。

7.1.2 项目集经理的数字化解决方案

来源：geralt / 25607 号图片

- 大量的规划与控制软件。
- 基于成熟的数据分析技术构建的自动化仪表板（确保团队间的决策无缝衔接）。
- 实现报告与决策的移动端解决方案（将变化可视化并实时呈现出来）。
- 在全球范围内，实现项目集团队的无缝互动（边界正在逐渐消失）。

7.1.3 我们是软件公司

未来已至。各行各业都在加快数字化步伐，软件即服务（Software as a Service，SaaS）也不例外。如今，每个企业都像软件公司一样运作，这种转变已成为组织 DNA 中的关键属性，也彻底改变了我们的工作方式和做事方法。

在以下方面，软件对项目集领导者的工作同样产生了深远影响：

- 如何规划？
- 如何生产？
- 如何实现与客户和用户的流畅互动？
- 如何销售（仿真体验）？
- 如何合作？

- 如何跟踪业绩（快速重回正轨）？
- 如何学习和提升（成为学习型组织）？

7.1.4 数字化集成：变革的驱动力

单个要素固然重要，但数字化集成能够更快、更有效地扩大成果和收益。这使我们能够：

- 以不同的视角看待客户。
- 获取海量有用的数据，通过数字手段理解和充分利用这些数据（以获得洞察力，并简化流程）。
- 与战略结合、转向云计算、利用 AI 和 IoT 技术，这些场景都使"集成"成为数字化未来（这涉及集成的资本化、与商业战略的联系、与客户的新型关系）的核心。
- 例如，通过使用 C3.ai 平台。
  - 组织能够连接数据集，以获得有用的洞察。
  - 展示项目集的价值。
  - 做出有效的商业决策（更快的反馈，更高的决策质量）。

复习题

单选题用圆括号"（　　）"标示，多选题用方括号"[　　]"标示。

以下哪项表明 AI 将长期存在，并有助于提升项目集决策能力？（　　）

A. 对开放性的需求不断增长

B. 需要在数秒内分析大量数据以完善项目集的决策

C. 政府对此十分期待

D. 团队成员喜欢使用小工具

以下哪些指标表明大多数组织已成为软件公司？[　　]

A. 每个组织都喜欢亚马逊模式

B. 跟踪项目集绩效的方法

C. 存在大量的项目集制约因素

D. 销售及与客户互动的方式

以下哪项体现了加强数字化集成的重要价值？（　　）

A. 未来将不需要人类

B. 管理层要求这样做

C. 从大量项目集数据中获取有价值的信息

D. 塑造组织更好的形象

7.2 数字化的优势

> **学习要点：**
> - 利用西蒙·斯涅克的《无限游戏》中的概念来挖掘数字化的优势（发挥数字技术的潜力）。
> - 通过西门子公司的仿真案例展示如何构建数字能力（共创）。
> - 利用低代码平台开发特定行业的应用，推动数字企业的发展（预测这将如何影响我们的工作方式）。
> - 审视 ERM 与数字化解决方案成功之间的联系（将不确定性转化为机会，这正是数字技术所赋予我们的能力）。

7.2.1 无限游戏

无限游戏的心态有助于实现项目集的战略价值。

目标明确、信任及其与协作环境的联系、求生的意志、勇敢的态度，以及安全的环境（为促进潜在的增长），都是促进领导者和企业释放"无限增长"潜力的心态。在图 7.2 所示的各维度（无限游戏的心态）中，信任团队的同时要勇于领导，这是项目集领导者推动变革和联系各方干系人的核心价值。这些要素增加了项目集团队实现无限增长的概率。

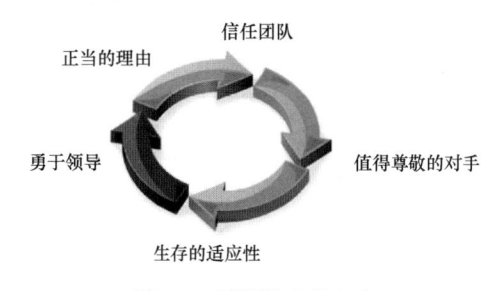

图 7.2 无限游戏的心态
来源：改编自 tradeanatomy 网站

> **提示：**
> 项目集经理已经做好了参与"无限游戏"的准备。项目集的工作需要有意义的目标和引领变革的勇气。

7.2.2 数字孪生[①]

- 数字孪生的虚拟实体精准映射了物理世界的实际状况，将海量数据转化为提升项目集决策质量

[①] 改编自本书作者所著的西门子公司白皮书《模拟中心：数字孪生的核心》，该白皮书倡导运用数字思维来交付和扩展未来的创新解决方案。

的深刻见解，从而显著节省了成本，并助力项目集经理快速采取行动。
- 数字线程负责将各个数字化赋能流程紧密相连，构建出一个高度集成的数字生态系统，实现多种能力的无缝衔接与高效协同。
- 数字线程关乎战略聚焦、速度、敏捷性和严谨性，它确保了项目集执行的高效与精准。
- 仿真技术为有效挖掘可复用的资产提供了强大的支持，从而加速了项目集创新的步伐。通过识别解决方案和产品之间的共性，我们得以构建更加完善的学习体系，推动持续进步。
- 凭借数字章程的指引，可将复杂的项目集拆解为更易管理的组件项目。这不仅提升了项目集管理的清晰度，也确保了能精准把握成功要素，为项目集的顺利推进奠定了坚实基础。

7.2.3 低代码平台

来源：geralt / 25607 号图片

- 到 2024 年，在软件开发领域，低代码的开发量已占总开发量的 65%以上。
- 对于项目集经理而言，这为何会是颠覆性的变革？
  - 有助于发展自主权。
  - 推动生态系统转型（消除瓶颈）。
  - 将想法与现实紧密连接（这正是在战略执行中常见的关键差距）。

7.2.4　ERM 和数字化解决方案的成功

如图 7.3 所示，ERM 不仅有助于我们提升对价值的敏感度，而且还能通过数字技术构建出清晰的仪表板，为转型决策提供有力支持，并指明发展方向。这使我们得以在一个透明、开放的实验环境中更自如地探索与实践，同时培养出像海绵一样善于吸收新知、灵活适应变化的学习心态。

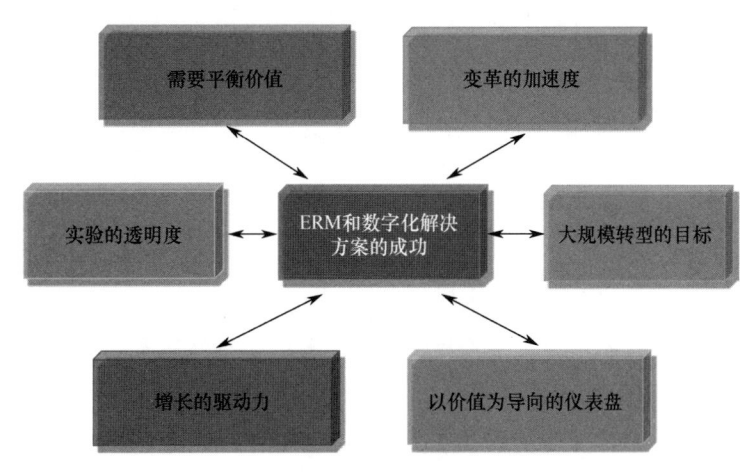

图 7.3 ERM 和数字化解决方案的成功
来源：改编自 Exo works

> **提示：**
> 借助数字化应用来强化 ERM 能力，可使我们做出更明智的决策。这种强化带来的透明度不仅加速了变革的进程，还重新确立了价值的核心地位。

复习题

单选题用圆括号"（　　）"标示，多选题用方括号"[　　]"标示。

以下哪项阐释了无限游戏的心态，并能与项目集经理角色的变化紧密相连？（　　）

A. 值得竞争的对手

B. 领导的勇气

C. 灵活性

D. 信任

数字线程如何帮助我们提升速度，增强敏捷性和保持严谨性？[　　]

A. 通过在整个项目集生命周期中加强结构化管理来实现

B. 通过在生态系统中连接数字化赋能流程来实现

C. 通过将项目集团队成员转变为精通技术的人来实现

D. 通过高效寻找可复用的资产来实现

以下哪项表明可以运用 ERM 的思维方式来促进项目集的成功？（　　）

A. 加强对变更的控制

B. 重点关注治理规则的应用

C. 支持实验中的透明度

D. 仅使用业务仪表板

7.3 智能管理

> 学习要点：
> - 构建信用账户，以增强对数字技术的信心。
> - 西门子艾闻达公司涉及的 IoT 实施挑战的示例。
> - 深入理解：项目集执行的核心在于授权和客观决策（管理偏见）。
> - 探究偏见和健康趋势的作用，以加强项目集治理（智能管理的基础在于数据如何帮助我们更高效地工作，从而使我们有更多的时间来维系人际关系）。

7.3.1 信用账户

- 如图 7.4 所示，数字化程度越高，信用账户越有价值（数字化带来了诸如网络安全，以及组织行为的变化）。

图 7.4　信用账户
来源：geralt / 25607 号图片

- 未来的工作是以信任为中心的。
- 通过关键对话来建立和保护信用账户（将安全理念融入组织文化）。
- 如果能在商业上取得成功，其原因是显而易见的，那就是不被困难打倒（成熟的数字素养可以支持这一点）。

达美航空公司（Delta Air Lines）首席执行官埃德·巴斯蒂安表示："信任是商业基础和商业结构赖以存在的'货币'。"

> 提示：
> 领导者应该建立信用账户。这种能力使我们能够专注于使用数据对重要事项进行有效决策。

7.3.2 实施 IoT 的挑战[①]

来源：Tumisu / 1245 号图片

- 在受访的高管中，有：
  - 90%的人无法确定 ROI（异常数据）。
  - 46%的人担心变更管理。
  - 36%的人关注网络安全。
  - 55%的人畏惧新的运营方式（历史包袱过重，或者陷入舒适区）。
- 解决方案：
  - 将基于风险管理的战略与明确的目标、敏捷变更管理、数字化应用和过程资产的逐步引入相结合（这是逐级推进战略的关键）。

7.3.3 授权和客观（理性）决策

Booz Allen Hamilton 公司的"秘方"案例有力地说明了授权与高效决策是如何相得益彰的：

---

① 根据 2019 年的《哈佛商业评论脉搏调查》，并改编自西门子艾闻达公司的案例。

- 设置战略保护/护栏？（仅限参数。）
- 决策逐级传导的神奇效应。高管分享了决策背后的原因及部分具体做法，如何真正培养和授权人员来帮助企业领导者实现目标（有助于成为指挥家角色）。

项目集发起人的关键作用是，为做出客观决策而营造合适的安全环境（否则人们会对其进行抵制，这样会产生更多的制约因素）。

7.3.4 加强项目集治理的健康趋势

图 7.5 显示了一系列健康的治理实践，这些实践有助于塑造成功的项目集环境，并形成健康的治理趋势。这些治理实践（贯穿各个层级）包括：非官僚体制（多样化的工作方式）、轻量级的流程管理（代表着未来的发展方向）、战略执行办公室（PMO 转型为战略执行办公室，这将帮助项目/项目集的管理者实现全面的成功）、勇于面对失败、敏捷和自适应（帮助人们更好地适应环境/现状）、数字化取代人工操作（促使决策者运用技术，从而优化他们的时间分配，例如，减少管理战略风险所花费的时间）。

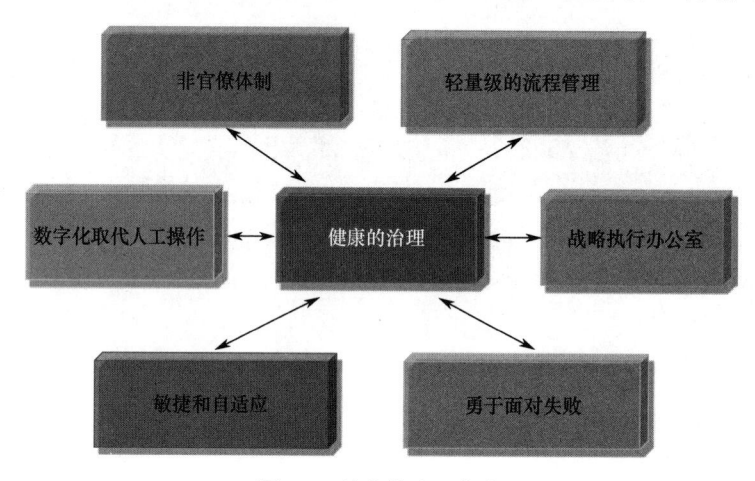

图 7.5 健康的治理实践

复习题

单选题用圆括号"（　　）"标示，多选题用方括号"[　　]"标示。

以下哪项说明数字化程度越高，信用账户就越有价值？（　　）

A. 减少项目集团队成员之间的冲突
B. 通过关键对话建立和保护信用账户
C. 注重创造和谐的环境
D. 网络安全漏洞

以下哪些解决方案能有效缓解高管对实施 IoT 的 ROI 和变更管理挑战的顾虑？[　　]

A. 敏捷的变更管理

B. 保持资产不变

C. 规划一个风险驱动的战略

D. 将目标的制定留给实施团队

以下哪项在确保决策客观性的同时，最能体现治理实践的卓越性？（　　）

A. 设立指导小组，以加强控制措施的使用

B. 战略执行办公室

C. 由团队来推进简单的人工操作流程

D. 所有干系人

7.4 沟通的本质在于人

学习要点：

- 反思理查德·费曼的说法："我宁愿要无法回答的问题，也不要无法质疑的答案。"（本书从各章节的多个角度回答了这个问题，关键信息是，冲突和批判性思维非常重要。）
- 运用有力的问题，确保数字化的实施达到适宜的程度。
- 改变跨项目集团队的工作方式和混合工作方式（从合作的方式中可以明显看出）。

7.4.1 问题的价值

身为项目集经理，并不意味着你要知道所有问题的答案：

- 初学者思维对未来项目集经理的价值（开放式思维、实验精神和好奇心是数字化价值的关键所在）。
- 质疑对于培养批判性思维至关重要（是否存在局限性，为什么？）。
- 提出有说服力的问题（拟定问题清单，根据不同的人群定制问题）。
  - 是否有其他办法来解决这个问题？
  - 如果……那么会发生什么？
  - 情况总是这样吗？会有例外吗？

作为未来的领导者，你应该通过提问来展示项目集背后的 ROI，以确保实现价值。

7.4.2 有说服力的问题和数字化

- 如图 7.6 所示，项目集经理应进行反思，并借助有说服力的问题来实现数字化带来的最有价值

的成果。例如，当前的运营模式和流程是否支持数字化？（如变革管理、学习、数字素养、成熟度。）

图 7.6 有说服力的问题
来源：Tumisu / 1245 号图片

- 什么是项目集干系人的数字素养？
- 有哪些保障措施可以最大限度地减少偏见并发挥人的作用？（如何巩固已取得的数字化成果？）
- 在项目集沟通方面，有哪些预期的改进？（数字化的核心在于改进沟通，并确保我们及时做出正确决策。）

7.4.3 混合工作方式

如图 7.7 所示，在未来，传统的工作方式将从组织中消失，并转向混合工作方式。我们将看到，共创将成为一个关键要素在组织中传播，而服务型领导者则会借助数字化解决方案来更好地为团队提供支持。

传统项目集管理	混合项目集管理
项目集的需求通常从一开始就被明确定义	项目集的需求是动态变化的，并基于在整个项目集中与商业领袖和客户的价值共创而形成
通过严格的治理实践+项目集发起人的指导，强调收益	掌握数字化解决方案的服务型领导者能够快速、有效地做出决策

图 7.7 混合工作方式

复习题

单选题用圆括号"(　　)"标示，多选题用方括号"[　　]"标示。

以下哪项体现了"初学者思维"在应对复杂项目集挑战时的重要性？(　　)

A. 更加注重项目集战术层面的工作

B. 提出有说服力的问题

C. 易于数字化应用

D. 迅速达成共识

在项目集团队应用数字化的准备度方面，以下哪些项至关重要？[　　]

A. 确保提供强有力的治理

B. 关键干系人的数字素养

C. 项目集涉及全球区域的数量

D. 为减少偏差而采取的保障措施

以下哪项体现出正朝着混合项目集工作方式进行转变？(　　)

A. 明确定义的需求

B. 在整个项目集中与客户共同创造价值

C. 项目集发起人的参与度高

D. 明确确定的业务目标

7.5 实现平衡

学习要点：

- 使用组织健康度指数（Organizational Health Index, OHI）来设定和维持绩效（重要事项的基础，实现平衡）。
- 反思迪士尼幻想工程的示例，以展示人与技术之间的平衡（具有高度敏感性）。
- 通过应用人类2.0方程，展示在数字化元素丰富的项目集中，如何恰到好处地平衡人员要素（取决于人们在成熟度阶段中的位置）。
- 使用故事完成停止、开始和继续学习的工作清单。

7.5.1 维持绩效

- 如图7.8所示，麦肯锡公司通过关注领导力（引导团队以价值为导向）、工作方式和创新来维持绩效（绩效卓越取决于一致性）。

来源：489327 / 3 号图片

- 卓越的项目集环境取决于项目集团队始终能平衡、执行和交付可重复的有效成果（这是做到卓越的关键）。

项目集经理可以使用图 7.8 所示的维持绩效阶梯来提醒自己在价值创造与成果一致性之间保持平衡，从而为组织的逐渐成熟开辟一条道路。

图 7.8　维持绩效阶梯
来源：改编自麦肯锡 OHI

7.5.2　迪士尼幻想工程

回顾在第 3 章中提过的迪士尼幻想工程的故事，这是一个引人入胜、激发灵感的故事（见图 7.9）。

- 使用数字技术整合客户的观点，激发梦想的无限潜力（为客户创造完美的体验）。
- 人与技术之间的联系为项目集的成功建立了新的人类方程（例如，虚拟空间和数字孪生的真正利用）。

这个案例强调了在数字化与人类之间取得平衡的必要性。

图 7.9　激发灵感的故事
来源：dweedon1 / 15 号图片

7.5.3　人类 2.0 方程

未来不仅属于数字技术，更属于人类。
- 适应性思维需要对人类方程式有新的观点。
- 方程的核心是谁最擅长描述清晰的画面（见解、主题、观点）……作为项目集经理，需要具备系统思维。
- 在验证过程中，方程中的 4 个元素清晰可见。
    - S =**感知**（非常重要）。
    - I =**意向性**（实验和协作）。
    - T =**深思熟虑**（获得更多的时间，这是数字化带来的直接优势）。
    - E =**能量**（将政治影响最小化）。

> 提示：
> 未来领导者最关注的是成功使用数字技术（方程中人性化的一面）。

7.5.4　停止、开始和持续学习

这个简单的工具对于培养项目集团队的初学者思维至关重要。
- 如图 7.10 所示，项目集经理需要培养海绵式学习思维（挤出不需要的内容，如忘却旧知、重新学习等）。
- 持续学习以及项目集的行为意识与变革[采用智能的工作方式，并使用如图 7.11 所示的指导性持续改进（Guided Continuous Improvement，GCI）模板来不断实践]。

图 7.10　海绵式学习思维

来源：geralt / 25607 号图片

停止	开始	持续学习

图 7.11　GCI 模板

> **提示：**
> 项目集经理应该掌握这种简单的项目集学习方法。他们应该有勇气停止、开始，然后保持谦虚、持续学习。

复习题

单选题用圆括号"(　　)"标示，多选题用方括号"[　　]"标示。

以下哪项给出了维持项目集绩效的三个组成部分？（　　）

A. 一致性、可重复性和控制措施

B. 工作方式、价值和一致性

C. 开始、停止和继续

D. 价值、强一致性和沟通

以下哪些是人类 2.0 方程的关键组成？[　　]

A. 在进行项目集对话时深思熟虑

B. 感知项目集干系人不断变化的需求

C. 打破思维限制

D. 保持项目集团队的活力和激情

停止、开始和持续学习的价值是什么？（　　）

A. 强化项目集团队的结构

B. 主要关注点是捕捉失败案例

C. 在学习上保持平衡的关注度

D. 不要过分关注时间压力

第 3 部分

项目管理办公室（PMO）
——战略执行部门

概述

第 3 部分探讨了如何进一步扩展项目集管理能力和领导能力，揭示了未来项目集管理办公室（Program Management Office，PMO）的关键原则。你的旅程正朝着未来非常重要的工作方向迈进，这包括关注创造价值、共同创造、提升项目集治理，并通过成为驱动未来有效商业文化的学习引擎，为企业创造价值。

你将有机会学习和理解如何培养以价值为导向的思维模式，这是 PMO 成功的秘诀。你将学习多种有效的混合方法来组织你的项目集工作，同时以战略敏捷性和平衡的风险管理实践来进行治理。我们将通过示例和案例研究，让你深刻理解 PMO 作为端到端的能力、工具和流程的推动者的重要性和运作机制。我们将展示一种学习文化，帮助你始终关注项目集的收益，并增强持续改进的能力。

学习要点

- PMO 作为组织关键战略执行部门的重要性。
- 花些时间回顾，并在日历上设定提醒，专心思考卓越执行的实践和策略。
- 使战略执行和项目集交付方法符合项目集工作的要求。
- 了解如何为自己的业务或未来的组织创造成果，并实现至关重要的商业价值。
- 借助 PMO 的使命和实践打造有影响力的未来学习型组织。

关键词

- 学习文化。
- PMO。
- 混合工作。
- 基于风险管理的治理。
- 共同创造。
- 价值思维。

第 8 章 价值驱动的项目集与混合工作

本章着重探讨将项目集设计成价值驱动型战略执行工具的重要性，该设计的主导部门仍是 PMO。该部门的名称可能有所不同，但拥有一个持续推进价值文化的中心机构是必不可少的。本章还强调了对最适合特定项目集的交付方法保持敏感性的重要性，并据此进行组织安排。

项目集经理需要确保项目集是以价值驱动的，这是项目集经理的核心职责。他们是未来影响力的驱动者。

> **学习要点：**
> - 了解如何创建价值驱动的工作方式。
> - 深入了解培养价值思维的要素。
> - 将 PMO 视为推动战略的合作伙伴，并在 PMO 中解决建立信任的问题。
> - 探索在 PMO 的行动中建立收益管理的秘诀。
> - 学习一系列必要的方法，确保在项目集的规划与执行过程中始终聚焦价值。

8.1 价值驱动的工作方式

无论你是 PMO 中的一员，正在担任项目集/项目教练的角色，还是正在从事项目集/项目的相关工作，本节内容都将在你的成长过程中起到关键作用。共同的价值目标将我们彼此连接在一起，将我们的行动、所负责的项目集与组织战略紧密连接在一起，这是我们在个人和专业层面取得成功的关键。

> **学习要点：**
> - 如果你没有将价值放在核心位置，那么请回顾一下制药公司在项目集交付中因未采用价值驱动的工作方式而导致失败的案例。
> - 探索不断变化的工作方式及其对项目集经理技能的影响。

- 例如，当 PMO 在企业层面以更具战略性的方式运营时，人们如何对 PMO 逐步增加信任（直接将其与更具战略性的运营联系起来）。

回顾 PMI 的《PMBOK®指南》（第 7 版），我们可以看到高管设定"注重成果和收益"基调的重要性。为了获取有意义的、可以分析的绩效信息流，审查战略、项目组合、项目集/项目与最终运营之间的适当联系是非常关键的。持续的反馈，对于确保 PMO 与不断变化的项目集生态保持必要的连接是至关重要的。

- 端到端的项目组合视角。
- 从项目组合到项目集的收益传递应形成一个无缝衔接的链条。
- 记住成果与产出的不同（我们需要有意义的成果）。
- 在未来的项目集中持续调整。
- 始终关注核心目标（企业的终极战略）。

8.1.1 价值驱动的工作方式——制药公司的案例

这是之前提过的一个案例，由于过于关注活动和产出，导致该公司错失良机。同时，因为没有站在干系人价值的视角思考，导致该公司的领导者被系统中的各种"噪声"分散了注意力。

- 战略。
  - 跨项目组合的持续连接（多个项目集同时进行）。
- 成果。
  - 思维模式的改变与支持性流程（团队很容易忽略这一点，所以我们需要持续关注干系人不断变化的需求）。
- 信息。
  - 将工作流进行集成与级联。
- 价值可以有多种呈现形式。
- 产品、服务和结果。
- 变革。
- 可持续的和创新的工作方式（将其视为持续进行的练习）。
- 推动因素可能有很多：
  - 章程（良好的设计应秉持以价值为中心的原则）。
  - 路线图（如前几章所述，选择正确的范围及范围内要完成的任务）。
  - 变革型领导力和发起人（审视和理解发起人角色是非常重要的，这能提醒我们将焦点转回至价值层面）。

8.1.2 变革技能

应将人才和技术结合起来，可参考 PMI 人才三角（关注商业敏锐度、影响力技能和工作方式）的转变。关键是，要认识到这些技能在未来会持续、快速地演变，技术的推动作用越强，就越需要人们调整自己的技能，以更好地适应未来的工作岗位和工作需求。

需要关注的技能：
- 同理心。
- 深度倾听（倾听方式）。
- 敏捷工作（足够的适应性和复原力）。
- 以干系人为中心（完整的生态系统）。
- 数字素养。
- 头脑风暴。
- 设计思维（转变思维模式，贴近客户和关键项目集干系人）。

8.1.3 PMO 的战略运营

控制和监管已经发生了变化，不再是治理所关注的核心。未来的组织将 PMO 视为战略部门。高管们期望 PMO 能够协助他们进行战略运营、预测潜在阻碍、提高效率，从而支持业务增长并实现业务目标。

- 将 PMO 视作战略部门。
  - 在卓越治理中展现领导力（这是否提高了项目集团队产出成果的能力？）。
  - 打破部门壁垒，与外部伙伴进行整合（PMO 应将信任作为转型的通用方法）。
  - PMO 是否应考虑使用"PMO 即服务"的方式进行扩展，以更广泛、更高效地提供服务？
- 将 PMO 视作受信任的角色。
  - 为高管的核心任务提供支持（明确表明你正在帮助他们推进战略议程）。
  - 推动战略优先事项（确保项目集和成果是正确的，能够实现所需的价值）。

进一步思考：
- PMO 的职能将发生转变。
- PMO 是战略托付部门。
- PMO 引领团队将重心放在创造价值上。

- PMO 确保我们关注对未来工作至关重要的技能。
- 最重要的是，确保我们周围的世界获得预期的战略收益。

> **复习题**
>
> 单选题用圆括号"（ ）"标示，多选题用方括号"[ ]"标示。
>
> 以下哪项代表了未来十年组织工作方式走向成熟的关键转变？（ ）
>
> A. 关注运营
>
> B. 关注成果
>
> C. 可交付物的整合
>
> D. 成熟的流程
>
> 以下哪些是项目集经理在适应变化时需要关注的技能？[ ]
>
> A. 指导
>
> B. 数字素养
>
> C. 绩效评估
>
> D. 深度倾听
>
> 以下哪项是 PMO 战略角色趋于成熟的标志？（ ）
>
> A. 在卓越治理中展现领导力
>
> B. 开展更多的培训课程
>
> C. 心情愉悦的团队成员
>
> D. 率先进入项目集的技术领域

8.2 价值思维

谈论价值思维的重要性很容易，但要做到真正的转变很难。这种转变需要在多个维度上进行，包括文化、流程、工作方式、行为，以及最终的执行方法和结果。需要将"价值思维"作为一项关键的变革管理工作来思考和管理。项目集经理需要学习和实践这种转变，以便更稳定地实现项目集价值。

> **学习要点：**
>
> 以下有几个关键的提醒和一些新的关注点，可以帮助我们将注意力转向价值交付：
>
> - 最糟糕的情形——专注于繁忙的项目集工作（如果只是忙于项目集工作，会有什么后果？）。
> - 探索能够培养价值思维的文化属性（彼得·德鲁克曾说："文化比战略更重要。"请了解如何获取正确的支持）。

- 实现卓越，探索 EFQM 模型与价值思维的关联（部分属性证实了标准对我们有益）。
- 价值思维使 PMO 成为业务的战略部门（当我们实施这些转变时，未来会变成什么样？）。

8.2.1 繁忙的项目集工作

可能影响我们关注价值的最大痛点是：我们把时间花在正确的地方了吗？我们周围充斥着噪声、内部政治和各种干扰，因此我们需要意识到并积极应对这些挑战。

- 如果过度强调活动本身继续支配组织的工作方式，我们应该吸取哪些主要教训？（这要求我们每天都必须对此进行审视和深思。）
- 如果项目集团队忙于交付，但客户并不满意，应该如何应对？客户体验（Customer Experience，CX）至关重要，这也是我们做好运营工作的唯一方法。
- 如何从价值的视角衡量项目集绩效？将意识、认知与情商及我们行为的影响相结合。

8.2.2 建立价值思维的决策

正如 PMI 在《PMBOK®指南》（第 7 版）中所指出的那样，建立价值思维就像站在十字路口：

- PMI 将价值定义为持续评估项目/项目集符合业务目标并能取得预期收益的能力（理论上很容易，但实际执行总会发生例外，所以我们需要在团队之间进行良好的传达）。
- 这个决策是一种"思维文化"的转变，但对于组织未来的可持续发展来说应该是理所当然的（需要确保整个组织都与这一转变紧密联系在一起）。

8.2.3 EFQM 与思维模式的联系

如图 8.1 所示：

- 归根结底，目标引领我们回归对价值的思考。
- 敏捷性有助于我们进行灵活调整，摆脱僵化的行动方式。
- 培养成功所需的创造力。
- 多样性催生了价值创造所需的关键对话。
- 具有包容性，包容那些你最不愿意接纳的人。
- 创新是支持可持续发展议程和联合国使命的力量。
- 确保 PMO 内化那些对成功至关重要的关键技能。

- 为实现更广泛的转型结果而扩展技能的范围，如项目集管理即服务的方式（Program Management-as-a-Service）。

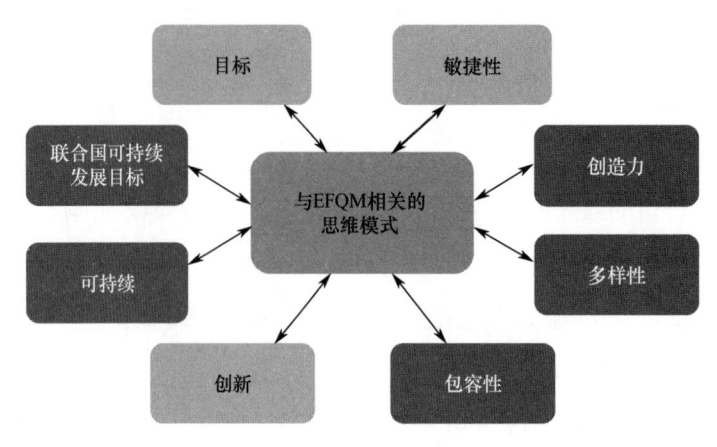

图 8.1　EFQM 与思维模式的联系
来源：欧洲质量管理基金会

8.2.4　价值思维与战略 PMO

未来的 PMO 将转变为真正的战略办公室。PMO 将不再处于幕后，或者仅承担支持或汇报的职能。要求 PMO 在战略交付中提升影响力的需求正日益增加。为了实现这种影响力，PMO 应该明确每个项目集、项目和行动是否与所倡导价值相符？这样做的目的是，引导组织及其干系人从不同的角度审视工作。

- 命令与控制型 PMO 将消失（成为历史）。
- PMO 应该在哪些方面推动价值的实现，未来的 PMO 将采用何种模式？（这是关键的转变。问这样一个问题：如果没有 PMO，会有怎样的影响？）
- 改变指标的关注点（从关注输入到关注输出），围绕目标和关键结果（Objectives and Key Result，OKR），并充分利用 OKR 在驱动战略聚焦方面的作用（针对这些领域进行设计和投资，并组建团队来推动这一进程）。
- PMO 的未来发展方向是战略敏捷性（这是未来 PMO 重点关注领域，并在战略互动中实现转变，这与当前的工作方式截然不同）。

进一步思考：
- 要牢记，时间分配是一个关键的学习要点。
- 项目集团队应将价值放在最优先和最核心的位置。
- 将每次对话、每次规划练习都转变为这种类型的讨论。
- 需要不同类型的对话。

- 没有哪个部门能比 PMO 更胜任这一转变。
- 站在岔路口，我们要有意识地进行决策，并调整关注点。

复习题

单选题用圆括号"（　　）"标示，多选题用方括号"[　　]"标示。

以下哪项是过度强调活动和保持团队忙碌的项目集文化的严重后果。（　　）

A. 加强协作

B. 无效的价值视角

C. 开放性思维

D. 项目集管理的战略视角

以下哪些 EFQM 思维模式与未来项目集中价值关注点的转变密切相关？[　　]

A. 可持续性

B. 目的

C. 信任

D. 创新能力

以下哪项是反映明确关注收益指标的示例？（　　）

A. 将预算控制在阈值的 10%以内

B. 将项目集团队创意想法的采纳率提高 20%

C. 按时完成所有范围的可交付物

D. 成为负责任的 AI 领域的佼佼者

8.3 收益管理的重要性

很明显，如果不讨论和确认实现项目集收益的方法，就无法谈论项目集管理。将收益融入项目集的框架、实践，以及与各项目集团队和干系人的合作是至关重要的。PMO 有责任确保收益是工作的核心，以及如何实现这一目标。

学习要点：

- 项目集经理是否适合推动收益管理（尽可能坦诚地指出项目集经理需要做出的改变）？
- 明确收益管理对业务转型的重要性（为什么收益管理如此重要，并确保得到干系人的理解）。
- 在 PMO 的持续行动中建立对收益管理的清晰理解（涉及所有与 PMO 和项目集持续互动的各方）。

8.3.1 PMO 与驱动收益管理

图 8.2 强调了驱动收益管理的五个关键要素。

图 8.2　驱动收益管理的五个关键要素

提醒：
- PMO 为项目集经理提供了推动收益实现的平台。
- 商业敏锐度是 PMI 人才三角中的三项技能之一（提出问题并与商业领袖建立联系）。
- 再次讨论在项目集生命周期管理（Program Lifecycle Management，PLM）中以全局视角看待问题的重要性（PLM 思维方式）。
- 不断重新思考成功的定义。
- 要确保问责制文化得到支持与展示，并通过项目集经理的行动和行为表现出来。
- 通过持续的互动（例如，通过与高管助理交谈），努力与高管的视角保持一致，并持续感知他们所关注的重点事项。

8.3.2 业务转型

业务转型的三个基石仍然是"流程""基础设施与技术"和"人"。
- 转型的核心是收益战略的对话。
- 通过关注价值来扭转转型失败的趋势（从单纯追求速度转变为全面关注价值）。
- 重新调动干系人的参与（需要围绕变革进行激励）。
- 调整运营与变革的组合比例（项目经济的未来在于调整这一组合，从传统的首席运营官转向首席项目集执行官）。

8.3.3 PMO 与持续的收益管理

- 如图 8.3 所示，理解收益始于 PMO 对其目标的清晰传达。

- 典型的 PMO 领导方式正在从控制型向服务型转变。
- 以客户需求为中心。
- 围绕业务需求进行日常互动。
- 高管的授权方式和运营方式必须改变。
- 越来越多的数据和洞察对于确保项目集成功并获取收益至关重要。

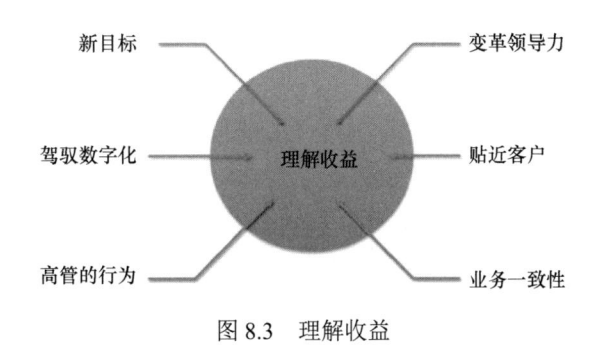

图 8.3　理解收益

进一步思考：

- 我们必须确保项目集经理和 PMO 积极转向收益管理。
- 这体现在我们参与的项目集的类型上。
- 未来的转型是以价值为中心的。
- 项目集经理要意识到正在发生的变革，业务举措几乎占据了我们工作的 80%。
- 理解收益管理的重要性，在高管的关注、支持及领导方式的行为中得到体现。

复习题

单选题用圆括号"（　　）"标示，多选题用方括号"[　　]"标示。

以下哪项最能体现项目集经理推动收益管理的能力？（　　）

A. 树立并保持一种成功观

B. 表现出良好的商业敏锐度

C. 深厚的 IoT 专业知识

D. 让项目集团队充分发挥创造力

以下哪些项能体现收益管理在业务转型中的关键作用？[　　]

A. 调整业务组合中运营与变革的组合比例

B. 将转型任务的重点放在更多地应用数字化解决方案上

C. 战略对话中的敏捷性

D. 将干系人对项目集的干扰最小化

以下哪项能反映 PMO 对收益重要性的深刻理解？（　　）

A. 密切关注预算

B. 确保与客户保持适当的距离以维持客观性

C. 在项目集模板中规范 Excel 的使用

D. 通过教练改变高管的行为

8.4 积极赢得成功

项目集的成功取决于我们思考变革的能力。通常，我们总认为高管能够清晰理解我们传达的信息——这在我们看来理所当然。然而，随着敏捷性和工作方式的改变，我们应该更清晰地意识到沟通目的和沟通方法的重要性；我们必须确保有能力和方法获取真正的成功。作为项目集经理，重新审视真正有效的项目集计划将是至关重要的。

学习要点：

- 深刻理解在项目集解决方案中聚焦价值的重要性。
- BAH 的秘诀是授权员工专注于项目集的价值，并强调项目集成功中人的因素（在全球范围内的政府和客户中都适用）。
- 识别在理性思维与感性思维之间持续建立项目集联系的角色，以提高项目集的成功率。

8.4.1 项目集解决方案中的价值聚焦

当我们审视一个项目组合的生命周期时，会发现其组件在生命周期的不同阶段实现了组件自身的成果，同时也有助于潜在地实现该项目组合的整体综合成果。要实现这个目标并实现其最大价值，应做到：

- 在项目组合层级确定价值，并将其逐级传递至项目集和项目。
- 讨论节奏和依赖关系。
- 对成功进行迭代性反思（项目集推进的灵活性和重叠构建的可能性）。
- 关注相互的影响（如何确保所有组件共同创造价值）。
- 使干系人参与（运用我们之前研究过的所有分析和参与工具）。
- 具有产品思维（将产品思维与产品团队和产品经理的能力结合起来，融入项目集经理的角色，使我们重新思考如何组合）。

8.4.2 项目集价值中人的因素

- 每个成功的背后，都离不开人的因素。
- 项目集背景的清晰度很重要（用户案例、描述故事、商业目的）。
- 善于定义目标的领导者（没有什么比领导者带领团队，识别预期的价值更重要的了）。
- 包容性的领导方法（拥有合适的专家、细分市场领导者和其他关键参与者，他们知道每种商业模式需要什么，如 B2B、B2C，甚至 B2B2C）。
- 对于那些技术型组织，其业务核心依然与人际关系相关。

8.4.3 理性思维和感性思维

- 图 8.4 显示了理性思维和感性思维之间的联系及其持续细化的过程。我们要用理性思维、工程思维和技术来阐述问题。
- 感性思维是激励行动的关键（没有什么比心灵被激发更有助于成功）。
- 理性思维和感性思维之间的持续互动（在需要的时候，用不同的方式来驱动感性思维）。
- 业务的成长和成功源自一贯的卓越行为实践。

图 8.4 理性思维和感性思维

进一步思考：
- 挑战既有的成功。
- 确保领导者知道他们在哪些方面有最大的影响力。
- 包容不同的观点。

- 全面审视整个项目集。
- 加强项目集间的互动。
- 尽早了解成功所需的转变。
- 毫不犹豫地提出棘手的问题,不要对任何敏感话题视而不见。
- PMO通过持续的对话来实现理性思维和感性思维的有力契合。

复习题

单选题用圆括号"(　　)"标示,多选题用方括号"[　　]"标示。

以下哪项未能体现出在特定项目集解决方案交付中对价值的适当关注?(　　)

A. 培养产品思维

B. 关注输入指标

C. 项目集成功的迭代思维

D. 将项目组合分解为侧重于影响的组件

以下哪些示例体现出将人的因素纳入了项目集的价值交付?[　　]

A. 先确认项目集目标的明确性

B. 迅速完成工作

C. 让小圈子参与决策

D. 花时间定义已完成工作的清晰度

以下哪项表明项目集团队在感性思维层面也致力于推动项目集的成功?(　　)

A. 一份写得很好的项目集章程

B. 最低限度的团队互动

C. 为项目集工作增添活力和动力

D. 项目集经理制订的详细计划

8.5 嵌入价值焦点

PMO需要优先推动价值思维的形成,并明确实现这种思维转变所需的条件。针对"如何确保规划、执行以及关注价值的改变同时进行"的问题,我们需要探讨有哪些额外的工具或促进因素。每当我们谈论改变行为时,通常都很困难。PMO应该致力于变革管理。项目集团队的运作方式的改变,以及时间分配的调整,都是成功实现思维转变的标志。

> **学习要点：**
> - Booz Allen Hamilton 公司在客户的组织机构中灌输 PMO 价值的示例（作为顾问，将价值传递给客户）。
> - 在项目集经理的日常工作中定位价值焦点（行为的改变，需要持续重复这一过程）。
> - 项目集团队章程的相关示例展现了一种获取价值焦点的明确方式（明确角色和职责的重要性，团队可以裁剪他们自己的故事，并努力实现价值）。
> - 裁剪以价值为中心的故事，助力项目集取得成功的成果（描述故事在沟通和整个项目集管理方法中都非常重要）。

8.5.1 提升 PMO 的价值

- PMO 的未来价值取决于其整合和统一的能力（与业务线保持一致，与市场进入方式保持一致，与客户需求保持一致，以确保在运营和专注度上保持品牌特色的一致）。
- 如果项目集团队给人的感觉像不同组织的组合，则企业品牌可能面临风险。
- 在不同的细分市场及客户间无缝衔接，能创造出互相关联的成功案例，并提升学习能力（我们更追求共同成功，而不是个人成功）。
- 未来的领导层需要重新做出承诺：虽然我们重视纵向的成绩，但最终的成功在于与生态系统内和不同生态系统间的横向合作（在学习中保持谦逊，专注于弥补空白，并与生态系统的思维方式联系起来，涵盖我们的合作伙伴，以及他们对我们价值观的理解程度）。

8.5.2 项目集经理的日常驱动力

考虑以下推动日常工作的问题：
- 是否专注于正确的事项？（以项目组合的思维方式创建正确的流程。）
- 是否在审查企业风险？（我如何将其扩展到企业级别。）
- 是否正在进行关键的对话？（PMO 应推动正确的对话。）
- 团队的沟通是否以透明度为主导？（沟通的频率、内容和意图。）

8.5.3 团队章程和价值焦点

人们也可以从关注价值的角度重新审视项目集团队章程的使用：

- 团队章程为团队如何协作奠定了基础（强化承诺，明确团队对价值的承诺）。
- 团队成员的明确角色和职责的说明书（例如，运用 16 型人格工具来达成团队的共识）。
- 参与规则和回归价值的方式（如果没有，追问为什么没有）。

8.5.4 裁剪故事和结果

PMO 能以突出成果卓越性的方式来阐述和裁剪变革之旅的故事：

- 项目集的战略评分（例如，OKR 向上映射到总体战略评分）。
- 激发感性思维的信息发射源（确保工具能有效驱动我们期望的行为）。
- 价值绩效图，如燃起图、燃尽图、燃起和燃尽的组合图（更好地讲述绩效故事的经典方法）。
- 使用商业画布（以可视化的方式描述故事，以此作为关注成果的有效手段）。

进一步思考：

- PMO 要创建日常工作流程，并保持其一致性。
- 运用团队章程这样的工具，来强化团队对价值的承诺。
- 为了卓越交付，我们必须重新强调团队与生态系统合作伙伴之间的联系。
- 组织在规划、运作和争取合适的干系人参与时，要像一个整体一样行动，并保持适当的灵活性。
- 创建混合型的未来。

复习题

单选题用圆括号"(　　)"标示，多选题用方括号"[　　]"标示。

以下哪项是使业务部门及其客户能够专注于实现价值的关键因素。(　　)

A. 在业务范围内设计绩效度量方法

B. 在不同的领域（纵向）以及合作伙伴之间分享成功案例

C. 专注于持续不断的管控

D. 在纵向层面，允许每个人做最适合他们的事情

在 VUCA 环境中，拥有团队章程的最大好处是什么？[　　]

A. 变更最小化

B. 明确参与规则

C. 确保范围清晰

D. 形成价值契约

项目集经理根据团队的特点，来裁剪以价值为中心的故事，这为何至关重要？(　　)

A. 项目集经理喜欢描述故事
B. 不同的成熟度和情感联系
C. 必须关注治理
D. 挣值管理应用得当

8.6 混合工作方式

认识和理解混合工作方式的转变,并且知晓这种转变的形式,这对我们来说是至关重要的。PMO应起到引领作用,展示如何共创混合项目集管理方法。项目集经理也应该学习如何在此过程中融入合适的敏捷实践。项目集团队与PMO进行合作,共同探索转型为混合型组织的范例和策略。通过不断尝试,我们对传统行业(如建筑业)实施混合实践有了新的认识,这在以往是无法想象的。

学习要点:
- 以迪拜政府的转型为例。
  - 混合工作的典范(如核电站项目集、2020年世博会,以及其他受全球事件影响的活动)。
- 复原力(应对大型项目集)。
  - 几个关于疫情的案例。
- 协作是如何主导工作方式的。
  - 项目集的案例。
- 了解阻碍敏捷工作的"组织病毒"。

8.6.1 为什么要转变

- 无论是我们使用的技术,还是之前的其他主要工作方法,未来它们都会有所不同。我们需要适应这种变化,并为这种变化创造有利条件。
- 经历疫情与不断变化的世界局势。
- 如果我们必须确保项目集经理能够引领未来的工作方式,那么这将会创造哪些机会?
- 我们希望在未来的工作中能够融入一些转变。

8.6.2 混合工作方式的转型案例——迪拜

1. 迪拜酋长国的六个战略增长支柱(酋长国的宪章旨在为整个酋长国创建一个焦点)。

2. 确保决策的透明度和责任心（这对酋长国的未来非常重要）。

3. 通过不断变革来应对持续的新挑战（在领导者之间进行有效协作，并充分利用数据和分析结果，以确保正确达成工作目标）。

4. 为下一代创造更美好的未来。

5. 成为全球最宜居的城市（是否可能成为转型的方向？如何让像迪拜这样的酋长国从过往中吸取教训，并持续满足未来项目集的需求？）。

> 提示：
> 具有变革性和激励性愿景，加上明确的角色和职责，这是促使我们向混合工作方式转变的最有效的模式。

8.6.3 复原力

疫情的案例（见图8.5）：

1. 设计和工程（仿真、决策速度）：关注最重要的问题，在本案例中，最重要的问题是人的生命。

2. 产品（利用现有能力的新产品线）：需要在几乎一夜之间，将现有的组织结构进行调整，以提供满足特定需求的产品或服务。

3. 工作方式（重新思考协作，以及打破孤岛）：就像《下一代项目管理》中描述的案例一样，组织在一夜之间就成功地将焦点转向有意义的产品。

4. 创新中心（团队中的团队）：要将项目集和项目视为实验室，实现无缝集成和即时实验，这不仅依赖政策支持，还要建立正确的授权和自治机制，并从用户和客户那里获得反馈。

图 8.5 疫情的案例

协同工作方式：

- 这是必需的。
- 概念白板（如 Miro[①]）。
- 利用社交签到功能（借助协作工具可以跨越全球和各种复杂情况，将人们连接在一起，这对未来非常有价值）。
- 领导者轮换（这是激励团队和未来一代的有效方法）。
- 聚焦服务（通过不断提问，将团队联系起来）。
- 持续对目的进行提问。

8.6.4 限制敏捷性的"组织病毒"

我们之前讨论过"组织病毒"，我们知道它可能限制项目集团队及其领导者推动变革的能力。我们应该逐步清除这些"组织病毒"，调整工作方式，以确保持续的增长和发展。

- 组织内可能仍存在大量的"组织病毒"，如没有意义的流程、部门壁垒等。当这些阻力消失时，项目组合内的各个组件都将受益。
- 文化阻力。
  - 无法实施混合战略。
- 思维定式。
  - 不愿意尝试。
- 过度管控（应该让团队在最低限度的管控下自主工作）。
  - 破坏混合测试所需的自主性。
- 决策能力不足（这是一种典型的"组织病毒"，应通过提供数据支持和鼓励正确行为的方式来清除）。
  - 为转型制造瓶颈。

进一步思考：

- 将一周的工作都设定为混合工作方式。
- 目的性很强的组织能精准把握一致性、授权和自主权之间的平衡。
- 识别并消除"组织病毒"，不断进行实验是至关重要的。
- 需要引入跨界思维，能够从不同领域借鉴想法（如 Spotify 模式），以确保项目集团队的有效性。

[①] Miro 是一款基于白板的协作软件，它可以让远程办公的团队通过白板进行协作，无缝分享彼此的想法。——译者注

复习题

单选题用圆括号"(　　)"标示,多选题用方括号"[　　]"标示。

以下哪项反映了迪拜酋长国宪章对混合工作的承诺?(　　)

A. 将增长议程留给各个委员会

B. 决策的透明度和责任心

C. 只在需要时才变革

D. 保持这一代人的成功做法

在疫情期间,有哪些好的案例可以展示复原力?[　　]

A. 能够重新确定任务优先级,并创建产品之间的关联性

B. 确定能够适应全球环境的工作方式

C. 得到政府机构的认可

D. 重新考虑真实世界与虚拟世界之间的工程模型

哪些"组织病毒"可能限制混合工作方式的实施?(　　)

A. 实验心态

B. 动态文化

C. 自主权

D. 并非本地原创

8.7 共创项目集管理方法

共创是未来的差异化能力之一,也是连接客户、用户和团队的纽带。在未来,我们将依赖共创来获得彼此的认同感。通过共创,可以体现出你对客户和团队成员的关怀与认可。因此,分析与敏捷实践相关的数据,并探究这些实践如何提升项目集团队的效率,将是一项非常重要且有意义的工作。

学习要点:

- 正确的项目集管理方法。
  - 重新审视项目集管理方法。
- 项目集管理方法设计的灵活性,以及相关项目集是否成功。
- 探索敏捷报告数据的状态。
  - 项目集的成功发生了变化。
  - 未来企业文化中的共创。
- 敏捷实践与过程的一致性(以便引入正确的敏捷实践)。

8.7.1 正确的项目集管理方法

- 没有放之四海皆准的单一方法（在之前讨论如何制定项目集路线图时，这一点很重要）。
- 并不是要跳过合理的规划（混合并不意味着混乱，而是要寻求决策的恰当平衡）。
- 设计要素。
    - 协作（正确的输入和人员）。
    - 基于原则（我们已经看到许多项目集/项目标准的转变）。
    - 以人为本（关注人员和干系人）。
    - 数字化（在连接虚拟世界，以及更广泛的生态系统时，我们要充分利用数字化的价值）。

8.7.2 项目集管理方法设计的灵活性

灵活性与 UAE 项目集的成功：
- 以国家能源项目集为例。
- 重新思考每个组织团队的贡献（从一张白纸开始）。
- 关注推动横向协作的度量指标（重新思考，以便在横向整合中脱颖而出）。
- 强调成功经验和失败的教训（如何组织会议，如何保持聚焦，以及如何进行评审）。
- 为本地员工提供发展领导力机会（寻找机会培养本地的领导层及下一代团队成员）。
- 仅以选定的方法作为指导（利用灵活性来强化选定方法的实施效果）。

8.7.3 敏捷报告数据的状态[①]

敏捷的适配性，即数据应该以价值为导向。
- 成功 = 价值交付。
- 强化变更的优先级管理（实现优先级排序的无缝衔接）。
- 为客户转型（让客户获得更加连贯的体验）。
- 具有新的思维方式（推动敏捷，并寻找适合的混合方法来提升项目集团队的能力）。

---

① 引自《敏捷现状报告 2022》，可在 scruminc 网站上搜索"2022 State of Agile Report"。

8.7.4 实验的一致性

- 成功 = 价值模式的一致性。
- 业务的声音应该体现在共创中（我们是否在倾听业务需求，是否在与客户进行互动？）。
- PMO 要营造实验文化。（以保持一致性。）
  - 配合新的、适应型领导力模式。
  - 鼓励和指导协作行为。
  - 拓展学习机会（学习能够让我们扩展思路，看到之前不曾想象到的事情）。

> 提示：
> 将共创作为焦点，有助于项目集经理与各方建立良好的联系，并使 PMO 开发出有效的适应型文化与领导力模型。

进一步思考：

- 共创促进成功。
- 大量的实验为 PMO 添加了合作伙伴的角色。
- 当我们审视各个组织的成功案例时，可以从中汲取经验，这将加速我们向混合工作方式的转变。
- 享受这种转变带来的成功结果。

复习题

单选题用圆括号"（　　）"标示，多选题用方括号"[　　]"标示。

在设计合适的动态项目集管理方法时，以下哪项是健康要素？（　　）

A. 为组织推导出一种单一的方法

B. 创建一个完整的模板列表

C. 必须实现全面自动化

D. 基于原则

以下哪些因素体现了未来成功与混合工作方式之间的关联？[　　]

A. 成功=及时交付预期的范围

B. 有效管理不断变化的优先级

C. 客户需求的管控

D. 新的思维模式

> 为什么未来的 PMO 在项目集管理工作中营造实验文化至关重要？（　　）
> A. 它鼓励集权领导
> B. 它驱动所有的关键决策
> C. 它指导协作行为
> D. 它确保一旦创建了一种项目集管理方法，就能持续执行

8.8 灵活交付的价值

我们向混合工作方式转变，必须彰显其价值，这也正是 PMO 战略角色的一大亮点。实现灵活交付的关键在于，成果的整合是否成功。PMO 帮助我们研究成功转型的模式，以便我们在其他重大变革项目集中复制成功的经验。

> 学习要点：
> - 最糟糕的情况：不够灵活（这是不可接受的）。
> - 连接项目集的各个指标，强调灵活交付的重要性（重点在于交付的灵活性）。
> - 我们需要正确地关注价值，这与 30% 成功的转型项目集相关联。
> - 了解不同交付方法的示例（有助于我们更新之前获得的理解）。

8.8.1 最糟糕的情况

图 8.6 提醒我们，每个项目集中的制约因素，以及实现项目集价值所需的特定工作，都是很独特的。PMO 在规划未来的变革路线时，需要为不确定性和复杂性选择正确的处理机制：

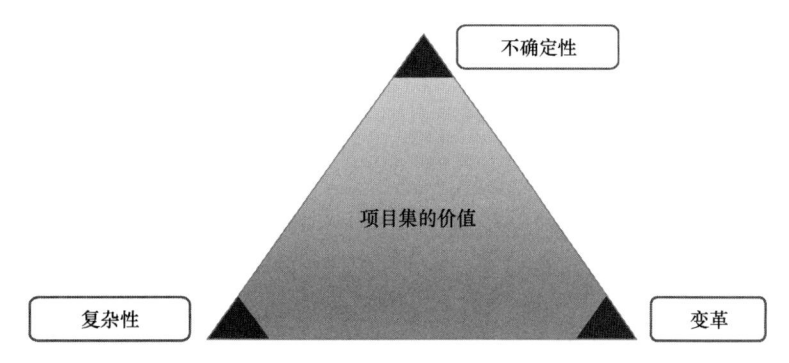

图 8.6 项目集中的制约因素

- 缺乏灵活性=赢得"战斗"，输掉"战争"（那将是一场噩梦）。
- 未来的变革者需要理解图 8.6 所示的三角形（成为变革科学家）。
- 始终关注项目集的价值，以确保我们赢得"战争"。
- 应对不满意的客户（正如之前在许多行业案例中提到的那样，我们需要充分关注客户的需求）。
- 无法在风险中看到机会。

8.8.2 项目集指标之间的联系

整体视角
- 运用创造性思维
- 主动承担责任
- 建立联系
- 基于横向结果来确定成功

- 不同领域（纵向）的可视化。
- 应用一致的审查机制。
- 通过有挑战性的目标来激发潜能。
- 决策权下放。
- 围绕价值进行组织。
  - 指标的意义：告诉我如何衡量我，我将展现相应的表现。
  - 最糟糕的情况是，我们选择了相互矛盾的指标，这等于搬起石头砸自己的脚。
  - 使用思维导图来展示指标之间的联系。
  - 需要针对指标与团队成员持续沟通，以确保决策不受阻碍。

8.8.3 与 30%成功的转型项目集相关联

- 事实上，只有一小部分转型项目集取得了成功，图 8.7 总结了转型成功的关键因素。
- 合作伙伴的思维模式将有助于组织内外各部门间的协作。
- 消除障碍可以彰显团队响应能力。

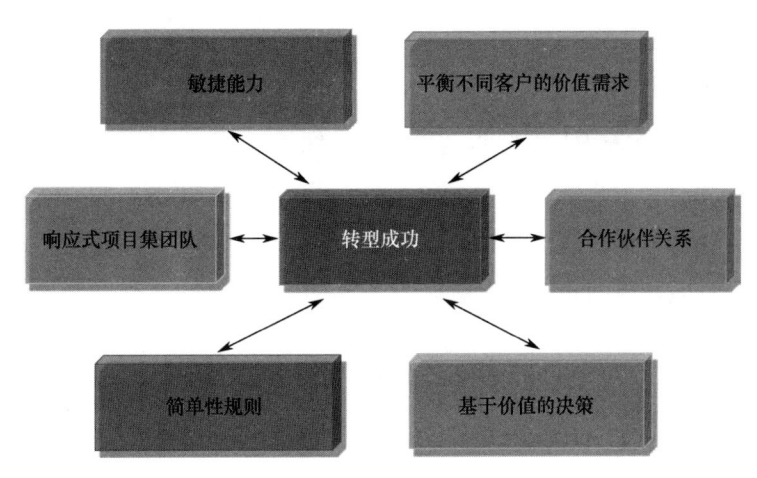

图 8.7 转型成功的关键因素

8.8.4 不同的交付方法

- 每个组织都需要找到适合自己的方法（通过裁剪）。
- 随着不确定性的减少，逐步增加细节。（正确的程度是多少？）
- 关键的设计方法。
    - 一个奖励混合工作行为的制药组织（人们会立即看到积极的影响）。
    - 一个全球组织通过其项目组合来快速进行变革（卓越中心可支持这种全球性的行为转变）。
- 基于组织的敏捷性原则进行构建（这一点最为重要）。
- 根据组织的成熟度水平定制最适合的项目集交付方法（通过与领导者和其他干系人的对话，找到与组织成熟度相匹配的交付方法）。

进一步思考：
- 最重要的是横向整合，如综合了多个指标的复合指标。
- 重新思考当前的指标。
- 这关系到适用性、准备度，并确保我们不会被僵化的成功观念所限制。
- 对于未来的项目集，我们需要准备好在适当的灵活性下运作。

复习题

单选题用圆括号"（　　）"标示，多选题用方括号"[　　]"标示。

在面对最糟糕的情况，并且项目集团队缺乏灵活性时，可能发生以下哪种情况？（　　）

A. 项目集经理变得更有价值
B. 在大多数情况下，项目集团队无法快速响应客户不断变化的真实需求

C. 我们输了战斗

D. 全面的需求很容易获取

那些30%成功的转型项目集如何确认已正确关注了价值？［　　］

A. 他们采用了基于价值的决策机制

B. 基于一个选定的行业标准来构建核心能力

C. 通过简单性原则来快速响应用户的需求

D. 要求高层不参与

以下哪项可以确保交付方法能够适应不断变化的客户环境？（　　）

A. 满足高管发起人的需求

B. 增加文档

C. 随着成熟度的提高，逐步推进变革

D. 与社交媒体保持联系

8.9 项目集生命周期的选择

很多项目集经理认为他们在项目集生命周期上没有选择权。其中部分原因是，项目集的选择并不取决于项目集经理（往往由高管或客户向项目集团队传达选择结果）。项目集经理需要重新考虑自己的角色和自主性的重要性，并为此进行适当的调整。

学习要点：

- 自主性，以及项目集生命周期选择的裁剪。
- 由PMO领导，在组织中以适当的程度融入敏捷（将其视为一种转型练习）。
- 实现规模化，并有条不紊地向混合型组织转型（可以重新审视博世公司的案例）。
- 混合工作方法在各个行业的应用情况（在建筑业、项目外包方面，它同样有效）。

8.9.1 自主性和裁剪

当我们考虑裁剪时，自主性并非唯一的解决方案。

- 拥有清晰的愿景和明确的目标（如果缺失这些，我们将会陷入困境）。
- 围绕价值交付构建项目集生命周期（"目标"提供了与价值的联系）。
- 考虑项目集的复杂性（这将决定我们能走多远）。
- 在各种（市场、客户和技术）组合中，考虑技术颠覆的程度。

- 测试项目集领导者的风险偏好(这将在很大程度上决定我们能做什么,特别是在规模化方面)。
- 寻求最有效的解决方案,以实现全球性融合。

8.9.2 PMO 和领导敏捷实践

在 PMO 议程中的关键点包括:
- PMO 专注于战略的敏捷性(确保战略调整的灵活性,既要便捷又要快速)。
- PMO 承担变革引擎的角色(快速调整)。

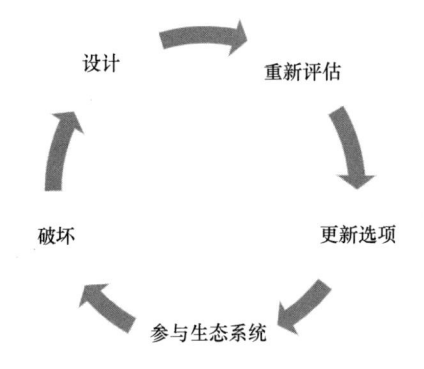

设计 → 重新评估 → 更新选项 → 参与生态系统 → 破坏 → 设计

- 拥有持续改进的立场(特别是在战略的场景下,PMO 应如何在工作方式中嵌入适应性)。

8.9.3 向混合型组织转变

- 商业敏锐度(人才三角形的重要组成部分)。
- 博世公司董事会推动的问责制(使用白板,实际操作,扮演产品负责人角色)。
- 产品所有权及其跨业务线的逐级传递。
- 强有力的支持(承诺)。
- 在基础架构层级的持续参与。
- 要不断打破传统思维定式(放弃一些控制权,以建立混合型组织)。

8.9.4 跨行业的混合

- 图 8.8 展示了混合工作方式的一些关键点:混合工作方式全面适用于各个行业。
- 甚至我们提供的教育项目集也应该采用混合工作方式。
- 在客户的高度信任的情况下,我们可以承诺签署固定价格合同,以拥有更多的灵活性。
- 应在不同层级建立混合机制,包括政府部门和政策制定机构。

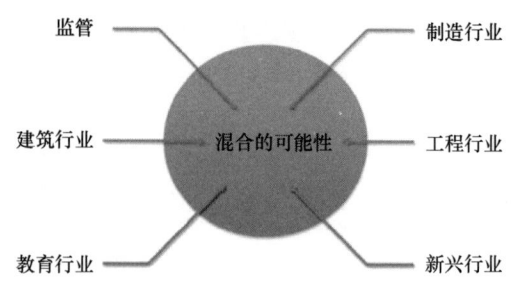

图 8.8 混合工作方式的一些关键点

> **进一步思考：**
> - PMO 负责敏捷实践。
> - 就像博世公司的案例那样，我们必须不断尝试。
> - 提供足够多的示例与成功案例，使混合实践在 PMO 涉及的所有领域中都能得到广泛传播。

提示：
一个行业中的混合方法成功案例，也可以在另一个行业中作为成功（和定制化）实施的"指南"。

复习题

单选题用圆括号"(　　)"标示，多选题用方括号"[　　]"标示。

在选择最合适的项目集生命周期时，需要考虑以下哪个因素？(　　)

A. 所需要的关口的数量

B. 项目集的复杂度

C. 最具挑战的干系人

D. 情商

为了引领敏捷实践运动，PMO 需要做好哪些准备？[　　]

A. 集中式治理

B. 充当组织的变革引擎

C. 远离政治

D. 持续改进工作方式

以下哪个行业可以实施混合方法？(　　)

A. 教育行业

B. 建筑行业

C. 制造行业

D. 以上所有

8.10 合适的组织团队

在设计团队、方法论和方法时,"合适"是一个基本的概念。PMO 应该统领这项设计工作,以确保"合适"。PMO 通常采取渐进式的方式,逐步推动组织转型,使其更加注重以价值为导向。

> 学习要点:
> - 提升矩阵式项目集执行方式的成熟度(需要了解其工作原理)。
>   - 这是 PMI 的一个重点领域。
> - 打造学习型组织,探索适合的混合工作模式(对团队进行不同的授权)。
> - 平衡项目集领导者的角色。
>   - 感知到混合项目集工作的准备度。
> - 在战略层面,将瀑布方法与敏捷方法相结合(正确的划分方式是什么?)。
>   - 是 50/50 的分配比例,还是其他更合适的比例(需要考虑复杂性、准备度和领导力)?

8.10.1 矩阵式

PMO 和项目集经理共同主导这种横向协作的工作方式。当项目集经理作为"指挥家"开展工作时,重点在于协调各部门间的横向协同。PMI 一直强调采用矩阵式方法来执行项目和项目集的重要性。

- 矩阵式组织的强大推动因素。
- 缩小战略制定与实施之间的差距(缩小这一差距的关键在于具有打破组织壁垒的能力)。

8.10.2 学习型组织和适合的模式

- 不同的动力与能力。
- 领导者必须持续更新自己的思维模式(如 UAE 的案例)。
- 在 UAE 的案例中,横跨了三个关键 PMO(企业方、建设方、运营方,三方必须对齐)。
- 支持项目集团队学习的组织环境能激发团队活力。
  - 恐惧会消失,团队会专注于快速探索正确的、合适的混合模型。
  - 授权使团队成员更具创造力,为跨领域的思想交流创造了更多的机会(在各个 PMO 和组织内部实现创意和观点的融合)。

8.10.3 平衡项目集领导者的角色

- 项目集领导者应通过清晰的故事、相通的心意、团队的信任来指明道路（对项目集的成功和团队协作都至关重要）。
- 5C（引自《完成看起来是什么样子》[①]）有助于创建适应情境复杂性的项目集团队。
    - Color：色彩（背景）。
    - Context：上下文（明确我们的立场）。
    - Connective tissue：相联系的组织（建立在矩阵式工作方法之上）。
    - Cost：成本。
    - Consequence：后果（有助于更好地理解状况）。

8.10.4 创造正确的混合战略

- 重新思考价值的最佳定位。
- 确保优先级的成功应用（实现业务全流程的无缝衔接）。
- 取消不必要的关口（如果它不能带来价值）。
- 为大规模的协作创造条件。
- 瀑布式方法和敏捷方法的分配比例不一定是 50/50（需要根据情况决定）。

进一步思考：

- 关键词"合适"。
- 以不同的方式思考。
- 5C。

---

① 可访问 Prowessproject 官网，搜索"what-does-done-look-like"。

- 达到适当的准备水平。
- PMO 的协调作用。
- 营造一个共享学习的环境，找到正确的混合实施比例。

复习题

单选题用圆括号"（　　）"标示，多选题用方括号"[　　]"标示。

在以矩阵式方法交付项目集工作时，以下哪项对 PMI 来说最具挑战性？（　　）

A. 缩小战略制定与实施之间的差距

B. 功能性组织的教育

C. 认证项目经理

D. 通过项目集章程来传递信息

以下哪项属于《完成看起来是什么样子》所述的5C？（　　）

A. 复杂性

B. 坦率

C. 相联系的组织

D. 清晰度

如何使组织的实验更加成功？（　　）

A. 坚持项目集领导者的观点

B. 集中决策

C. 尝试增加更多的审查关口

D. 根据战略进行分解，并加强团队间的协作

第 9 章 基于风险管理的治理

本章基于优化项目集决策的风险平衡方法,探讨了战略性提升治理实践的重要性。风险管理是组织的核心战略力量。许多组织仍然无法正确地管理风险,也没有将其置于治理和决策的核心位置。这是一个典型的成熟度滞后领域,它需要高管团队的持续关注和项目集干系人的一致支持,以便更好地掌握适当的风险管理技能。

> 学习要点:
> - 了解设计基于风险管理的项目集治理所需的技能。
> - 学习如何评估风险偏好,并在不同的项目、项目集和项目组合中实施风险管理策略。
> - 探索基于风险管理的治理与实现快速、有效决策之间的联系。
> - 理解风险管理在加强项目集管理实践、促进学习和提升组织成熟度方面的重要作用。
> - 有推动 PMO 实现治理思维转变的强烈意识,特别是在战略敏捷性方面。

9.1 为什么基于风险管理的项目集治理非常重要

风险管理本就十分重要,而基于风险管理的治理对于管理项目集生命周期和及时做出有效决策至关重要。消除组织在思维和实践中对风险管理的抵触情绪是推进工作的关键,项目集经理应引领组织内的关键干系人理解这一基本治理理念的重要性,并使之常态化。

> 学习要点:
> - 风险管理技能在项目集卓越领导和治理中的作用。
> - 以布琳·布朗的案例为例,清晰阐述项目集问责制的重要性。
> - 为什么基于风险管理的治理将成为未来决策的主流?
> - 将 PMI-RMP®(PMI 推出的风险管理专业人士认证)作为主动治理的专业认证。

9.1.1 用于卓越领导和治理的风险管理技能

风险管理是体现项目/项目集管理真正价值的知识和实践领域之一。风险管理强调前瞻性，以及对项目/项目集生命周期中未来因素的提前评估，以便更好地应对风险。正如 PMI《项目组合、项目集和项目风险管理标准》所述，在战略风险管理实践中有许多重要的议题，这些重要议题包括风险应对的态度、偏好、容忍度、与项目集计划的整合，以及对过程和应对策略的责任划分。此外，与其他项目集管理过程一样，风险管理过程也需要得到持续的优化和提升。

为什么风险管理是卓越治理的关键？

- PMI 强调了在项目集早期就开展有关风险的开放式对话的重要性（对风险应对的偏好和态度）。
- 风险所有权=卓越治理（例如，在参与或支持董事会工作的案例中——"鱼总是从鱼头开始发臭"，因此领导者必须小心，自己的职位越高，就越需要针对风险管理进行对话）。

9.1.2 布琳·布朗和项目集问责制

- 问责制涉及一些颇具争议的过程（正如布琳·布朗在视频中展示的那样，咖啡意外洒在她的毛衣上，她却责怪了不在场的同伴。这同样强调了展现脆弱性的重要性，而不是推卸责任）。
- 项目集负责人对过程和团队协作有统筹权（我们有做出选择的能力）。
- 风险所有权有助于人们做出清晰且有效的决策（考虑正面和负面影响，并权衡利弊）。

9.1.3 基于风险管理的治理和未来的决策方式

组织和项目集团队在未来将如何制定决策？

- 快速。
- 动态。
- 频繁。
- 持续。
- 贯穿组织的各个层级。
- 如图 9.1 所示，以风险管理为中心（跨行业治理之所以成功，关键在于团队与其子团队进行开放式协作，并运用登记册、核对单、签到表等多种方式来构建持续的交互机制，以有效消除障碍）。

图 9.1　未来的决策应以风险管理为中心

来源：stux / 7312 号图片

> **提示：**
> 未来的项目集经理面临着快节奏的决策过程，而决策的质量和类型则对风险管理的成熟度有着较高的要求。

9.1.4　PMI 风险管理专业人士（PMI-RMP®）认证

- 学习 PMI-RMP®，不仅能拓展你的视野，还能让你更全面地审视整个组织。
- 促进主动管理风险的思维方式（可实现根本性的转变）。
- 增强对项目集成功所需的企业文化的理解。
- 使从业者和领导者全面理解不确定性和机遇与数字化核心战略之间的联系。
- 体现显著的专业优势（该认证彰显了团队的预测和前瞻能力）。

进一步思考：

- 对获得 PMI-RMP®认证充满期待。
- 基于风险管理的治理重在开展恰当的对话。

- 主动性是其中的核心要点。
- 帮助人们克服恐惧，鼓励人们进行坦率的交流。

复习题

单选题用圆括号"(　　)"标示，多选题用方括号"[　　]"标示。

以下哪项说明了 PMI 在《项目组合、项目集和项目风险管理标准》中阐述的一组关键技能？（　　）

A. 项目集负责人可将此议题交由审核员处理

B. 理解风险偏好和容忍度有助于做出正确的风险管理规划

C. 项目集治理仅限于董事会成员

D. 团队成员应避免进行有关风险管理的对话

以下哪些因素有助于正确理解项目集治理中的问责制？[　　]

A. 仅由项目集经理负责

B. 一个持续被挑战的过程

C. 项目集经理应确保项目集管理过程与之相适应

D. 一个备受争议的过程

以下哪项预示了决策的未来趋势？（　　）

A. 由项目集团队做出所有决策

B. 缓慢决策过程逐渐兴起

C. 决策将更加以风险为中心

D. 由高管团队做出项目集决策

9.2 风险偏好的逐级影响

任何实践成功的主要因素是，它们能在整个组织中逐级推广。这有助于提升整个组织的能力，以实践基于风险管理的治理。项目集经理需要展示这些实践的价值，并阐明逐级推广的重要性，以及具体的实施方式。

学习要点：

- 最理想的情况是，项目集经理的正确风险偏好能显著提升治理水平（需要相应的投入和专注）。
- 汇总关键因素清单有助于理解风险偏好。
- 哪些因素有助于在项目集和项目集团队中形成和逐级传递风险偏好？
- 以 UAE 的核企业项目集管理办公室（Nuclear Enterprise Program Management Office，EPMO）所执行的基于风险管理的治理为例，展示如何在跨团队执行项目集工作时保持一致性。

9.2.1 项目集经理的正确风险偏好

项目集经理应有一个正确风险偏好（见图 9.2），这有助于在业务运营与业务增长之间实现平衡。这既可以确保运营的持续成功，也可以拓展其他实践和运营模式，从而改善项目集管理的环境。正确的思维模式能够应对项目集所处的 VUCA 环境，并能够指导风险管理的关键对话（VUCA 环境不会消失）。

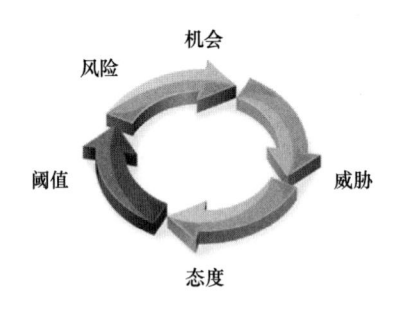

图 9.2 正确风险偏好

项目集经理必须了解风险的两面性：威胁和机会。此外，项目集经理还应努力了解项目集、组织和干系人的风险阈值。这可让我们清楚，在不上报风险（或不依赖于扩大风险所有权）的情况下，能将项目集推进到何种程度。这需要与正确的态度相结合，鼓励和邀请项目集团队成员在必要时勇于试错，根据需求进行论证并快速学习，以确保项目集成果和收益的持续输出。

提醒：
- 风险管理是项目集成功的关键。
- 鼓励正确的对话。
- 决定成就的是你的态度，而非才能。
- 在不触发重大警报的前提下，我的行动边界在哪里？
- 在确定风险偏好时，请先考虑这些参数。

9.2.2 形成风险偏好的关键因素

- 要将被动管理文化转变为主动管理文化，这需要做出持续改进风险管理实践的承诺（涵盖从识别风险、分析风险、应对风险到持续改进风险管理的整个生命周期）。
- 数字化工具和数据分析为形成风险偏好提供有力支持。
- 改善风险偏好可带来更快的应对速度和更好的敏捷性。
- 清晰的战略目标、完善的风险管理政策和动态的工作框架是形成正确风险偏好的基础。

- 在经历转型时，要面对复杂的决策，并应对相关的转型项目集的风险（确保正确的风险偏好与转型成功直接相关）。

9.2.3 风险偏好的形成和逐级传递

正如 PMI《项目组合、项目集和项目风险管理标准》中所强调的那样，风险的逐级传递始于战略层级，然后向下分解至项目组合层级，再由项目集层级分解至项目层级。这一流程将组织内各项目集的风险管理实践紧密相连，并提供企业风险的整体视图。此外，该流程还有一个从项目集层级到战略层级的反馈机制，在该机制中，凸显了增强和提高效率的机会，并可以在战略执行的各个环节中进行共享。

- 将项目组合分解到项目集和项目（逐级传递的经典案例）。
- ERM 对风险的整体视图和战略的逐级传递提出了要求。
- 为什么逐级传递对项目集经理至关重要？（必须高度重视清晰的逐级传递机制。）
  - 决策自主权。
  - 战略关联性。
  - 企业文化方面的准备情况。

9.2.4 执行项目集工作中的一致性

当我们回顾之前提到的 UAE 的能源项目集案例时，项目集经理可以从中获益，了解一些要素如何相互配合，共同促进项目集的成功（见图 9.3）。例如，明确的目标有助于我们设定恰当的指标（如战略健康指标）并进行必要的权衡，以确保我们的投资聚焦价值，进而推动决策质量的提升。

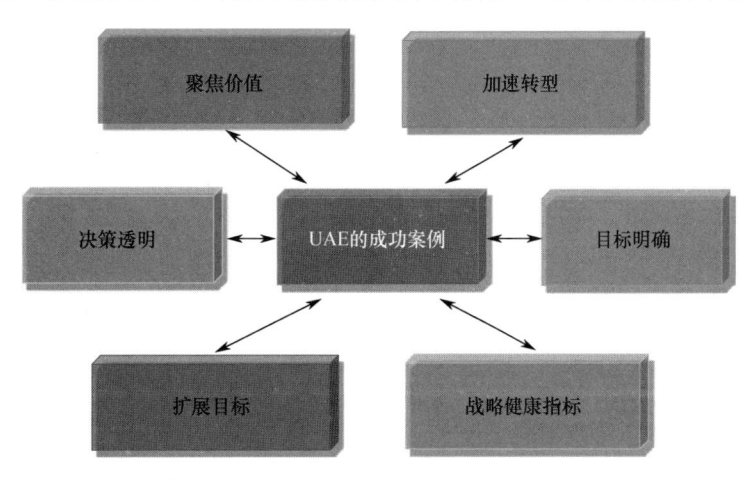

图 9.3　UAE 的成功案例

> **进一步思考：**
> - 牢记"逐级传递"这一关键点。
> - 项目组合各组件之间的联系。
> - 牢记类似 UAE 项目集的案例，以帮助你形成以风险管理为中心的整体治理视图。

复习题

单选题用圆括号"（　　）"标示，多选题用方括号"[　　]"标示。

以下哪项有助于项目集经理形成正确的风险偏好？（　　）

A. 回避问题

B. 低估了威胁和机会之间的平衡

C. 战略不清晰

D. 否决式文化

以下哪些项有助于形成风险偏好？[　　]

A. 强制使用风险登记册

B. 战略清晰度

C. 将所有风险上报给管理层

D. 具有 ERM 技术框架

以下哪项体现了正确的风险偏好对成功执行项目集的促进作用？（　　）

A. 在项目集生命周期中增加关口

B. 重点关注风险管理政策的落实

C. 支持透明决策

D. 使用手动项目集仪表板

9.3　决策速度

基于风险管理的治理应与决策速度相辅相成。这可能暂时放缓决策速度，但这种主动的态度是确保项目集计划的周全性和持续实现项目集成果的关键。决策速度是一个重要因素，可为基于风险管理的治理提供支持。在领导此项活动时，PMO 应处于核心位置。鉴于风险管理实践的特性以及团队成员对于积极参与该过程的抵触心理，PMO 必须将其作为变革管理过程来设计和推动，并使之在组织层面发生转变，以确保风险管理能得到充分重视。

> **学习要点:**
> - 重新制定围绕决策速度和决策质量的治理指标,并对其达成一致。
> - 后疫情时代促使 PMO 的思维方式发生了转变,更加注重战略敏捷性的治理(在不牺牲决策质量的情况下提升决策速度)。
> - 实际案例阐明了,基于风险管理的治理如何使项目集决策更有意义和更快速。
> - PMO 将新增产品管理能力。

9.3.1 治理指标和决策速度

- 治理指标和决策速度并不冲突。
- 投入时间选择正确的指标(当我们快速推进时)。
- 未来工作将以价值为中心(这有帮助吗?)。
- 投入资源并保障关键对话的顺利进行。
- 成功在于达成一致性,并在决策速度和决策质量之间找到平衡点(不要只关心取舍,而要建立成长型思维,例如,西蒙·斯涅克和约翰·麦克斯韦及其对此的观点)。

9.3.2 PMO 向战略敏捷性转变

- 战略敏捷性是 PMO 和跨项目集实践工作的重点。
- 高管的关注点在于:
  - 项目集的高失败率。
  - 上报的决策数量。
  - 项目集与战略的一致性。
  - 项目集工作常被视为战术层面的活动。
- 战略敏捷性的转变。
  - 在未来,PMO 将减少管控或指导,而主要致力于推动和激发战略对话(快速调整战略,并展示对项目集路线图的影响)。

9.3.3 基于风险管理的治理重点

- 基于风险管理的治理案例:

- 设置战略护栏（与治理和战略实现的紧密关联）。
- 决策逐级传递的神奇公式=方向清晰+自主性（适当）+对实验的支持。
- 项目集经理的作用是，消除任何减缓决策速度的障碍（并非放缓工作进度，而是提出正确的问题，以便高效地应对和化解早期识别的风险）。

> **提示：**
> 项目集经理应该实践决策逐级传递公式。该公式的所有要素都是创建成功项目集管理文化的基石。

9.3.4 产品管理能力

产品是许多战略项目集成果的重要组成部分。PMO要发挥其全部影响力，就需要帮助项目集团队和产品团队培养产品管理能力。如图9.4中所示，PMO作为指导中心，通过将数字素养与对成果的高度关注相结合，使项目集团队高效运转并达到预期的交付速度。

- 持续发布以提高速度。
- 在PMO内部建立产品负责人的思维方式，进而成为高效的指导中心。
- 数据分析的广泛应用有助于PMO更快地实现决策流程的优化。

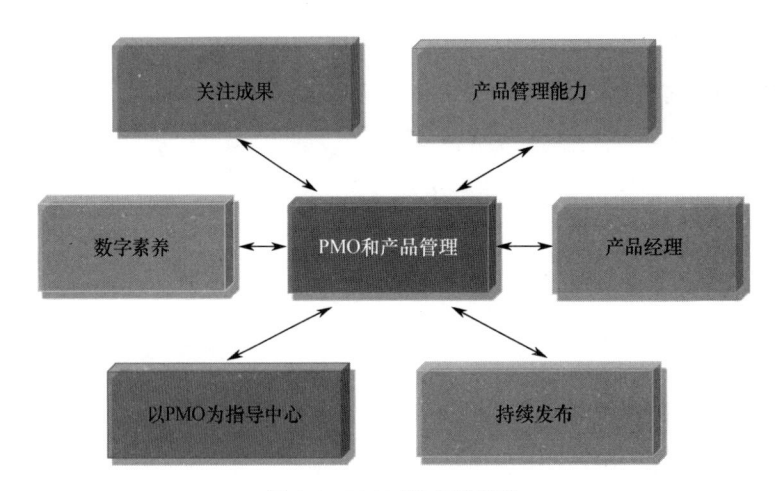

图9.4 PMO和产品管理

> **进一步思考：**
> - PMO应秉持简洁的学习准则，专注于思维方式的转变，如产品管理。
> - 使用诸如战略护栏等工具推动战略敏捷性。
> - 指标应侧重于提高决策速度，同时不应牺牲其他重要组成部分。
> - 风险和价值要相辅相成。

> **复习题**
>
> 单选题用圆括号"（　　）"标示，多选题用方括号"[　　]"标示。
>
> 以下哪项说明了治理指标的选择有助于促进更有效的项目决策？（　　）
>
> A. 仅根据管理层需求
>
> B. 设定基于价值实现的指标
>
> C. 专注于深度控制
>
> D. 将对话数量最小化
>
> 以下哪些管理层的关注点促使PMO将其工作重点转向战略敏捷性？[　　]
>
> A. 与战略一致性的差异
>
> B. 对控制制约因素的需求增加
>
> C. 需要在战术解决方案上投入更多
>
> D. 增加上报的比例
>
> 以下哪项最能反映PMO在培养产品管理能力方面的重点？（　　）
>
> A. 不再需要项目集经理
>
> B. PMO要扮演好指导中心的角色
>
> C. 产品管理比项目管理更重要
>
> D. 干系人的要求

9.4 与学习的整合

总结经验教训向来都是融入项目集团队及其工作实践核心的最有价值的做法之一。经验教训与风险是互相关联的。以一个简单的例子来说明，将风险登记册与经验教训登记册相结合，可以显著提升项目集经理的影响力。作为项目集经理，整合各流程及工具是实现角色价值的关键。提高学习热情和增强学习的敏捷性，仍然是未来最受欢迎的工作能力之一。

> **学习要点：**
>
> - 如果市场需求出现快速变化，控制风险将变得不再重要。
> - 现代PMO如何专注于实现跨业务线的成果，以支持战略敏捷性和学习敏捷性？
> - 说明基于风险管理的治理方法如何显著提升学习效果，确保项目集按时、按预算交付所需的产品或服务（建立未来的学习型组织）。

9.4.1 市场流动性的变化

至关重要的是,要理解项目集的外部环境因素及其相互作用对项目集里程碑和风险平衡的影响。
- 市场变化可能对项目集产生重大影响。
- 敏捷性是未来项目集经理的核心能力(保持谦逊)。
- 认识到项目集风险的动态特性(流动性)。
- 以成长型思维来面对市场波动(所有的市场波动和不现实的期望)。
- 建立学习型的项目集团队(每个项目集团队都应承担起提升组织学习能力的责任)。

9.4.2 学习的敏捷性

- 担任学习型领导者(将学习环节连接起来的关键角色)。
- 了解项目集的整体情况(了解其隐含信息)。
- 建立横向的学习机制(新的工作方式)。
- 以主人翁的心态分享和应用学习成果(为项目集团队提供必要的激励和动力)。

> 提示:
> 致力于成为学习型领导者。

9.4.3 风险、学习和项目集的成功交付

- 揭开风险与学习之间关联性的神秘"面纱"(打通这些环节,以更开放的心态加强风险管理)。
- 借助风险信息库以实现持续学习(风险信息库应易于访问、查阅和应用)。
- 在所有发布里程碑中融入风险因素(通过促进有关风险的对话,来提高执行的一致性)。
- 营造持续改进项目集交付的文化(这种思维方式带来的成功依赖的不是控制,而是学习)。

进一步思考:
- 牢记学习敏捷性的重要性。
- 风险与学习之间的关联至关重要。
- 团队行为的改变与管理层内部的讨论息息相关。
- 当学习占主导时,有助于打破部门壁垒。

复习题

单选题用圆括号"( )"标示，多选题用方括号"[ ]"标示。

以下哪项可帮助项目集经理在动态变化的市场中充分利用风险管理？（ ）

A. 持有僵化的观点

B. 积极思考

C. 关注在执行过程中挖掘问题

D. 建立成长型思维

下列哪些因素能够帮助项目集经理展现学习的敏捷性？[ ]

A. 强制管理层学习

B. 构建实用的项目集案例

C. 打破业务部门的壁垒

D. 成为老板

以下哪项是风险与学习有助于项目集成功的标志？（ ）

A. 在问题管理上加大投入

B. 重视给风险治理委员会授权

C. 将学习整合至风险信息库

D. 仅在项目收尾时复盘风险

9.5　成熟的项目集管理实践

在总结与基于风险管理的治理相关的概念时，成熟度是关键途径。持续将上述理念融入组织，这不仅是成熟度的价值所在，也是 PMO 可以大放异彩的领域。PMO 在制定转型路线图时，应能够重复执行某些对成功至关重要的模式或行为，这也是 PMO 成员推动变革的核心任务。

学习要点：

- PMO 应成为项目集管理成熟度的核心推动者（还有谁可以胜任并整合这些要素？）。
- 如何戳破成熟度足以实现项目集治理成功的假象？
- 识别并总结实用的技巧，以创建可重复的、健康的治理实践。
- 对《PMI 职业脉搏》中的数据进行分析，在成熟度较高的组织中，约 73% 的项目集和项目可以满足其初始的业务目标和意图。
- 对 CMMI 和其他成熟度模型进行反思。

9.5.1　PMO 应成为项目集管理成熟度的核心推动者

PMO 的作用是参与和引领：
- 领导小组由项目集经理组成。
- PMO 负责创建一致的成功模式。
- 成熟度是实现战略卓越的关键途径（确保 PMO 统筹全局）。
- PMO 应制定指引目标（逐步提升成熟度）的战略路线图。

PMO 的关键作用之一是选择适合的方法。这一选择与项目集的成功息息相关。项目集通常由一系列项目组成。按照以往惯例，项目集经理会采用一种通用的方法来执行项目集中的所有项目，这往往导致项目集经理在决策时很头疼。然而，随着敏捷、Scrum 等灵活方法的引入，项目集经理可以为每个项目集选择最适合的方法。这样，就可以采用不同的方法来执行同一项目集中的不同项目。对于项目集经理来说，挑战在于，如何选择最适合的方法。

9.5.1.1　对方法的理解

方法由一组原则组成，项目集经理可以对方法进行简化和裁剪，以使其可应用于特定情况或具有一定共性的流程或活动。在项目管理或项目集管理中，这些原则可能表现为待办事项清单，并经常以表格、指南、模板和核对单的形式呈现。可以将这些原则结构化以对应特定项目/项目集生命周期的阶段，如建筑项目或产品开发项目。

传统的项目集管理方法或瀑布式管理方法是命令与控制项目的主要手段，为执行项目和决策提供了一定程度的标准化。然而，这种标准化和控制是有代价的，它限制了管理方法有效使用的场景。典型的制约因素包括：

- **项目类型**。大多数自行研发或购买成品的方法都假设在一开始就已明确定义了项目需求。因此，项目/项目集经理主要基于时间和成本对项目/项目集进行权衡，而不是范围。这限制了管理方法的应用范围，即主要针对在项目批准阶段就已明确定义且未知变量很少的传统项目或运营项目。而对于那些涉及创新的战略项目或项目集中的创新活动，由于未知变量众多且需求（范围）可能发生频繁变化，而且最终产品、服务或成果也难以预先定义，因此瀑布式方法并不适合这类项目。
- **绩效跟踪**。在充分了解项目需求的情况下，主要使用时间、成本和范围这三个制约因素来完成绩效跟踪。对于非传统项目或战略项目来说，需要监控的制约因素显著增加，因此需要使用其他跟踪系统（而非传统方法中的跟踪系统）。简单来说，当执行非运营项目时，传统方法的灵活性和价值极其有限。
- **风险管理**。风险管理在所有类型的项目中都很重要。不过，在非传统项目或战略项目中，因这类项目所具有的高度不确定性和需求的动态多变性，许多组织发现，在如此变化不定的环境下，传统方法中的标准风险管理实践对于风险评估和风险减轻工作来说是不够的。
- **项目治理**。对于传统项目，项目治理的职责由项目发起人承担（也可能委派其他人）。该方法成为项目发起人管控项目的主要手段，但也存在一种误解，即仅监控项目时间、成本和范围这三个制约因素，就能做出所有决策。

9.5.1.2 错误结论

组织得出了错误结论，即使用一种通用方法来满足几乎所有项目的需求。当主要应用于传统项目或运营项目时，许多公司发现这种方法成效显著，但对于非传统项目，这种方法失效了，甚至在某种程度上这种方法会带来巨大的失败。

随着单一方法的采纳和普及，那些涉及创新、研发和创业的战略项目正由职能经理负责管理，他们往往被允许使用自己的方法来管理这些项目，而非沿用通用方法。以创新项目为例，众所周知，创新项目有多种类型，每个项目的特性和需求都各不相同。如果不采用灵活的方法或混合方法，即使这些项目是项目集的一部分，项目集经理往往也会对这些项目的实际状态感到茫然。部分问题在于，参与创新项目的专业人员希望"以合适的方式自由发挥创造力"，因此他们不想被刻板的方法或项目集经理的任何形式的指示所束缚。

9.5.1.3 选择正确的理论框架

目前，在许多（并非全部）组织中，确定哪种方法或理论框架最适合特定的项目或项目集，是项目/项目集经理面临的主要挑战。有些组织并没有尝试以任何有意义的方式实施敏捷管理，这些组织仍在试图用通用方法解决所有项目集的问题。但是，让所有项目集团队可以自由选择使用哪种理论框架的时代正在快速到来。不要忘记，项目集工作的重点是，为客户提供价值。无论选择何种理论框架，只要它能让我们达到此目的，我们就应该采用它。

我们需要回答几个问题来决定何为最优方法。以下为典型问题：

1. **项目集的需求与战略业务目标的关联明确吗？** 在某些特定的项目集中，尤其是有创新和/或研发需求时，即使对战略业务目标有清晰的认识，也可能难以明确定义目标。这些项目集可能更侧重于追求宏大且富有挑战性的目标，而不是具体、明确的目标。

当需求不明确或不确定时，该项目集可能带有实验性质，并且存在被取消的风险。简而言之，这类项目集就像是实验，当归属某项目集的项目因某些事件而有了明确的目标后，项目集团队会不断推进工作或根据实际情况终止项目集。这基本上是一种探索性的尝试。在这种情况下，我们应预期在整个项目集生命周期中会发生各种变更。这种类型的项目集需要高度灵活的理论框架和客户的高参与度。

2. **在整个项目集生命周期中，需求变更的概率有多大？** 对变更的预期越强烈，对灵活方法的需求就越迫切。之所以有变更发生，可能因为消费者的偏好、需求或期望在不断变化。允许过多的需求变更会使一些项目偏离原有轨道，并导致项目集因无法产生收益或商业价值而失败。毕竟，即使一些敏捷项目也可能受到范围蔓延的影响。项目/项目集的规模也很关键，因为规模越大的项目/项目集对变更越敏感。

除了变更的数量，了解变更所需要的时间也很重要。在某些极端情况（需要在几天或几周内实施变更）下，选择能使干系人和决策者持续参与的更快速、更灵活的方法是有必要的。

3. 客户是否期望在项目结束时完成所有的特性和功能，或者是否允许增量式的范围变更？增量式的范围变更允许将项目分解为小的工作单元，然后再逐步完成，这会提升项目成果的整体质量和有形的商业价值，同时也会减少决策的压力。

4. 团队是集中办公还是分散办公？对于需要通过大量协作来进行决策的项目，可能使用集中办公的团队更容易管理，尤其是当预期有大量范围变更时。

5. 如果项目要为产品开发特性，那么由谁来确定哪些特性是必要的？要回答这个问题，可能需要项目/项目集团队频繁与市场营销、客户或最终用户进行沟通，以确保特性是用户所期望的。团队与最终用户沟通的难易程度可能成为决定性因素。

6. 是否有项目成功（和/或失败）的标准以帮助我们确定项目何时才算完成？由于定义不明确或没有可确定成功的标准，在该项目中，可能需要很大的灵活性、大量测试和原型开发。在这种情况下，采用迭代式生命周期可能是最合适的方案。

7. 干系人对所选的理论框架是否了解？如果干系人不熟悉该理论框架，则项目集团队必须投入大量时间来培训干系人，以使他们了解所选理论框架的知识以及期望他们扮演的角色和承担的职责。可以断言，有些人可能认为这是在浪费时间，但是如果干系人不明确自己的角色和职责，这会使项目集团队的工作更加困难。因此，需要向组织中的所有干系人提供有关敏捷方法的培训和教育，而不仅是引导师、产品负责人或开发团队。对新的理论框架进行的培训和宣贯，往往会减少来自那些墨守成规的人带来的阻力。

8. 干系人和业务发起人对哪些指标有要求？瀑布式方法侧重于时间、成本和范围指标。敏捷方法还囊括了其他指标，如业务收益和价值实现。

9.5.1.4　仔细了解你的期望

选择正确的理论框架似乎是一件相对容易的事情。然而，所有方法和理论框架都有其优缺点。项目团队必须"期待最好的结果"，但也要"做最坏的打算"。他们必须了解可能出现的问题，并选择一种处置问题的方法，以便及时解决它们。

有些问题聚焦在"选用新的理论框架将会出现哪些问题"上，应在最终选定理论框架之前解决这些问题，具体问题为：

1. 客户的期望是可以实现的吗？
2. 项目/项目集的需求是持续变化的，还是在一开始就明确了？
3. 可以将待办工作分解为小的工作包（或冲刺）来管理吗？或者，是否必须采用一次性完成工作的管理方法？

4．客户和干系人能否及时提供必要的支持？

5．客户和干系人是否会过度干预，并试图亲自管理一些项目？

6．需要准备多少文档？

7．项目/项目集团队是否具有必要的沟通、合作和创新技巧？

8．团队成员是否能够为该项目集投入必要的时间？

9．合同类型（如定价、报销、成本分摊等）是否与选定的外包项目框架相匹配？

表面上看，采用一种高度灵活的方法似乎是最好的选择，因为这可以及早识别错误和潜在风险，从而更快地采取纠正措施以预防灾难性问题的发生。但人们似乎没有意识到，方法的灵活性越高，就越需要更多层级的管理和监督。

9.5.2 成熟度的假象

在全球范围内，有大量的成熟度模型可供参考和使用。组织和机构在追求成熟度时，应始终保持警惕：成熟度并非用于评估后续流程或特定实践的质量。它并不能完全保证该项目集的结果是最有效的。这如同我们在定义成功和重新思考成功时所讨论的那样，要从传统的项目和活动观念转变为项目集和价值观念。图 9.5 展示了被大多数人认可的成熟度模型的架构。

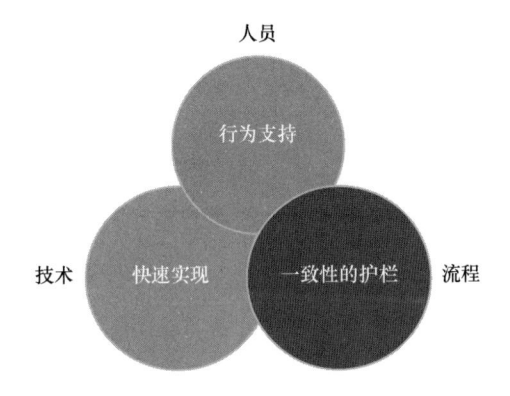

图 9.5　成熟度模型的架构

- 在经典的成熟度模型中，成熟度等级通常为 1~5 级。
- 回溯重要事件，即回归战略核心。
- 成熟度提升的关键在于提高快速实现成果的能力。

9.5.3 创建可重复的、健康的治理实践

高成熟度的项目管理实践增强了企业治理能力。

- 有争议的问题变得更容易解决（从领导层到各个团队）。
- 更容易回归正轨。
- 在信任和展现同理心的基础上进行治理（不受边界限制）。
- 领导者的角色（具有服务心态）。
- 在充满信心的治理中保持价值的连贯性（有足够恰当的支持信息）。

9.5.4 高成熟度组织中的项目集

来源：geralt / 25607 号图片

- PMI 指出，在具有高成熟度的组织中，有 73% 的项目和项目集与业务目标匹配。
- 例行程序：
  - 自我约束。
  - 问责制（例如，使用布琳·布朗案例中讨论的模式）。
  - 跨组织准则的一致性（遵循可重复的模式，如基于风险管理的治理方法）。

9.5.5 能力成熟度模型集成（CMMI）和其他模型

- 针对组织的项目集管理，包括科兹纳在内的许多人进行了大量的研究。
- 不同模型的共同点是，它们都推动了改进的重点，然而：
  - 团队必须履行他们的承诺。
  - 真诚地投入改进工作是必要的。
  - 研究表明，高管发起项目集有助于实现更高的成熟度，进而提升项目集的价值。
  - 根据组织的准备情况对模型进行裁剪（评估自身的准备情况，并承诺要采取的步骤，以确保实施的可行性）。

进一步思考：

- 成熟度是重要主题。
- 为基于风险管理的治理方法奠定基础。
- 着眼于人员、流程和技术。
- 无论选择何种模型，关键在于确定模型的适用性以及组织的准备情况。
- 投入合理的时间和精力以提升成熟度。
- PMO 有助于确保实施模式的一致性。

复习题

单选题用圆括号"(　　)"标示，多选题用方括号"[　　]"标示。

以下哪项表明 PMO 正引领项目集走向成熟？（　　）

A. 确保项目集团队成员使用同一模板

B. 指引目标的战略路线图

C. 确保战略始终如一

D. 将成熟度理念灌输给项目集发起人

以下哪些项有助于建立良好的治理实践？[　　]

A. 监督管理

B. 在信任的基础上进行治理

C. 决策模式一致化

D. 提升领导者在决策中的作用

以下哪项有助于通过成熟度模型来推动未来项目集的成功？（　　）

A. 获得尽可能多的成熟度认证

B. 立即开始，不论准备情况如何

C. 在持续改进方面保持投入

D. 整个组织使用同一个模型

第 10 章 学习引擎

本章讨论 PMO 的战略核心能力，即学习能力。未来的组织将逐步成为学习引擎。随着业务方式的变化，鉴于项目集和项目发挥的战略作用，高层领导者终于意识到，他们可以利用项目集为各条业务线提供学习发展的机会。这些项目集所需的横向工作方式，使项目集领导者能够将其路线图和计划转化为独特的学习里程碑。

然而，要实现以上目标并不容易，因为组织的原有文化仍影响着人们的行为，"命令与控制"的痕迹依然存在。因此，PMO 需要主动引领学习变革。为了确保学习交流的顺畅进行，PMO 需要专注于记录、分析、共享和参与这四个重点领域。在未来的企业中，高层领导者甚至董事会都应该为学习引擎设定方向，并将其作为战略优先事项。PMO 的职责不仅在于执行这一战略，以及关注学习时长，而且还要使其产生价值。

> **学习要点：**
> - 了解创建学习型企业的作用。
> - 深入了解 PMO 作为端到端的能力、工具和流程推动者的角色变化。
> - 了解 PMO 如何营造学习型文化。
> - 研究案例，展示如何通过数据来加速学习过程，并快速、精准地将解决方案推向市场。
> - 培养持续改进技能，关注价值流的优化，从而交付更多的项目集收益。

10.1 企业学习能力

未来的 PMO 应专注于学习，以及培养和发展学习能力，并将其视为优先事项和重点关注领域。自然而然，由 PMO 来推动企业建立学习能力最为合适。

这与 PMO 的整合角色、参与的项目/项目集数量以及组织管理层对 PMO 的信任有关。学习，如同锻炼身体的肌肉一样，是一种选择，也影响着企业的健康。打造学习引擎，将开启成长型思维的大门，让积极的行为盛行，将梦想和想法变成现实，从而为项目集管理带来变革。

> 学习要点：
> - 为什么 PMO 能够成为未来企业的学习引擎？
> - 学习能力如何帮助组织积极、全面地"设计"其客户体验？（我们需要做些什么？）
> - PMO 在端到端的能力、工具和流程方面扮演的角色。

10.1.1 未来企业的学习引擎

- 学习引擎能解决关键的战略问题（PMO 职能中最核心的部分）。
- 学习引擎能审视整个企业的运行情况（PMO 拥有端到端的全方位视角）。
- 在沟通中采用教练式领导风格。
- 在海绵式的学习型组织中，可以提高 PMO 发挥作用的机会（PMO 日常采用的思维方式）。
- PMO 的自主权越大，就越有可能成为学习引擎的中枢（将这种思维方式渗透到所有项目集团队）。

10.1.2 整体"设计"客户体验（CX）

- 学习能力需要灵活适应最合适的理论框架（致力于学习并推动未来的项目集管理）。
- CX 应以客户为中心并付之于行动，这是构建学习能力的核心。
- 以 CX 为中心的学习可帮助企业引领市场和交付价值（在项目集管理中，确保目标可实现是最重要的）。

10.1.3 端到端的能力、工具和流程

这是 PMO 发挥其职能的最佳途径。通过端到端的视角，PMO 为学习奠定了基础。图 10.1 展示了 PMO 在战略学习生命周期中应采取的步骤，按此步骤执行，可有效与客户、项目集经理、项目集团队及其他关键干系人合作和互动，以推广学习思维并成功地应用于整个企业：

- 基于数据的评估（需要严谨性）。
- 与核心项目集团队一同制定战略（共创，并包容各团队的想法）。
- 与合作伙伴进行创新性合作。
- 通过能力、工具和流程来激发活力（实验）。

- 进行及时且有效的战略优化（PMO 在组织中发挥战略影响作用的具体方式）。

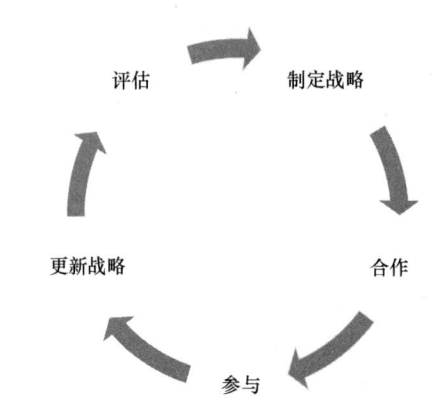

图 10.1　PMO 在战略学习生命周期中应采取的步骤

提示：
将学习作为项目集工作方式的组成部分。PMO 拥有绝佳的战略机会，以建立成长型思维。

进一步思考：

- 学习引擎的含义是什么？
- 需要保持理论框架的灵活性。
- 学习具有动态性，应以实验和数据为核心。
- PMO 必须"以身作则"，树立正确的思维方式，坚持此前多次讨论过的实验室理念。

复习题

单选题用圆括号"(　　)"标示，多选题用方括号"[　　]"标示。

以下哪项是 PMO 成为学习引擎的例子？（　　）

A. 提很多问题

B. 统筹关键的战略问题

C. 项目集经理是 PMO 的一员

D. 在沟通中采用强制式领导风格

以下哪些迹象表明 CX 提高了学习引擎的质量？[　　]

A. 加大投入，满足客户所有需求

B. 价值导向

C. 沿着客户选定的方向推动变革

D. 适应合适的框架

以下哪个因素可促使端到端的成功？（　　）

A. 坚持对项目集管理方法进行一次性的改进

B. 以技术为中心
C. 与项目集合作伙伴进行创新性合作
D. 打造大型项目集团队

10.2 PMO 角色的发展

PMO 和项目集经理应致力于将学习引擎背后的理论转化为现实。我们应牢记这句话:"告诉我如何衡量我,我将展现相应的表现。"这意味着,PMO 应当与管理层以及企业中的学习发展部门紧密合作,促进整个组织理解该角色及其价值,以及学习目标的整合如何与团队成员和其他专业人员的成长之路联系起来。本质上,PMO 是项目集经理和团队成员的集合,他们的使命是,成功地运用项目集和项目管理实践。因此,要不断发展 PMO,使其承担至关重要的战略角色。

> **学习要点:**
> - 运用仿真技术捕捉学习机会并激活学习引擎,以实现快速、准确的交付(将仿真技术与实践相结合)。
> - 审视 PMO 所需的能力,以便在学习方面发挥更显著的战略作用(正如战略对话中所讨论的)。
> - 西门子公司的案例(自动化的产品生命周期管理)展示了数据的力量(为什么这个案例能说明数据在快速、高质量决策方面的作用)。

10.2.1 仿真技术与学习

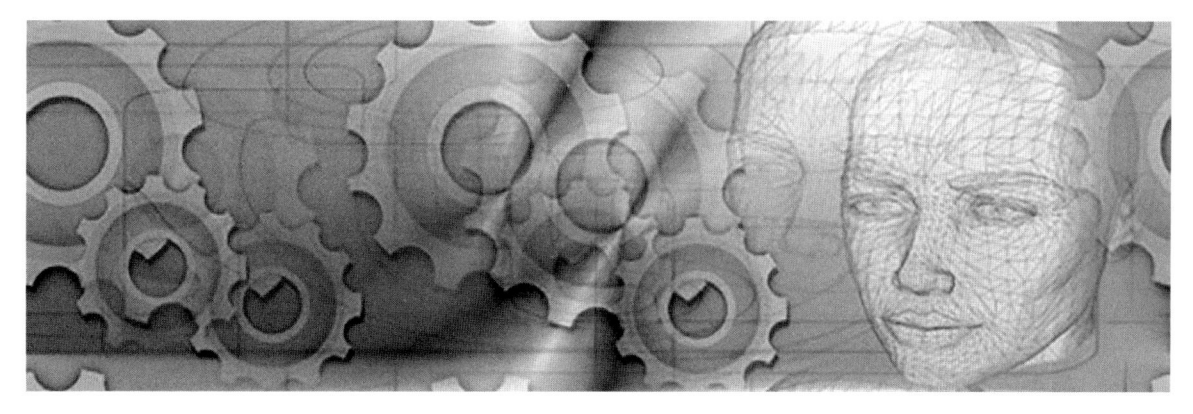

来源:kalhh/4296 号图片

仿真技术:
- 预测项目集绩效和产品性能(从各种复杂数据集中提取有价值的分析数据)。

- 定制化和选择的灵活性（对于项目集经理而言，这就像音乐一样美妙）。

学习：
- 快速决策（注意真实与虚拟之间的联系）。
- 信任可以加速学习（仿真技术使 PMO 能够将学习作为组织战略的优先事项）。

10.2.2 战略角色

图 10.2 展示了 PMO 可能扮演的非常关键且有价值的战略角色。创新实验室实质上是组织进行实验、打造安全空间、利用技术、创建数字线程（支持产品和其他相关服务的发展）的核心。显然，为了这个角色的成功，一些根本性的基础要素是必不可少的。信任、洞察力、设计思维、（对环境的）感知与响应等共同构成了这一角色的成功要素。

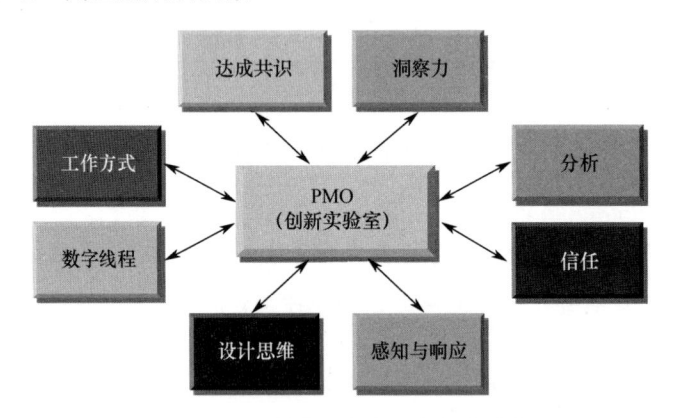

图 10.2　PMO 的战略角色（创新实验室）

- 通过改变环境，转型为学习型组织。
- 审视解决方案的集成会如何影响我们的工作方式。
- 战略关乎选择。
- 在 PMO 推动组织创新方面，学习是最重要的因素。

> **提示：**
> PMO 可通过发挥其作为未来创新实验室的战略角色来推动组织的卓越发展，其中，项目集的数据和经验教训会对变革产生有力的影响。

10.2.3 数据的价值

- 如图 10.3 所示，在有效利用数据方面，需要保持平衡：关键在于以人为本。

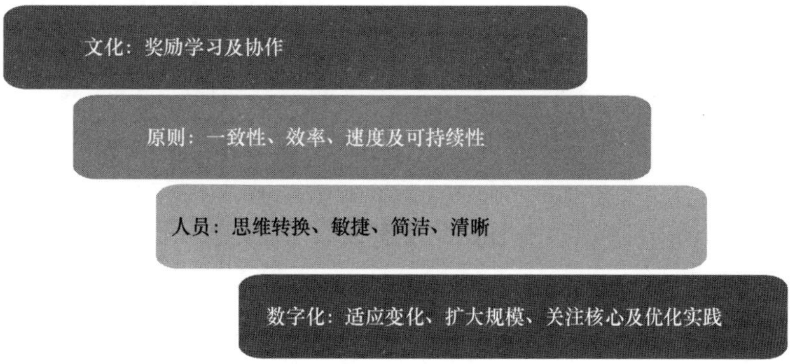

第 10 章 学习引擎

文化：奖励学习及协作

原则：一致性、效率、速度及可持续性

人员：思维转换、敏捷、简洁、清晰

数字化：适应变化、扩大规模、关注核心及优化实践

图 10.3 在有效利用数据方面，需要保持平衡

- 考虑到数据的价值是学习引擎的重要组成部分，需要确保混合数字技术能够使大家更好地适应和定制。

> **进一步思考：**
> - PMO 应使用技术（如仿真）和数据来与实践相结合。
> - 建立学习引擎，以帮助我们打造我们所向往的战略组织。

> **复习题**
>
> 单选题用圆括号"(　　)"标示，多选题用方括号"[　　]"标示。
>
> 以下哪项代表了仿真技术的一个关键属性，有助于准确交付有价值的解决方案？（　　）
>
> A. 节省开发时间
>
> B. 产品定制的灵活性
>
> C. 削减成本
>
> D. 注重工程细节
>
> 失败是创新过程中的"必经之路"，为了增强其在推动创新方面的战略作用，PMO 应重点关注哪些方面？[　　]
>
> A. 就创新及创新目标达成高度共识
>
> B. 促进工作方式的选择
>
> C. 为频繁实验提供安全保障
>
> D. "救火"的有效性
>
> 以下哪项能说明数据的价值可对规模化成果产生影响？（　　）
>
> A. 更加关注如何将产品更快地推向市场
>
> B. 推广结构化流程的应用
>
> C. 项目集团队发现了一个新的拓展机会或相邻领域
>
> D. 专注于发展我们的核心优势

10.3　创建学习型文化

彼得·德鲁克著名的那句名言"文化比战略更重要"仍在提醒我们：如果组织文化与创新思维背道而驰，那么即使精心制订了战略计划，也可能失败。未来的PMO需要塑造正确的组织文化。在转向正确的组织文化方面，学习、公开透明和数据支持都能起到积极的促进作用。这是PMO可以发挥的另一个有价值的作用，即推动组织文化走向成熟。

> 学习要点：
> - 建设学习型文化，建立公开透明的价值观。
> - 应认识到，学习型文化有助于提升项目集执行力。
> - PMO应如何通过项目集管理信息系统（Program Management Information System，PMIS）来将项目组合与战略和学习保持一致，以推广经过深入分析的学习成果（例如，在ServiceNow等组织的实践中，PMIS能使跨项目集和工作流的协作更加有效）。

10.3.1　公开透明的价值观

- 开放性的战略对话对于未来的项目集管理具有重要价值。
- 打造高绩效的项目集团队（请参考帕特里克·兰西奥尼的"团队协作的五大障碍"模型，尤其关注第2层——冲突/惧怕冲突）。
- 提出公开透明的问题：
  - 有更好的方法来审视这个问题吗？
  - 还忽略了些什么？（这是找到团队弱点与盲点的好问题。）
  - 是否存在偏见？（这使我们可以纠正一些错误的认知。）

> 提示：
> PMO通过提出公开透明的问题来建立学习型文化基础。

10.3.2　学习型文化与执行力

学习型项目集文化的特性：
- 具有学习思维的服务型领导者能够围绕价值进行有效的规划。

- 通过强化跨部门协作来创造收益，可以更好地形成战略焦点。

增强式项目集执行的特性：
- 项目集的需求是多变的，因此需要通过持续学习来支持执行成果。
- 基于情境的规划允许在项目集生命周期中进行快速调整。

10.3.3 学习会限制创新吗

- 可能导致短期决策影响当前价值（需要耐心）。
- 如果运用不当，可能导致负面行为（需要将精力投入于此）。
- 可最大限度地减少创新所需的弱点与盲点（否则我们会忽视我们期望的创新，由此可见情商的重要性）。

10.3.4 PMIS 和学习

来源：Buffik/9 号图片

建立并维护适合的 PMIS 是 PMO 成功推动战略执行的关键因素。
- 基础设施作为关键投资的重要性不容忽视。
- 自动化有助于快速获得洞察，并做出适当调整。
- 提升业务体验（涵盖项目集经理、团队、供应链等干系人）。
- 建立公司范围内统一的信息来源（观点统一的力量很强大）。
- 在向项目经济过渡的过程中，对资源进行优化（这对于提高生产力和推动业务转型至关重要）。

> **进一步思考：**
> - 建立公开透明的机制，并提出正确的问题。
> - 罗列自己的问题清单。
> - 这需要耐心或长期投资思维。
> - PMIS 对于项目集的成功至关重要。

> **复习题**
>
> 单选题用圆括号"（　　）"标示，多选题用方括号"[　　]"标示。
>
> 以下哪项说明了初学者思维在应对复杂的项目集挑战时的重要性？（　　）
>
> A. 更加注重项目集工作的战术层面
>
> B. 提出有效的问题
>
> C. 提高数字化工具的易用性
>
> D. 快速达成共识
>
> 以下哪些项说明了学习型文化对于提高执行力的价值？[　　]
>
> A. 消除偏见
>
> B. 基于情境的规划
>
> C. 表现卓越的项目集团队
>
> D. 跨部门协作的机会
>
> 以下哪项是运用 PMIS 的显著优势？（　　）
>
> A. 维护项目集管理方法
>
> B. 建立公司范围内统一的信息来源
>
> C. 高度关注审计职能
>
> D. 建立清晰的业务规则

10.4　跨项目集对齐的重要性

项目集管理的"秘密武器"仍然是投资并成功应用矩阵式工作方式。未来的 PMO 将负责这种工作方式的应用。

> **学习要点：**
> - 利用有效的问题来提炼关键学习要点（对 PMO 来说非常重要）。
> - 了解 PMO 在企业级项目集规划中的角色。

- 随着"项目经济"的来临,跨项目集对齐的重要性愈发突出。
- 认识到跨项目集学习的价值(需要培养的关键能力)。

10.4.1 有效的问题

PMO 可以列出一系列问题清单来描述各种情境并推动组织变革的方方面面。这些有效的问题(有启发性的问题)可能包括:

- 是否具有多样性?对不同甚至对立观点的包容性如何?(多元化的程度越高越好,并且要公平、公正地对待不同的声音,这也是对项目经理/项目集经理的要求。)
- 这些见解、主题和方向是否限制了我们?我们是否保持了足够的距离以获得必要的视野?(尽量减少偏见与盲区。)
- 我们如何确保人们普遍具有成长型思维,并且我们的能力拓展不受限?(这是基本问题。)

10.4.2 企业级规划

图 10.4 展示了企业级规划的进程,包括以下要素。

- **工作方式**(Way of Working,WOW)的基础应建立在学习之上。
- 在管理项目集时,基于情境进行规划并关联**价值**(这是 PMO 需要重点培养的能力)。
- 跨项目集团队的**一致性**:
  - 战略的一致性。
  - 原则的一致性。
  - 事实来源的一致性(针对有用的数据和见解)。

图 10.4　企业级规划的进程

项目经济:

- 需要新的 WOW(让学习成为一种本能)。
- 持续学习可带来无限的变革(每个项目或项目集都服务于变革,这也是学习发挥作用的地方)。

学习的价值(见图 10.5):

- 当项目集干系人有共同的**梦想**时,他们会学习如何**激励**团队采取行动。

- 学习使我们有**勇气**参与关键对话，从而在各个团队之间营造真正的**和谐**氛围（在关注价值和优化资源利用方面保持一致）。

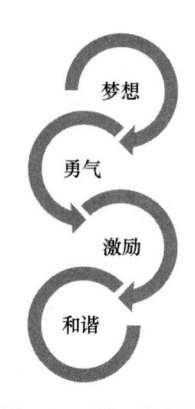

图 10.5 学习的价值

> **进一步思考：**
> - 项目集团队之间的跨部门协作是必需的。
> - 从正确的问题开始。
> - 围绕正确的目标和方向激励团队。
> - 如果将各个要素联系起来，并真正公开透明地专注于价值，我们就有机会发现管理复杂项目集所需的跨组织工作方式。

> **复习题**
>
> 单选题用圆括号"（   ）"标示，多选题用方括号"[   ]"标示。
>
> 以下哪项阐述了维持项目集绩效的三个基本要素？（   ）
>
> A. 一致性、可重复性和控制措施
>
> B. WOW、价值和一致性
>
> C. 开始做、停止做和继续做
>
> D. 价值、一致性和沟通
>
> 以下哪些是人类 2.0 方程[①]（新型人类）的关键要素？[   ]
>
> A. 在进行项目集对话时深思熟虑
>
> B. 感知项目集干系人不断变化的需求
>
> C. 打破思维限制
>
> D. 保持项目集团队的活力和热情

---

① 人类 2.0 方程的核心概念在于，对于个人和社会的发展，不断进化和改变是必需的，这需要人们不断创新并追求卓越。——译者注

"停止做""开始做"和"继续做"的应用有何价值？（　　）

A. 强化项目集的组织结构

B. 着眼于发现不足或失效

C. 在学习中寻求关注点的平衡

D. 忽略时间上的压力

10.5 指导持续改进

这是一个体现 PMO 影响力的绝佳话题。持续改进始终是任何流程的重要组成部分，对项目和项目集流程而言，也不例外。"指导"是很重要的，因为它强调了以适合学习、促进学习、推动变革的方式进行定制、辅导和交付的意义。关注价值，考虑风险以及推动学习都是 PMO 未来战略角色的一部分。当 PMO 指导持续改进时，可对组织成功产生更多影响力，也更能帮助组织获得成功。在项目集管理中，要应对各种变化，因此针对具体情况提供指导将非常有帮助。

学习要点：

- 利用学习能力来获得满足新兴项目集所需的技能。
- PMO 在为改进领域确定优先级和支持实践社区方面发挥的作用（如 Spotify 的案例）。
- 如何通过价值流来指导我们，使持续改进能在最关键的领域发挥作用？（本节的关键内容。）
- 使用故事来完成"停止做""开始做""继续做"的工作表（这是学习行为改变的基础）。

10.5.1 新兴项目集的需求

来源：WOKANDAPIX /1264 号图片

- 复原力对我们有帮助（我们之前讨论过这个话题）。
- 在 VUCA 环境中，不断变化的需求推动着变革。

- 借助 AI 和 ChatGPT 等新兴技术，我们能够理解并充分利用大量数据。
- 转向战略对话和价值导向有助于提升 PMO 的响应能力（尤其需要在这方面有所突破）。
- 例如，如果客户领导层发生变更（PMO 在这种变更的混乱中可以提供很多帮助）：
  - 项目集经理应提供有用的见解来帮助新老对接。
  - 展现项目集的价值。
  - 实现有效的转型（在 PMO 的支持下，项目集经理可以将个人成长和情商紧密结合）。

10.5.2 确定改进的优先级

提醒：
- 就像回顾会中所做的一样。
- 对各种框架持开放的态度。
- 有持续学习的意愿。
- Spotify 和实践社区生态（各级团队的学习和创新实践能像自然生长一样不断传播）。
- 使用各种技术进行优先级决策，如 MoSCoW[①]、两两比较法（在不同干系人群体间进行优先级的比较）。
- 以端到端的视角，实时调整优先级（基于影响项目、项目集和项目组合成功的要素）。

10.5.3 指导持续改进的实践

- 设置可调整的战略护栏。
- "价值对话"可确保我们的关注点不局限于流程。
- 所有持续改进工作都需要有护栏（见图 10.6）。
- 需要引导至具有战略意义的重要领域。

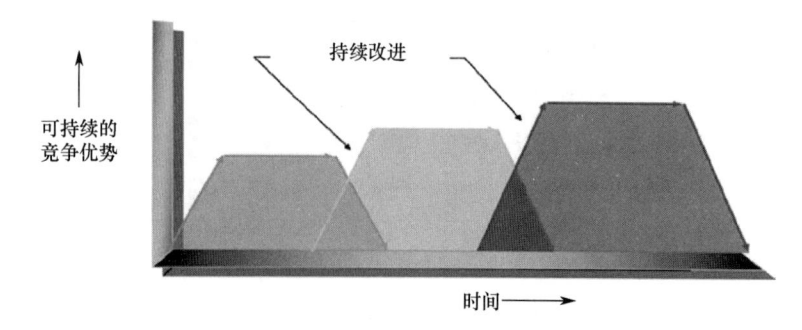

图 10.6 持续改进工作的护栏

---

① MoSCoW 是"必须有"（Must have）、"应该有"（Should have）、"可以有"（Could have）和"不会有"（Won't have)的缩写。

10.5.4 故事及与之相关的"停止做""开始做""继续做"

- 图 10.7 为项目集经理展示了一个非常强大的工具。
- 故事能够快速将我们与项目集背景联系起来（如 5C，见第 8.10.3 节）。
- 故事中的见解是否有助于指导战略调整？
- 我们如何就投资、撤资达成共识，或者我们如何获取更多的细节？（进行更多的研究以展示动态学习的团队优势。）

停止做	开始做	继续做

图 10.7 "停止做""开始做""继续做"工具

进一步思考：

- 指导持续改进的重要性。
- PMO 应将战略对话置于核心位置。
- 护栏的使用。
- 进行优先级排序可帮助我们专注于最重要的事情。
- 将趋势与实践相结合，这正是 PMO 能成为未来学习引擎的关键所在。
- 加强战略对话，使 PMO 成为最成功的组织战略执行机构。

复习题

单选题用圆括号"（　　）"标示，多选题用方括号"[　　]"标示。

以下哪项技术可通过区分"必须要做"和"最好能做"来强化优先级排序？（　　）

A. 最有价值干系人的意见

B. MoSCoW

C. 两两比较法

D. 加权系统

以下哪些活动有助于指导持续改进的投入？[　　]

A. 听取管理层的意见

B. 将对话引向价值

C. 设置护栏

D. 选择实施多个改进创意

在提升决策质量时，以下哪种做法能体现故事的价值？（　　）

A. 让项目集团队感觉更好

B. 提出我们自己的设想

C. 就投资、撤资达成共识

D. 精通学习能力

第4部分

组织级变革管理框架——推动战略转型，实现项目集价值

概述

第 4 部分讨论了当今商业领域最常讨论的话题之一：变革。如你所知，人人都希望变革和成长，然而，人们常常缺失必要的规范性、技能和策略。本章中的教程和观点将加速你的学习过程，使你能够清晰地建立合作关系和变革路线，并使你有能力更好地推动工作和项目集环境中最复杂的变革。

你将有机会学习和理解健康变革文化的特征，做好担任变革领导者的准备，并了解维持变革成果所需的条件。你将学会许多提升战略执行能力的实践。这些见解将促使你形成新的视角和思路，帮助你从战略上改进未来的业务成果。

学习要点

- 项目集度量指标的发展路径及其在衡量变革成熟度方面的应用。

- 通过示例和案例研究，使你深刻理解基于责任心驱动变革的重要性，以及变革专家在未来的角色。
- 作为组织变革的领导者，了解你需要具备的关键技能。
- 熟练掌握下一代工作方法。
- 为影响力工具箱补充一些重要工具。

关键词

- 变革文化。
- 责任心。
- 变革专家。
- 适应性因素。
- 共创。

第 11 章 变革文化

本章专门阐释变革文化及其相关内容,以确保项目集治理的一致性。世界已经发生了变化,混合工作方式已成为常态。这对项目集工作和项目集团队都有着直接的影响。作为领导者和项目集团队成员,至关重要的是,理解这一新常态所带来的文化变革,并为组织和项目集团队寻找最适合方法来实现卓越。

> **学习要点:**
> - 理解变革文化及其对项目集成功的重要性。
> - 初步了解健康治理和 ERM 的要素。
> - 分析一个组织案例,展现转型成功的承诺来源。
> - 学习一系列对组织内决策方式至关重要的企业风险管理实践。
> - 处理项目集收益关系的阻碍因素。

11.1 变革文化的特点

变革文化崇尚变革,拥抱变革,并有助于培养吸引和支持实现变革成果的强大能力。变革文化是动态的、自适应的,它们也代表了许多未来组织的文化特点,即期望、需求和客户日益增长的要求都是不断变化的。

> **学习要点:**
> - 在变革文化中创造价值和产生影响需要哪些要素?
> - 在团队中树立影响的推动要素、策略和工具。
> - 可落地的一系列的变革主题。
> - 践行彼得·德鲁克的名言:文化比战略更重要。

11.1.1 价值导向的工作方式

强调 PMI 的收益实现管理（Benefits Realization Management，BRM）的重要性。
- BRM 的影响范围非常广泛。
  - 创建变革文化需要哪些要素。
  - 为项目集及其管理的实践提供了重要的价值标准。
  - 对整个生命周期进行深度思考。
  - 明确界定成功的标准。
  - 前期投入时间的重要性。
  - 预测维持特定项目集的变革成果所需的条件（这通常是我们所欠缺的）。
  - 例如，在工厂引入新技术时，如果未能确保适当的授权，效果会大打折扣。
- 众多参与者可共同产生影响：需要一支庞大的干系人队伍。
  - 高管（这是一个关键的承诺要素）。
  - 发起人（他们推动价值的实现）。
  - 收益所有者（在提升成熟度的过程中，积累了丰富的经验，准备了必要的措施，并设定了合理的期望）——需要将实现收益的责任委托给此人。
  - 变革推动者（负责营造和传播必要的参与文化）。
  - 项目集负责人（负责把变革的各个环节联系起来）。
  - 更多其他角色——取决于项目集的性质和复杂度。

11.1.2 项目集转型案例

- 构建问责制和收益实现机制。
  - 成功的变革案例建立在明确的期望之上。
- 卓越领导力。
  - 必须认识到，在变革生命周期中，我们必须做出一些艰难的选择和决策，以保持正确的方向。
- 清晰的沟通是做出高质量决策的关键。
  - 正确的流程和领导力，辅以适当的技术，可以持续关注并分享变革的进展和影响。

11.1.3 收益实现管理的关键成功因素

要取得成功需要什么？
- 角色和职责（即使在项目集和项目取得成功时，我们也必须处理这个问题）。

- 文化（价值观、沟通，共同致力于变革的收益）。
- 技能（应该提哪些问题）。
- 适应性（良好的责任心能帮助我们做出必要的调整和转变，以确保我们处于正确的发展路径上——这是常识，但并未得到广泛认同）。
- 基于风险管理的治理（这是项目集成功实现价值的基础，它表明你深刻理解了项目集的实际需求，并规划了适当的准备工作）。
- 可跟踪性（如何将特定的变更/收益与推动该项目集变更的根本原因联系起来）。

> **进一步思考：**
> - 良好的责任心、有效的对话，以及对生命周期的关注，都需要一套战略步骤来推动变革并确保其成功。
> - 当面对挑战（如绩效差距）时，需要主动寻求支持。

> **复习题**
>
> 单选题用圆括号"(　　)"标示，多选题用方括号"[　　]"标示。
>
> 在收益实现生命周期中，以下哪个环节会发生？（　　）
> A. 项目集管理的输出已经交付
> B. 项目组合管理的输出和优化
> C. 识别收益
> D. 维持收益
>
> 在创建变革管理文化时，最关键的成功因素是什么？[　　]
> A. 中央集权
> B. 定向沟通
> C. 关注质量指标
> D. 培养正确的能力
>
> 以下哪项不是收益实现管理的关键成功因素？（　　）
> A. 基于问题的治理
> B. 技能
> C. 适应性
> D. 文化

11.2　变革成功的要素

当我们讨论文化时，我们必须相信变革是可行的。

最糟糕的情况是：存在推动执行战略所需的变革，但没有相应的文化支持。

> **学习要点：**
> 在收益实现管理中，为何文化的支持很重要？
> - 有多个干系人致力于项目集的价值实现（通过在干系人之间建立共识来展现责任心）。
> - 持续的价值对话的本质正在转变（项目集经理需要关注的关键优先级）。
> - 高管和价值所有者在组织中的角色（需要自上而下设定基调，高管应始终寻求必要的变革承诺）。

11.2.1 聚焦：流程、领导力、意识和沟通

- 管理生命周期和确保一致性的流程（简化流程并不断审视流程的价值）。
- 领导者对 BRM 的信心（他们的行动是否与其承诺一致？他们是否具备所需的技能？）。
- 对收益职责的新认知（打造客户体验需要双方的明确和承诺，同时也需要结合变革管理技能）。
- 利用组织变革管理（Organizational Change Management，OCM）技能（倾听、退后一步和跨项目集团队合作）来应对阻力。

11.2.2 衡量价值的战略新方法

- 实现价值一致性（从传统的时间、成本和质量转变成对业务重要的事项，如财务状况和其他具体的增长成果）。
- 在新的工作方式中，无形因素至关重要，如协作、情商、士气、可持续性、生活质量等（无形因素对于价值的持续实现非常重要。例如，在制造工厂中，除了直接的可交付物，客户和员工的满意度也是我们完成战略指标的关键）。

> **提示：**
> 价值衡量是一个过程，要求我们有意识地专注于创造一种工作方式，以帮助我们维持收益的实现。

11.2.3 项目集管理规范以及实现收益

这可以适用于任何交付框架：
- 从不同角度看待客户价值。
- 明确地向收益所有者授权，以便他们能做出关键决策，从而修正方向（速度至关重要）。
- 转向不同的商业模式或组织架构可能是必要的（这涉及做出关键的决策，并需要明确角色及职责）。

- 横向的工作方式是必要的（项目集和变革的成功取决于我们能否坚持这种组织方式）：
  - 思维方式的转变（持续履行承诺）。
  - 新的激励模式（在工作中不断学习和成长）。
  - 重新思考流程，以完成战略指标（如图 11.1 所示，在指标成熟度模型中，要求干系人积极参与）。

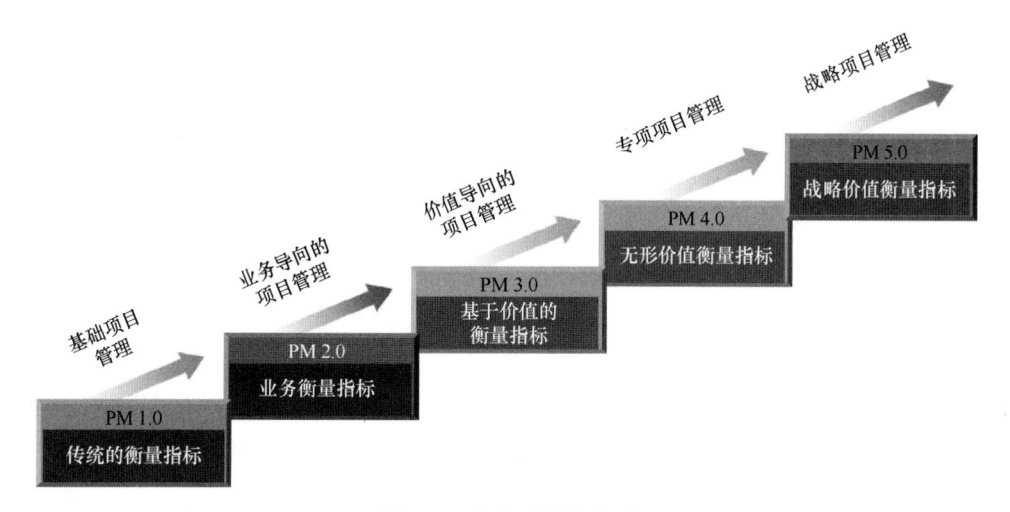

图 11.1 指标成熟度模型
来源：改编自《下一代项目管理》

可通过指标成熟度模型进行练习，来审视我们的实践情况。如果我们处在层级一或层级二，那么提高层级需要采取哪些措施？与同事及他人一起实现这个目标。思维模式的转变以及对流程的重新审视代表了持续不断的实践过程。

进一步思考：

- 变革文化的基调是由高层设定的。
- 重新审视我们对指标的看法，思考如何使指标的成熟度不断提升。

复习题

单选题用圆括号"（　　）"标示，多选题用方括号"[　　]"标示。

以下哪项表明组织文化关注项目集收益？（　　）

A. 对三重制约因素的关注日益增长

B. 进行充分的有关持续收益的对话

C. 仅在项目集开始阶段讨论收益

D. 团队成员持续因完成可交付物而获得奖励

以下哪些因素直接有助于实现文化变革成果？[　　]

A. 项目集经理对收益责任的认知

B. 在更严格的治理基础上构建流程

C. 给出阻力自然化解的时间

D. 领导者对收益管理有明确的承诺

以下哪项代表了无形价值衡量指标？（　　）

A. 挣值

B. 销量

C. 压力水平

D. 用户的上手时间

11.3 治理事项

有时，治理被视为监管。在治理工作中，应该关注文化中有助于项目集实现正确成果的要素。关键要找到适合项目集团队需求的治理水平，以推动必要的变更并实现预期的收益。

> 学习要点：
> - 针对健康的 BRM，了解相关的治理机制。
> - 请关注项目集经理的"指挥家"角色，它告诉我们归根结底，我们需要正确的领导力来统筹全局。

11.3.1 健康的 BRM 能力

当组织构建这种能力时，其重点是建立合适的治理机制：

- 协调核心价值并关注角色（运用"指挥家"视角）。
- 达成共识的推动因素（当变革领导者获得授权后，将帮助我们聚焦目标）。
- 缩小可交付物与价值之间的差距（团队成员可能交付了他们的工作，但关键在于整体成果如何被客户接受）。
- 确保对负责创造价值的角色有清晰的认识（每个角色都必须协调一致）。
- 应对混合交付模式（探索最有效的方法，并根据健康文化中的变革需求进行调整）。

11.3.2 卓越治理

- 持续改进是关键——决策者必须将其作为首要任务。
- 在体现价值重要性的关键问题上投入时间（这一点非常关键）。

- 决策者应该有足够多的机会参与重要讨论。
- 确保专业知识和观点的多样性（这是进行有效对话的关键）。
- 以建设性的和礼貌的方式倾听不同的观点（这强调了要进行积极、有效的对话，而非沉默或提出有攻击性的观点）。

11.3.3 让合适的人员参与进来并实现有效的 ERM

在实现项目集收益方面，让合适的人员参与进来是至关重要的！

- 重新审视干系人（确定合适的人选）。
- 确保在价值产出上投入足够的时间（在项目集管理工作中，以及在有关项目集工作的讨论中）。
- 取消那些不增加价值的项目集（在收益方面也适用）。
- 确保高管引领 ERM（执行议程以 ERM 为中心，并将风险管理置于核心位置）。
- 培养决策力（为合适的人员配备合适的技术，如 AI、Power BI 以及任何有助于发现趋势和线索、使决策更加有效的工具，从而在治理方面实现卓越的成果）。

> **进一步思考：**
> - 治理确实很重要。这主要是因为，当我们在治理方面表现出色并达到适当的水平时，将帮助我们适应干系人不断变化的需求。
> - 运用"指挥家"视角，确保所有团队成员都专注于价值，有合适的人员参与其中，以做出正确的决策并确定优先级排序。

> **复习题**
>
> 单选题用圆括号"（　　）"标示，多选题用方括号"[　　]"标示。
>
> 以下哪项是平衡治理的表现？（　　）
>
> A. 缩小相反观点之间的差距
>
> B. 为客户进行治理结构的培训
>
> C. 一刀切
>
> D. 将工作交给最优秀的人
>
> 以下哪项属于卓越治理的行为？（　　）
>
> A. 增加社交时间
>
> B. 快速决策
>
> C. 认可观点的多样性
>
> D. 给予每个决策者足够的时间

如何在组织中使 ERM 变得更加成功？（　　）
A. 就应对措施达成快速共识
B. 集中决策
C. 增加更多的审查环节
D. 确保高管引领 ERM

11.4 基于企业风险管理（ERM）的治理

风险管理为何对于治理如此重要，为何需要反复执行才能使其真正落地并付诸实践？考虑到推动变革的项目集所面临的不确定性，风险管理对项目和项目集管理的成功至关重要。

学习要点：
- 务实性。
- 数据驱动。
- 流程的连贯性。
- 实现变革成功的实用途径。

11.4.1 BRM 框架的实践阶段

- **识别**。如图 11.2 所示，BRM 始于"识别"阶段，该框架能够成功的关键在于领导层应尽早进行多元对话。
- **执行**。接下来，执行项目组合的工作（实现和重新确定优先级）。
- **维持**。与期待实现收益的干系人（热衷于实现最初确定的项目集收益）进行持续的互动。

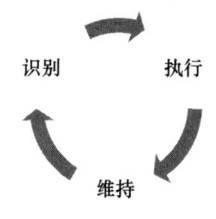

图 11.2 BRM 框架

11.4.2 项目集经理的 ERM 角色

- 了解如何利用文化，并依托组织的工作方式，将 ERM 作为战略能力。

- 利用数字技术辅助决策，获得额外的思考时间（强调利用数字技术提高效率的重要性）。
- 具有适当的风险承受能力，以确保速度和敏捷性（在获得额外时间的基础上，努力适应变化的方式）。
- 战略清晰度（了解什么是最重要的，以及项目集如何为实现战略做出贡献）。
- 在必要时寻求相关的辅导或指导（理解如何全面看待项目集）。

11.4.3 健康的 BRM 文化和恰当的治理

健康的 BRM 依赖于协作和跨部门的紧密联系，正如项目集团队所需的那样，甚至在风雨兼程的艰难时期也是如此。

- ERM 需要战略和整体视角（要有全局观，要能发现机遇）。
- 在 BRM 文化中，什么是重要的？
    - 完善商业论证（确保其成功实现）。
    - 恰当的治理水平（提出正确的问题）。
    - 关注文化的主动性和意识（这就是为什么风险管理会成为关键因素，以及我们为何会在早期就讨论这一事项）。

11.4.4 收益概况

图 11.3 提供了一种有效的方法来观察如何通过持续参与来构建收益概况，强调了早期明确性的重要性以及回顾关键问题的必要性。它指导我们从战略角度出发，尽早识别可能阻碍成功的因素，关注跨组件和业务单元中的意外情况，并在我们已经讨论过的指标成熟度、信任和数字推动因素的基础上进行学习和发展。

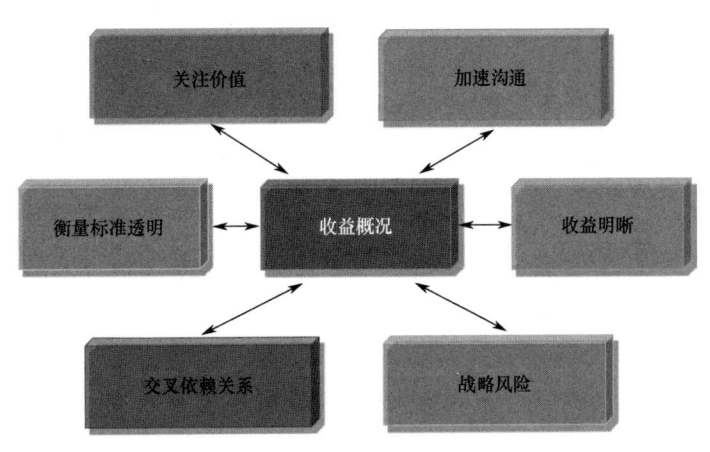

图 11.3 收益概况

> **进一步思考：**
> - 企业的风险视角对于治理至关重要。
> - 项目集经理应确保收益概况有助于将重要因素整合在一起。
> - 在我们的工作方式中，至关重要的是，能够正确地分配时间并通过数字化手段来辅助我们合理安排时间。

> **复习题**
>
> 单选题用圆括号"(　　)"标示，多选题用方括号"[　　]"标示。
>
> 在BRM框架中，以下哪项是需要多次迭代的阶段？（　　）
>
> A. 执行
>
> B. 维持
>
> C. 识别
>
> D. 以上都不是
>
> 以下哪些因素直接有助于提升项目集经理的ERM能力？[　　]
>
> A. 与团队加强沟通
>
> B. 战略清晰度
>
> C. 通过更快上报风险的方式
>
> D. 利用数字化来支持决策
>
> 以下哪项说明了收益概况能体现ERM的焦点？（　　）
>
> A. 增加使用的指标数量
>
> B. 重点关注风险管理政策的应用
>
> C. 捕捉战略风险和交叉依赖关系
>
> D. 采用多种仪表板

11.5　为变革成功提供支持

干系人必须齐心协力，并就变革成功所需的支持达成共识。这就是为什么项目集经理这个角色非常重要。项目集经理需要投入大量精力来确保变革的重点与预期收益相一致。

> **学习要点：**
> - 选择能够将未来项目集的重点转向创造价值的实践。
> - 收益地图和跟踪矩阵如何确保BRM的成功？

- 使用 BRM 准备度调查进行自我评估，根据 BRM 的关键成功因素，了解组织的现状。
- 了解成功实现收益的根本原因和障碍，并消除这些障碍，包括干系人、规划、流程和团队等各个方面。

11.5.1 将项目集的重点转向价值

形式上就像购房一样，但不像房地产交易那样简单，更像是在实现拥有理想家园的梦想。
- 拥有变革的主动权，并明确期望（就像购房体验一样）。
- 建立问责制以及多样化的角色和职责（所有的参与者，如法务、财务等，都要齐心协力）。
- PMO 转向创造战略成果和扩大影响（关注如何实现战略价值指标，正如之前讨论过的那样，并运用质疑思维来思考我们的行动目的）。

11.5.2 收益地图和跟踪矩阵的作用

实现变革的关键环节是将变革可视化，并展示如何将各个组件连接起来，以形成最终的完美图景。收益地图显示了从输出到最终成果之间的完整流程。我们应该花时间并使用正确的工具，如思维导图，来将我们所做的工作与价值创造联系起来。跟踪矩阵（基于收益登记册）有助于我们跨项目集查看哪些项目集被用于实现哪些收益，包括选定项目集可能的主要和次要关注点。视觉化是创建授权的绝佳方式。

11.5.3 BRM 准备度

例如，在核能产业的案例中，有一个专门的组织来确保监管机构的需求得到满足，完成相应的培训，并妥善检查所有操作步骤。准备度非常重要。有时，项目集团队认为 BRM 准备就绪了，事实也许未必如此。

为确保对关键成功因素提供跨组织的支持，多元化的视角显得尤为重要。
- 框架和文化的设置得当（具有简洁性）。
- 具备多样化的技能（多样性至关重要）。
- 在治理中体现敏捷性（除了 ERM，还要知道何时需要适应和转变）。
- 风险管理的作用。
- 要进行充分的收益跟踪（收益跟踪的机制包括收益登记册、自动化工具等）。

11.5.4 清除收益障碍

- 在《PMI 职业脉搏》中，PMI 指出在高成熟度的组织中有 73%的项目集和项目能够成功实现组织的业务目标。
- 在以下方面，需要清除收益障碍：
  - 变革焦点的规范性（确保正确地关注价值）。
  - 高管的领导力（他们将时间花在哪里）。
  - 收益思维的一致性（必须做到）。

> **进一步思考：**
> - 利用跟踪矩阵，可确保我们对整个收益流程有清晰的认识。
> - 停下来，花时间与团队讨论，挑战团队，并致力于清除障碍。
> - 文化比战略更重要。

复习题

单选题用圆括号"(　　)"标示，多选题用方括号"[　　]"标示。

以下哪项说明了收益地图有助于成功实现收益？（　　）

A. 它没有实际作用，只是增加了文档工作

B. 把输出和成果关联，进而将收益和目标对齐

C. 确保战略是固定不变的

D. 持续将议题上报至项目集发起人

以下哪些事项可以通过调查来支持变革的成功？[　　]

A. 政策制定

B. 治理方法

C. 持续跟进

D. 增加风险管理经理的岗位

以下哪项对消除未来项目集的障碍至关重要？（　　）

A. 专注于风险管理认证

B. 无论准备度如何，都要尽快启动

C. 对提升高管领导力做出承诺

D. 每个项目集都使用相同的框架

第 12 章 维持收益

本章专注于维持变革的成果,以及项目集经理在培养变革生命周期复原力方面的作用。收益实现的生命周期取决于项目集的性质,因此实现收益的预期过程可能各不相同。为了确保这一过程顺利进行,必须明确维持收益的责任,并制订适当的支持计划。不同的干系人需要协同合作,明确各自在维持收益方面的角色,并就具体形式达成共识。

> 学习要点:
> - 理解识别、创建和维持收益的生命周期视角。
> - 思考那些为管理项目集收益而培养复原力的示例。
> - 学习如何营造环境,具有主人翁意识和建立信任,以维持收益。
> - 探讨《哈佛商业评论》中关于战略执行失败的研究。
> - 思考如何践行全球咨询公司的"逐级传递主人翁意识"这一秘密"武器",并将其应用于你所在的组织。

12.1 跨生命周期的收益[①]

12.1.1 简介

组织寄希望于项目集为其提供可持续的商业价值,却在为创建其中所包含的一系列项目而不断挣扎。在很多时候,组织会将所有提交的新项目请求都加入项目集的待交付清单,而缺少适当的评估,并且很少考虑新项目是否与项目集的业务目标相一致,或者在新项目成功完成后能否提供收益和价值。在提交一些项目的申请时,项目经理常常没有附带任何商业论证或有关项目与业务战略一致性的说明。

[①] 本节内容由哈罗德·科兹纳提供。

在许多项目中，虽附带了商业论证，但这些商业论证往往基于高度夸大的预期和不切实际的收益。另外，还有一些项目因为管理人员的突发奇想而被创建，完成项目的顺序则基于项目提出者的级别或头衔，仅凭某位高管的一句"把它完成"并不意味着项目就会成功。这些做法的结果往往是项目失败、资源被浪费，甚至在某些情况下，不仅没有创造出新的业务价值，反而削弱甚至破坏了原有的业务价值。

12.1.2 理解术语

在继续阅读前，理解基本术语是很重要的。

收益是由行动、行为、产品或服务产生的成果，这些成果对特定的个体（如客户、企业主）或群体（如干系人）而言是重要的或有利的。收益可能包括：

- 质量、生产力或效率的提升。
- 成本的规避或降低。
- 企业收入的增加。
- 客户关系和客户服务的改善。
- 企业客户的维护。
- 寻找新客户的方法。

并非所有的项目集收益都直接与项目集的盈利能力相关，但它们都可能受到项目集可持续性需求的影响。无论是战略性收益还是非战略性收益，通常都与发起组织的项目集业务目标保持一致，这些组织最终将获得这些收益。收益通过项目创建的可交付物或输出体现出来。项目集经理负责选择合适的项目，并指派项目经理来创建可交付物。

在项目的商业论证中，会识别出各项收益。一些收益是有形的，可以量化。另一些收益，如员工士气的提升，可能难以被衡量，因此被视为无形收益。

此外，收益之间也可能存在依赖关系，即一个收益依赖于另一个收益的实现。例如，期望的收入增长可能依赖于质量的提升。

BRM 是一系列过程、原则和可交付物的集合，旨在有效管理组织的投资[①]。项目集管理和项目管理都侧重于维持既定的基准，而 BRM 则通过分析项目集与业务目标之间的关系，来监控与期望实现的收益相关的潜在浪费、可接受的资源水平、风险、成本、质量和时间等要素。

决策者必须认识到，在项目集的生命周期中，情况可能发生变化，进而需要调整项目集的需求，重新设定优先级并重新定义期望的成果。完全有可能发生这样的情况，即收益的改变可能导致不利的结果，那么就需要取消项目集，或者将其列为待办，以便日后重新考虑。能够引发收益及其最终价值变化的一些因素包括：

---

① 关于收益实现管理的更多信息，可以参考 Letavec（2004）和 Melton 等人（2008）的研究。

- 业务负责人或高管的变动。在项目集的生命周期中，公司领导层或项目集领导层可能发生变化。最初制定项目集的高管可能已将项目集移交他人，而这些新领导者可能难以理解其收益，不愿提供相同程度的承诺，或者认为其他项目集可提供更重要的收益。
- 假设的变化。根据项目集的持续时间，假设很可能发生变化，特别是那些与事业环境因素和客户需求及期望相关的假设。必须建立跟踪指标，以确保初始假设或不断变化的假设仍然与预期收益保持一致。
- 制约因素的变化。市场状况（所服务的市场和消费者行为）或风险的变化可能导致制约因素的变化。公司可能批准范围变更，以抓住新的机会，或者基于现金流的限制而减少出资。相关指标还必须跟踪制约因素的变化。
- 资源可用性的变化。拥有必要的关键技能的资源（此处指人力资源）是否具有可用性始终是一个问题，如果实现收益需要技术突破或寻找风险更低的更好的技术（或方法），这也可能影响收益。

项目集价值是指项目集所能带来的收益对于某人或某组织而言的实际价值。与项目相比，项目集往往具有更长的执行周期，因此，在确定项目集的价值时，可能需要多年的时间进行衡量。我们可以量化项目或项目集的业务价值，但对于收益，则通常通过定性的方式进行解释和说明。当谈到应该提高 ROI 时，我们实际上是在讨论收益；而当具体说明 ROI 应该提高 20% 时，我们则是在讨论价值。价值生成的进展比收益实现更容易测量，尤其是在项目和项目集的执行过程中。收益和价值通常是不可分割的，很难只讨论其中的一个而不涉及另一个。

12.1.3 商业论证

收益实现与价值管理始于商业论证的编制。在收益实现与价值管理活动中，有四大主要参与方：
- 治理委员会。由至少具备项目集和项目管理基础知识的成员组成。
- 收益或业务负责人。
- 变革管理负责人。如果组织的变革管理是获取收益所必需的。
- 项目和/或项目集经理。

业务负责人（可能在项目集经理的协助下）负责编制商业论证，并参与制订收益实现计划。编制商业论证的部分典型步骤包括：
- 识别提高效率、增加有效性、减少浪费、节约成本、开拓新业务等的机会。
- 从业务和财务两个角度定义收益。
- 制订收益实现计划。
- 估算项目成本。

- 提出用于跟踪收益和价值的建议指标。
- 风险管理。
- 资源需求。
- 高层级的进度计划和里程碑。
- 项目的复杂度。
- 假设和制约因素。
- 技术要求（新技术或现有技术）。
- 如果项目必须终止，制定退出策略。

在商业论证中，可以为大多数条目创建相应的模板。收益实现计划的模板可以包括以下内容：

- 收益的描述。
- 明确每项收益是有形的还是无形的。
- 确定每项收益的承接者。
- 如何实现收益。
- 如何度量收益。
- 每项收益的实现日期。
- 向可能负责将项目成果转化为收益实现的另一个团队进行的交接活动。

12.1.4　度量收益和价值

随着度量技术的不断发展，如今几乎可以对任何事物进行度量，这自然也包括收益和价值。然而，由于许多针对新型指标的度量技术尚处于起步阶段，因此目前要获取准确的度量结果仍有一定难度。绩效结果将通过定量和定性两种方式进行报告。同时，是在项目集进程中逐步进行度量还是在项目集完成时一次性进行度量，这也是一个难以抉择的问题。与在项目结束时再进行度量相比，在项目推进过程中逐步度量增量的收益和价值往往更为困难。

价值通常是可以量化的，相较于收益来说也更容易度量。在某些项目集中，项目集收益的价值可能需要等到项目集完成后数月才能得以量化。例如，政府部门计划扩建一条道路以缓解交通拥堵，但该项目的价值可能要在建设完成后数月，并且当交通流量测量数据出炉后才能明确。一般而言，相较于项目集进程中持续进行的价值度量，在项目集结束时或项目集结束后不久进行的价值度量更为准确。

收益实现和业务价值并非仅取决于优秀的人才或卓越的能力，相反，它们取决于组织如何有效利用这些资源。有时，即使项目计划周全、人才济济，最终也可能无法创造出业务价值，甚至可能破坏现有的价值。例如，技术骨干可能将某个项目或项目集视为自己获得荣耀的机会，从而过度追求超出实际需求的目标，导致进度延误并错失商业机会。当团队成员认为个人目标比商业目标更重要时，就会发生这种情况。

在完成项目集可交付物后，随即进入收益实现阶段，这是实现收益及其附加价值的过程。此过程可能涉及实施组织的变革管理计划，这可能让人们离开他们的舒适区。收益的全面实现可能受到来自管理者、员工、客户、供应商和合作伙伴等多方的抵制。人们可能有一种内在的担忧，认为变革将伴随着晋升前景的丧失、权力和责任的减少，以及可能失去来自同僚的尊重。

在收益实现过程中，还有可能因以下因素增加收益实现的成本：

- 招聘和培训新员工。
- 改变现有员工的角色并提供培训。
- 员工岗位的变动。
- 提供额外的或新的管理支持。
- 更新计算机系统。
- 购买新软件。
- 制定新政策和新程序。
- 重新协商工会合同。
- 与供应商、分销商、合作伙伴和合资企业建立新的关系。

项目集经理希望他们的项目集能够尽可能长久地持续下去并实现盈利。然而，当为了项目集的持续而进行扰乱当前工作的变革时，就必须进行权衡。通过新产品扩展产品线或向现有产品添加新功能，可能需要对生产设施进行重大改造，甚至必须关闭旧设施。员工可能被辞退，或者必须接受培训以学习新的工作方式。简而言之，想要延长项目集的生命周期是存在风险的。

12.1.5 导致完全或部分失败的原因

无论我们多么努力地做好收益实现和价值管理，总有些事情可能出问题并导致项目集走向灾难。在整个项目集生命周期中，可能出现的导致失败的 12 个原因包括：

- 业务负责人或干系人未积极参与。
- 决策者不确定自己的角色和职责，特别是在生命周期的早期阶段。
- 项目作为项目集的一部分被批准，但没有配套的商业论证或收益实现计划。
- 在定义收益和价值时存在高度不确定性和模糊性，导致无法在诸如收益实现计划等文档中充分地描述它们。
- 为了获得项目批准和取得高优先级，对收益做出了过于乐观或不切实际的估算。
- 未能认识到有效的资源管理实践的重要性及其与收益实现管理的联系。
- 过于关注项目集的可交付物，而不是收益实现和业务价值的创造。
- 使用了错误的项目集成功定义。

- 未能在整个生命周期内跟踪收益和价值。
- 没有为取消项目集中的某些失败活动而制定标准。
- 在收益和价值只能通过组织变革管理来实现时，缺少必要的变革流程。
- 未能总结经验教训和形成最佳实践，从而导致错误重复发生。

由于收益和价值的重要性，今天的项目集经理更像业务经理，而不仅仅是传统的项目或项目集经理。如今，项目集经理不仅被期望做出项目集决策，还要做出商业决策。毫无疑问，今天的项目集经理应该比他们的前辈们更加了解业务。

12.1.6 收益实现立方体

收益的生命周期（或实现方法）建立在文化和赋能要素的基础上，这些要素是我们为实现变革收益而设置的。对于给定项目集，在其交付成果的生命周期之后继续维持收益至关重要。为了成功实现这一点，要有一个明确的综合计划，需要人员、流程及其他赋能要素与各种活动协同运作。

项目集经理和项目集干系人需要维持的收益可以通过多种方式进行分类（可以包括三个维度，如下文所述）。

来源：qimono/504 号图片

- 有形收益和无形收益（需要在两者之间保持平衡。尽管无形收益得到的关注往往较少，但还是要考虑其在度量价值时的重要性）。
- 计划内的收益和涌现的收益（正确的对话能够引发深刻的思考，例如，在生产线末端放置一个风扇，以识别哪个包装没有被正确装填）。
- 直接收益或间接收益。

收益实现立方体是一个很好的可视化工具，它展示了收益类型的组合（包括三个维度，因此不同的组合会影响实现收益的设计和可能的结果）。

12.1.7 跨项目集生命周期的 BRM

项目集干系人可能从执行项目集的初期就对收益有不同的看法，在项目集生命周期的各个阶段，这些看法也可能发生变化。项目集经理需要管理这种情况，并采取适应型方法来应对不确定性、计划更新以及持续创新带来的影响（见图 12.1）。这种适应性有助于增强创新能力！

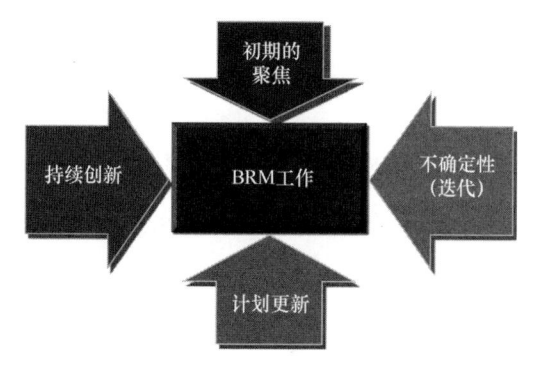

图 12.1 BRM 工作

> **提示：**
> 提出正确的问题，采纳不同的想法，在执行过程中重新规划，并培养创造性和创新性思维方式，以确保项目集能顺利实现收益。

12.1.8 收益登记册的价值

无论采用何种生命周期交付方法，或者在项目集推进过程中收益如何变化，项目集经理都有极好的机会回顾和重新审视收益登记册的要素及其使用方式。

收益登记册的要素包括：
- 描述。
- 分类。
- 时间范围。
- 负责人。
- 度量指标。

在项目组合层级进行考量（从战略角度审视各种事项，收益登记册可为你提供要关注的焦点、可见性及收益的可跟踪性，并可帮助收益责任人获取和维持收益）。

> **进一步思考：**
> - 收益立方体能影响并塑造收益预期。

- 重新规划和重新思考的能力非常重要。
- 规范地使用适应性强且持续更新的收益登记册，以便在项目集完成后继续维持收益。

复习题

单选题用圆括号"（　　）"标示，多选题用方括号"[　　]"标示。

以下哪项表明了在项目集工作中使用收益立方体的价值？（　　）

A. 团队知道应该报告哪些收益

B. 将收益层级的重叠对优先级排序的影响可视化

C. 图形具有强大的力量

D. 了解应为项目集的收益提供多少资金

在整个项目集生命周期中，下列哪些因素对 BRM 工作的有效性贡献最大？[　　]

A. 在整个生命周期中始终维护一个 BRM 计划

B. 在初期就专注于制定衡量收益的标准

C. 展示优于衡量标准的结果

D. 调整衡量标准，以适应敏捷交付

以下哪项体现了收益登记册在维持收益方面的价值？（　　）

A. 所有团队成员都应使用收益登记册

B. 主要关注无形收益

C. 明确收益的所有权和预期完成变革的时间

D. 不记录未实现的收益

12.2　复原力和收益

鉴于近年来世界所经历的巨大变革，这是一个对未来工作至关重要的主题。复原力是你与众不同的一个素质，也是你在未来取得成功的关键。这也直接影响项目集团队成员日常进行的收益维持工作。

学习要点：

- 从疫情的视角出发，重新思考培养复原力所需的要素。
- 获取收益的重要性。
- 干系人在有关收益的议程中培养必要的适应能力。
- 《哈佛商业评论》的研究揭示了，大多数公司在其战略规划与实际敏捷性之间存在着差距。

12.2.1 从疫情的视角出发，培养复原力

图 12.2 清晰地表明，未来的项目集经理将会明白复原力这一能力有多么的重要。他们应该在工作方式的转变中练习适应能力，并积极将威胁转化为机会。当你拥有可信赖的团队成员和专注于价值创造的贡献者时，项目集就会成功。要做到快速适应变化，需要认识到停止某些事是有价值的，进而快速重新设定优先级，同时要利用好数字化工具。这将帮助项目集团队具备应对大规模变革事件（如疫情）所需的主动性。

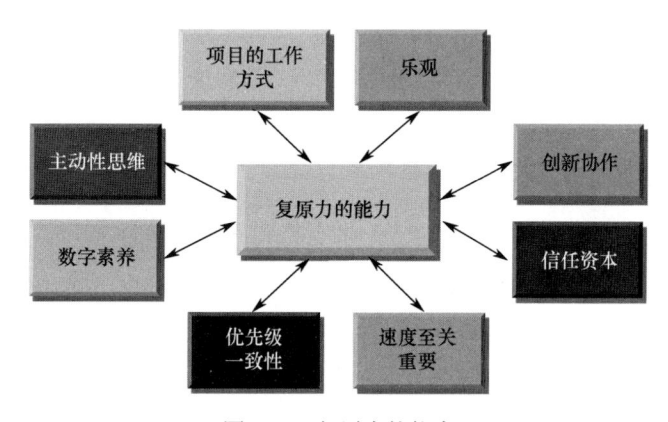

图 12.2 复原力的能力

12.2.2 获取收益

哈罗德·科兹纳博士在其多部著作中强调了获取收益的时机和主人翁意识的关键性。对于获取收益，要解决的一个关键问题是，妥善处理收益的移交以及所有必要的相关支持。在某些情况下，如果未来的支持对长期收益的实现至关重要，那么就需要规划好持续的合作。

- 问题不在于识别收益或管理项目集以创造收益。
- 挑战在于管理项目集组件完成后的移交。
- 理解持续合作的重要性。

12.2.3 干系人的适应能力

技能组合：

- 变革管理。
- 对适应型战略重新对齐。

思维方式：

- 细致的动机分析（包括尽职调查和数据分析）。
- 成果导向（对于实现价值来说，关键转变在于，确保重要干系人在压力下能够适应环境，并支持变革的实现）。

12.2.4 弥补敏捷性的差距

T 型技能提醒我们，在未来的项目集中，我们最需要的是跨领域的变革技能、与客户的亲近度、情商以及响应变化的速度。

- 与客户保持密切联系。
- 更快的上市时间。
- 能力与机遇间更加匹配。
- 企业敏捷价值观（我们是否有正确的文化来支持和维持敏捷性）。
- 降低风险（同时具有适当的风险偏好）。

> **进一步思考：**
> - 获取收益并非一蹴而就，需要时间。
> - 项目集经理需要适应变化，进行正确的对话，并建立收益责任人负责制。
> - 需要正确的思维方式和技能组合、T 型技能、适度的风险管理，并弥补敏捷性的差距。
> - 培养复原力以实现并维持收益。

复习题

单选题用圆括号"（　　）"标示，多选题用方括号"[　　]"标示。

以下哪项是项目集经理从疫情的经验教训中得出的有关复原力的关键要素？（　　）

A. 领导者展示其掌控力

B. 工作方式的流畅度

C. 更多面对面交流的机会

D. 花更多的时间进行优先级排序和决策

布伦·布朗说："没有失败就没有创新和创造力。"为什么这种关键的思维方式转变对实现收益至关重要？[　　]

A. 提供更可靠的结构

B. 协作的重要性

C. 持续进行战略调整的必要性

D. 令工作变得更有趣

以下哪项可以弥补敏捷性的差距？（　　）
A. 主要关注项目集的敏捷性
B. 变得厌恶风险
C. 在发布上市前花更多的时间
D. 在能力与变革之间保持更好的一致性

12.3 主人翁意识的环境很重要

学习要点：
- 有主人翁意识不代表监管。
- 成功需要对适当程度的主人翁意识持开放态度。
- 没有主人翁意识，变革的发生和收益的实现将会土崩瓦解。

12.3.1 主人翁意识的重要性

主人翁意识至关重要！
- 正确的价值理念对于营造主人翁意识的环境至关重要。
- 主人翁意识的发挥应该涵盖：从商业论证到维持收益的历程、协作的交接阶段、验证成果的时间节点、持续的移交阶段（必须遵循"为什么""是什么""如何做"，以确保我们有正确的目标）。
- 主人翁意识需要负责任的干系人：关心实现项目集的投资价值，以及设法对共同关注的成果做出承诺的个人（就像帕特里克·兰西奥尼的"团队协作的五大障碍"模型一样，从建立信任，到专注于正确的结果，并让团队愿意投入时间和精力来建立正确的主人翁意识）。

12.3.2 主人翁意识逐级传递的秘诀

就像前面章节中讨论的 Booz Allen Hamilton 公司的秘方一样：
- 社交领导力。
- 协作。
- 学习（需要成为价值主张的创造者）。
- 授权。
- 信任（必须实现信任，并且对其加以保护，以便在环境中营造授权的氛围）。

12.3.3 及时的 BRM 设计

- 从全面识别收益开始（明确收益的本质）。
- 建立获取收益的主人翁意识。
- 建立变革管理的能力（实现变革成功的关键是，具有组织变革管理技能。可采用同行评审、第三方反馈以及其他重新评估和学习的方式）。
- 确保假设的清晰度（自始至终）。
- 建立协作的机制（建立主人翁意识的重要步骤，如机制、环境、支持等）。

12.3.4 与项目组合的联系

从战略角度看待项目集及其收益，并具有整体视角是至关重要的。

主人翁意识不仅是一种思维方式，更是一种内在承诺：

- 明确的战略重点（思维方式）。
- 价值驱动（内在承诺）。
- 适合项目组合的组织架构（这样就可以采用主人翁意识逐级传递的方式）。
- 强化横向工作的驱动力（与此同时，激励团队进行跨项目集的合作，以确保完成那些跨项目集组件的特定可交付物）。

进一步思考：

- 要营造主人翁意识的环境，需要一种独特的"秘方"来逐级传递领导力，建立信任和实现真正的授权。
- 主人翁意识的一致性。
- 将关联关系提升到项目组合的高度。
- 明确收益，并把智慧与动机相结合，来保持设计与计划的一致性，以便获取收益。

复习题

单选题用圆括号"（　　）"标示，多选题用方括号"[　　]"标示。

以下哪项最有助于营造主人翁意识的环境？（　　）

A. 明确关注利润的干系人
B. 拥有展现清晰移交过程的方法
C. 关注并奖赏高绩效者

D. 以输出为中心的详细规划

以下哪些要素能直接证明主人翁意识逐级传递的有效性？［　　］

A. 社交领导力

B. 在整个企业中只使用一种方法

C. 指导

D. 授权

为什么思维方式和内在承诺对于主人翁意识的逐级/横向传递至关重要？（　　）

A. 展示明确的组织层级结构

B. 展示横向连接多个项目集的能力

C. 促使干系人重新思考价值

D. 保持一致性

12.4　信任管理

学习要点：
- 信任是项目集整体成功的关键。
- 信任是良好沟通的基础。
- 设计适合的方法，争取干系人参与，并持续巩固这一成功的基础。

12.4.1　控制并实现收益

- 这不应该与监管相混淆。
- 设定恰当的指标是有价值的（例如，可参考科兹纳的指标成熟度模型）。
- 项目集的未来是以价值为中心的（告诉我，价值是如何被衡量的！）。
- 保护关键对话很重要（通过一个模型或流程使艰难的对话拥有开放的环境，进而适当关注那些具有更大价值的话题——项目集经理和收益责任人在营造并支持这种环境中扮演着关键角色）。
- 成功在于平衡控制与自主权（确保自己信任团队，并授权团队执行任务）。

12.4.2　信任的速度[①]

信任的五个层次——自我、关系、组织、市场、社会（代表不同的层级）。

---

① 改编自史蒂芬·M.R.柯维撰写的《信任的速度》。

领导者的行为（对项目集团队至关重要）。
- 品格行为：
  - 坦率交谈、尊重、透明度、谦逊、忠诚（保护关键对话）。
- 能力行为：
  - 结果导向、改进、求真务实、明确期望、担责（有助于建立主人翁意识）。
- 二者兼有：
  - 倾听、承诺和拓展（建立以信任为中心的桥梁和关系）。

将这些转化到你的实践及团队工作中。

12.4.3　项目集团队之间的信任

- 基于信任的项目集团队要素。
  - 设定项目集团队的价值观（项目集章程），回答"为什么"这类问题。
  - 委派变革负责人 = 明确结果+自主权+支持开放的关键对话（必须保护这类对话）。
- 项目集经理的作用是消除任何阻碍沟通的障碍，并强化对人员的关注（这一点对项目集团队来说有巨大的价值，可让团队专注于正确的事项）。

> 提示：
> 项目集经理是信任的建立者，可以通过信任来建立主人翁意识，并推动关键的项目集对话。

12.4.4　信任与收益

图 12.3 展示了信任与收益之间的关键联系，还总结了项目集经理和 PMO 的许多能力，这些能力对于实现项目集成果很有价值。信任固然重要，但控制更为关键，尤其是在考虑可能影响收益的意外情况时，更要重视建立主人翁意识和维护信任所需的步骤。

> 进一步思考：
> - 信任至关重要！
> - 建立信任资本。
> - 在控制和信任之间找到恰当的平衡。
> - 建立信任与实现收益之间的对应关系。
> - 保护关键对话，加快信任的速度，关注项目集经理和 PMO 在维持信任的行为和能力上的差异。

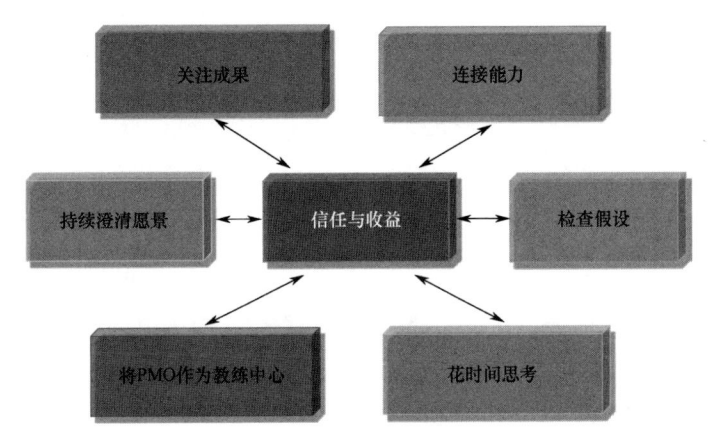

图 12.3　信任与收益

> **复习题**
>
> 单选题用圆括号"(　　)"标示，多选题用方括号"[　　]"标示。
>
> 以下哪项说明了适当的控制是达成收益的关键？(　　)
>
> A. 让高管了解所有的项目集活动
> B. 在控制与自主权之间保持恰当的平衡
> C. 关注范围、成本和进度指标
> D. 尽可能减少不必要的对话
>
> 以下哪些行为有助于取得更高的信任度？[　　]
>
> A. 谦逊并及时承认错误
> B. 如有必要，"先假装做到，直到真的做到"
> C. 避免直截了当的谈话和冲突
> D. 在项目集团队之间建立信任
>
> 以下哪项最能体现可将信任作为收益导向的促进因素？(　　)
>
> A. PMO 应加强控制水平
> B. 为项目集团队提供思考的机会
> C. 只在开始阶段设定假设
> D. 关键干系人不断索要收益

12.5　变革与收益的一致性

> **学习要点：**
>
> - 当谈论卓越时，一致性可帮助我们聚焦于正确的方向。
> - 我们如何从特定变革中持续获得预期收益？

12.5.1　学习型组织

- 关键要从源头抓起！
- 由高管团队推动。
- 专注于培养执行能力（作为项目集的领导者，应在工作中做出表率）。
- 学习关键要素（例如，NASA和首席知识官的角色，直接与高管合作以推动正确的变革）：
  - 协作的环境（必须具备）。
  - 尝试的意愿（例如，尝试不同的交付方法）。
  - 关注价值（我们是否真正参与其中，并建立了主人翁意识？）。
  - 成长型思维（尽管许多组织还只是在谈论这一点，但我们必须付诸实践，以便为强大的学习型组织搭建联系的"纽带"——将项目集想象成"实验室"，从你的工作中"提炼"真正的价值）。

12.5.2　项目集的整体性

"既见树木，又见森林！"
确保变革结果的一致性是项目集所具有的天然优势：

- 在设计项目集时，通常以资源使用的有效性为重点。
- 项目集生命周期应以价值创造为中心（过程中的不断审查对项目集管理来说很正常，也是成功的关键）。
- 对项目集经理的期望是，在整合方面表现出色（这是项目集工作的组成部分）。
- 提供了多个持续学习和改进的机会（在每个检查点上保持规范，并采用适合的治理机制，以示范学习过程，从而确保执行的连贯性）。

12.5.3　跨项目组合举措的收益

在跨项目组合举措中保持一致性的实践：

- 成功=应对干扰和中断（在执行过程中总会有意外）。
- 实现无缝的优先级变更管理（体现授权和治理的清晰性）。
- 委托员工来推动项目集变更（授权的要素）。
- 包容多元化输入的新方式（在项目集工作中，这不是新话题，需要创造新方法将各种想法纳入讨论，以促进学习和保持一致性）。

12.5.4 收益实现经理

可以对此角色做一些"天马行空"般的设想,这有助于完成变革和实现收益。

在我们的项目集和整个业务中,是否应该有下面这样的成员?

- 高度关注收益的实现(收益实现责任人的呼声)。
- 管理变革文化(所需的转变)。
- 注重成长型思维(为团队成员提供支持)。
- 鼓励和教练干系人了解变革的收益(这是一个容易被忽视的环节,不过解决起来也很容易)。
- 负责推动创新融合(包容大量的观点,甚至是反对的观点,以促进我们的学习,这是一个动态的和持续的过程)。

对于那些希望在学习能力上取得卓越的组织来说,这不只是一个简单的概念,更是必要的基础。

> **进一步思考:**
> - 培养成长型思维,领导层做出坚定的承诺,并建立逐级传递的信任。
> - 项目集的整体性创造了极好的学习和成长机会。
> - 扮演独特的角色,培养学习能力,并从项目组合层级看待事物的关键要素。
> - 收益实现经理承担着重大的责任,会直接影响你的成功。

> **复习题**
>
> 单选题用圆括号"(　　)"标示,多选题用方括号"[　　]"标示。
>
> 以下哪项是设计学习型组织文化的健康要素?(　　)
>
> A. 为整个组织推行一致的方案
> B. 高管不进行干预
> C. 每次都尝试新事物
> D. 成长型思维
>
> 在支持收益实现方面,项目集的整体性有何独特之处?[　　]
>
> A. 评审关口提供了强有力的治理机会
> B. 在设计上专注于有效的资源配置
> C. 项目集经理扮演了英雄角色
> D. 项目集经理擅长整合
>
> 为什么收益实现经理可能是未来项目集的重要资产?(　　)
>
> A. 奖励命令与控制型领导者
> B. 做出所有关键决策
> C. 教练干系人关注收益
> D. 确保大部分直言不讳的意见得到考虑

第 13 章 变革专家

本章关注变革专家这一角色，探讨如何利用数据和趋势来提升决策能力并确保未来变革的成功。变革管理是一个复杂的话题，在很多情况下，它会延伸至组织变革，甚至对商业模式产生深远影响。为了使项目集能够交付预期的收益和成果，我们要能顺畅地获取数据，以提升治理能力，加快决策速度，并能够根据条件变化做出快速调整。本章的目标是，希望变革专家能在填补这一空白方面发挥重要作用。

在多位变革专家的领导下，项目集管理方法可能是商业模式变革的结果，或者项目集管理方法需要对商业模式进行变革。在通过项目集来开发新产品时，组织的商业模式将发生必要的变革。变革专家要运用其协作能力、数据分析能力及 AI 技术，来模拟组织在未来需要如何转变，以及如何重新定义成功，从而确定推动变革应该采取的具体行动。

> **学习要点：**
> - 了解变革专家的革新如何与影响力技能紧密相连。
> - 了解变革专家应具有的素质（变革成功的关键因素）。
> - 探索设计和组合项目集指标的原则。
> - 了解制定决策的重要工具，以及如何利用数据和趋势来加快决策速度和提升决策能力。
> - 深入理解变革专家在企业决策中的价值，以及他们对项目集核心团队工作方式的影响。

13.1 变革专家的革新

> **学习要点：**
> - 艺术与科学的结合推动了变革的发生。
> - 需要领导力、数据分析、争取干系人和协作的综合能力。
> - 变革专家的角色。

13.1.1 竞技场上的人

以下内容支持了变革专家角色的重要性：

- 西奥多·罗斯福："荣誉属于竞技场上的人——即使他失败了，也虽败犹荣。"（实验、失败、学习，以及其他与成功相关的特质。）
- 布雷内·布朗："变革专家的创造与之相关。"
  - 脆弱性意味着勇敢站出来并接受外界审视。
  - 如果你不在竞技场上，我对你的反馈就不感兴趣。（改变组织工作方式的核心在于：提出问题，持续改进和学习——我们要关注那些真正了解一线情况的人。）

13.1.2 变革技能

来源：489327 / 3 号图片

如上图所示，就像人们在狂欢节上展现的热情和活力一样，变革专家的核心作用在于激发推动转型和积极变革的能量。

- 以变革为核心的工作方式（对一致性、正确的对话、基于风险管理的治理产生影响）。
- 原型设计。
  - 需要快速且低成本地从失败中学习。
  - 尽早运用设计思维（快速融入新想法）。
- 设计思维策略。
  - 聚焦变革需求（应对多种变化）。
  - 生成有创意的想法（快速反馈和学习）。
  - 清晰理解复杂的联系（运用同理心）。
  - 快速进行小规模的尝试（开发 MVP，实现快速成功，以便更好地感知变革环境和变革结果）。

> **进一步思考：**
> - 为变革专家奠定基础。
> - 竞技场上的人（委任关键人员提供反馈）。
> - 要培养关键变革专家的技能。

> **复习题**
>
> 单选题用圆括号"（   ）"标示，多选题用方括号"[   ]"标示。
>
> 以下哪项说明了推动变革的人已做好了展现脆弱性的准备？（   ）
>
> A. 一致性、可重复性和控制措施
>
> B. 愿意亲力亲为，深入一线工作
>
> C. 专注于提供改进反馈
>
> D. 价值观、高度的一致性和沟通能力
>
> 以下哪些是项目集经理推动变革的关键要素？[   ]
>
> A. 对人严厉
>
> B. 能够代表团队承受压力
>
> C. 尽可能多地产生创意
>
> D. 勇于面对失败
>
> 以下哪项展现了设计思维的优势？（   ）
>
> A. 急于设计原型
>
> B. 过度思考现有信息
>
> C. 将复杂的联系转化为清晰的地图
>
> D. 期望快速得到最终的解决方案

13.2 项目集成功的影响力技能

项目集管理的核心在于，如何在实现变革的过程中保持平衡并达成卓越。

> **学习要点：**
> - 最理想的情况，即项目集经理是有能力的变革专家。
> - 组建互补型项目集团队，以满足影响力技能的需求。
> - 在实现收益方面，审视瀑布式方法与敏捷方法之间的关键思维转变。
> - 设定变革节奏和日常协作模式。

13.2.1 项目集经理是变革专家

- 了解业务背景（对项目集的成功至关重要）。
- 运用适应型方法（需要弥补组织在敏捷性方面的差距）。
- 运用数据分析[关注趋势，运用强大的商业智能（BI）]。
- 进行有意图的沟通。
- 保持战略一致性（如何在战略层面确保将变革与业务目标联系起来）。

13.2.2 互补的团队技能

- 对团队的影响力技能（也被称为软技能，它们是影响变革实现的真正关键因素）进行详细盘点。
- 采用团队驱动的方法，就所需的技能组合达成共识。
- 测试技能组合，以实现变革项目集的目标（作为项目集经理，需要审核并找出技能组合所需的转变类型）。

图 13.1 展示了 PMI 人才三角中技能组合的发展路径。未来，这个过程可能继续变化和扩展。变革专家必须在这些技能组合之间保持良好的平衡。

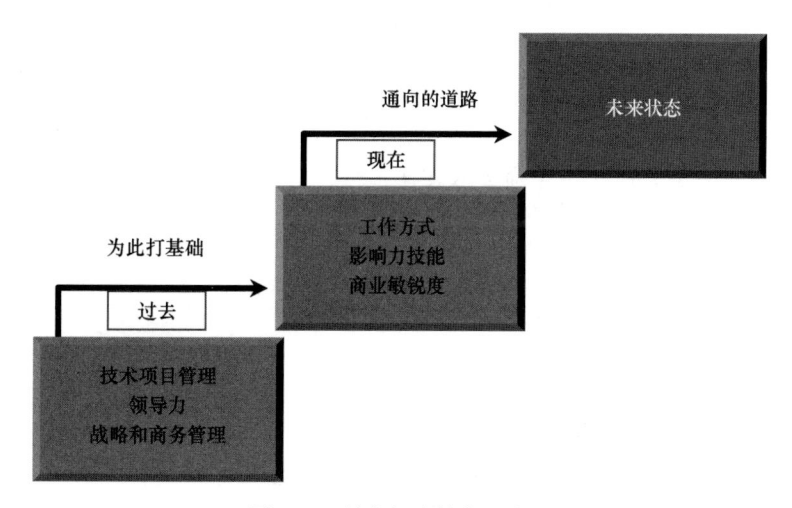

图 13.1 技能组合的发展路径
来源：改编自 PMI 人才三角

13.2.3 思维转变

图 13.2 展示了交付方法的适应性，体现了变革领导者对思维转变的引导，其中，很多交付方法的

选择都受到图中所示因素的影响，如信任度。对于变革领导者和变革专家来说，研究和理解这些因素对推动变革的预期影响非常重要。

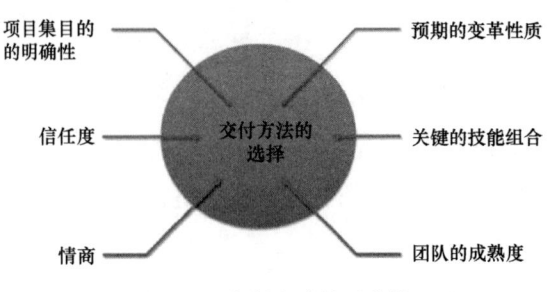

图 13.2 交付方法的适应性

思维转变的方向包括：了解我们的目标是什么，专注于最终的变革成果，提出问题，解决棘手事项，应对政治问题（借助复原力），维护适当的信任度，确保团队有发言权，并在必要时进行合作。

13.2.4 变革节奏

- 实施定制化的混合互动（在不同情境下，找到设定节奏的方法）。
- 不断感知变革方向（进行必要的项目集健康度检查）。
- 根据变革差距调整沟通计划。
- 核实变革责任（例如，对于收益实现经理和其他人而言，其职责可能是，确保在变革完成的过程中没有差距）。

进一步思考：
- 确保影响力技能在整个团队中得到充分施展。
- 高度关注商业敏锐度和思维转变。
- 运用变革节奏来调整方向，利用数据来让事情回到正轨。

复习题

单选题用圆括号"（　　）"标示，多选题用方括号"[　　]"标示。

以下哪项说明了推动变革的人已做好了展现脆弱性的准备？（　　）

A. 一致性、可重复性和控制措施
B. 愿意亲力亲为，深入一线工作
C. 专注于提供改进反馈
D. 价值观、高度的一致性和沟通能力

以下哪些团队特质体现了混合交付方法取得成功所需的思维转变？[　　]

A. 影响力技能组合

B. 智商

C. 信任度

D. 项目集预算

以下哪项需要进行混合互动过程？（　　）

A. 大部分团队成员在同一个地点工作

B. 项目集团队一直在使用瀑布式模型

C. 管理层想要传达文化信息

D. 项目集团队的办公地点和团队成员的年龄分布具有多样性

13.3 项目集指标组合

学习要点：

- 变革专家的必要性。
- 价值指标。
- 克服障碍。

13.3.1 变革专家的必要性

世界各地的政府机构，通常肩负着多样化、重大的使命，也体现了变革专家这一角色的必要性。这些机构普遍具有以下共同特点（在适当领导者的支持下，这些特点使得有效的变革策略更容易成功实施）：

- 复杂的使命涉及多样化的干系人。
- 价值数十亿美元的企业级项目组合（这些项目组合将影响人们的生活，因此转型至关重要）。
- 系统和服务的转型。
- 变革准备度存在差异（无论是核能项目集，还是车间内的简单生产活动，都需要给予优先考虑，以处理变革准备度的差异）。
- 有数据支撑的变革。

13.3.2 全面的以价值为中心的指标组合

如图 13.3 所示，科兹纳博士的有关向战略价值指标演变的观点，凸显了这一议题的重要性，并展示了如何通过全面的指标视角来帮助项目集团队专注于实现变革成果的关键事项。

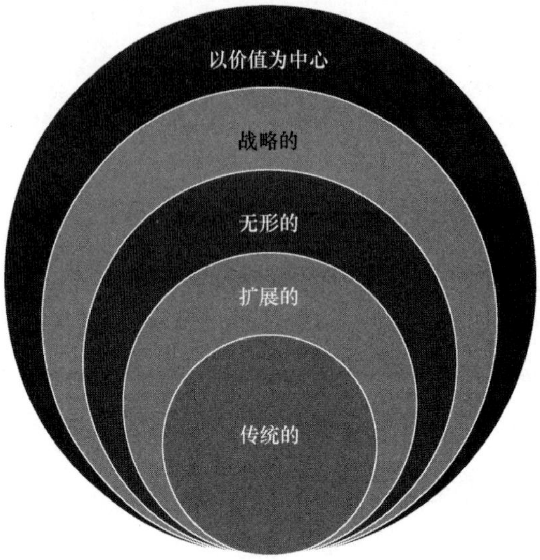

图 13.3　向战略价值指标演变

指标的转变：

1. 指标的转变与项目集的规范和成熟度密切相关（正如科兹纳博士在成熟度路径中所强调的）。
2. 项目集经理需要得到高管的支持。
3. 以价值为中心确保了指标有助于项目集的成功（需要主人翁意识和思维转变）。

13.3.3　障碍与偏见

- 偏见。
  - 极端的行动或追求完美（两者都可能妨碍我们关注真正重要的事情）。
  - 倾向于采纳高管的观点。
- 障碍。
  - 告诉我如何衡量我（这决定了绩效的关注点）。
  - 短期视角（需要考虑发展路径——长期视角）。

进一步思考：

- 需要设定战略指标。
- 在消除偏见和障碍时应当谨慎行事。
- 项目集经理应确保正确关注重要的事项。
- 应进行关键对话，并且变革领导者应与收益责任人及高管合作。

> **复习题**
>
> 单选题用圆括号"（　　）"标示，多选题用方括号"[　　]"标示。
>
> 以下哪项有助于将变革的科学性和人文性结合在一起，以获得有效的成果？（　　）
>
> A. 关注利润
>
> B. 使用数据分析
>
> C. 丰富的专业技术知识
>
> D. 给予项目集团队充分的自主权
>
> 在设计变革指标时，以下哪些行为有助于向价值转变？[　　]
>
> A. 能够在指标组合中包含无形指标
>
> B. 提升项目集团队的成熟度
>
> C. 受到管理层的欢迎
>
> D. 重新思考变革的战略意义
>
> 以下哪项可能阻碍项目集指标发挥其全部价值？（　　）
>
> A. 完美主义
>
> B. 关注最资深专家的观点
>
> C. 过于依赖上司的想法
>
> D. 没有考虑长期影响

13.4　精通决策制定

是否存在真正的精通之道？本节聚焦于卓越决策，这涉及关键能力的培养、决策的质量、数据和多方干系人的意见。

> **学习要点：**
>
> - 在管理退伍军人事务项目组合时，使用以收益为中心的方法，并由该机构的最高层管理者做出优先级排序的决策。
> - UAE 幸福部部长是高层领导者的典范，关注更广泛的项目集收益和价值影响。
> - 决策模型以及清晰的图形决策（如决策树）展示的优势。

13.4.1　优先级

- 精通决策制定涉及加强决策的能力（需要投入精力）。

- 政府组织虽然身处政治环境，但承担着最具影响力的使命（不能轻视，因此更需要有效的优先级排序）。

来源：TKaucic / 17 号图片

- 对于跨项目集的大量数据，需要持续进行优先级排序。
- 转向战略对话，提升价值，增加以收益为中心的资源配置机会。
- 领导力在建立文化中的作用。
  - 提出正确的问题，并使用相关的仪表板来呈现战略指标。
  - 以风险驱动的优先级排序（在企业层面）。
  - 奖励开放式对话（促进更好的决策）。

13.4.2 领导力的范例

来源：Clker-Free-Vector-Images / 29538 号图片

- 将幸福作为国家的战略目标。
- UAE 幸福部的价值主张是促进乐观和积极的态度（也是很多变革专家所倡导的）。
- 通过幸福指数、倡导者、培训以及跨组织的层级结构来激发对关键决策的热情。

13.4.3 决策模型

- 需要大量的数据,并以价值为中心(通过预期货币价值来为决策赋予权重)。
- 背景故事提供的洞察是否有助于提高决策的清晰度(在直觉和数据之间进行平衡)?
- 决策树可使决策路径清晰,并有助于捕捉与决策权衡相关的预期价值(例如,选择这份工作还是那份工作,采用这个解决方案还是那个解决方案。要明确路径、正确的对话和参与者,以持续引导我们回归项目集的核心价值)。

图 13.4 展示了决策树等工具和可视化方法是如何帮助项目集干系人在方向选择和决策理由上达成共识的。这些可能都是迈向精通的一小步。

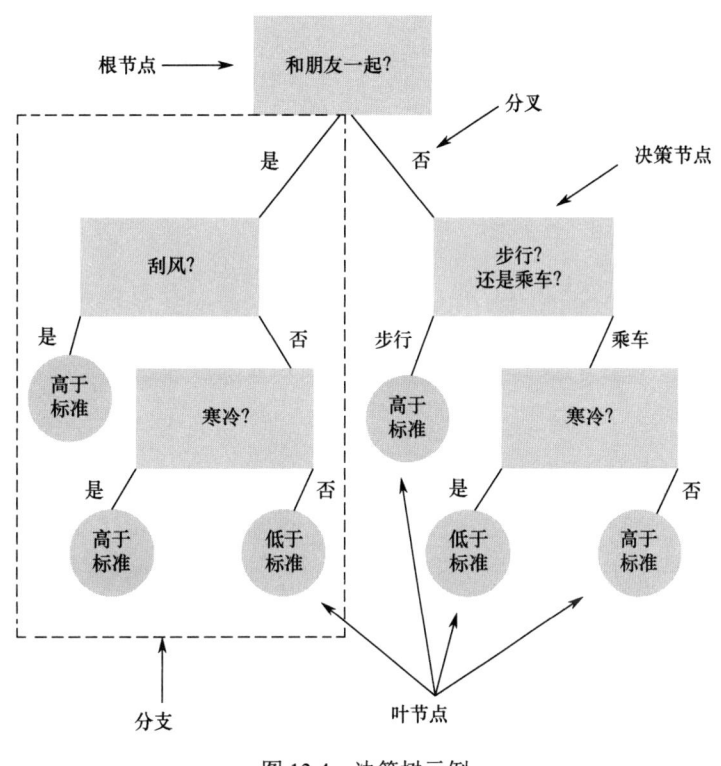

图 13.4　决策树示例

来源:mastersindatascience 网站

进一步思考:

- 这是一段旅程,也是一个持续的练习。
- 了解幸福指数。
- 运用辅助决策的工具,如决策树、预期货币价值等。
- 核心在于优化优先级排序,以提高变革成功的概率。

> **复习题**
>
> 单选题用圆括号"（　　）"标示，多选题用方括号"[　　]"标示。
>
> 以下哪项有助于提高项目集在价值上的优先级排序？（　　）
>
> A. 最资深干系人的意见
>
> B. 以风险驱动的优先级排序
>
> C. 在分析上花更多的时间
>
> D. 直觉
>
> 以下哪些措施有助于UAE在其国内成功地推广幸福价值？[　　]
>
> A. 在每次国家活动中讨论幸福
>
> B. 在各个政府机构中设立幸福CEO
>
> C. 通过合适的支持模型进行文化提升
>
> D. 惩罚不幸福的公民
>
> 以下哪个工具可简化决策替代方案的呈现方式？（　　）
>
> A. 资源图
>
> B. WBS
>
> C. 决策树
>
> D. 甘特图

13.5　项目集核心团队的变革

> **学习要点：**
> - 变革专家需要核心团队的支持，并且对核心团队推动的方法和变革焦点抱有信心。
> - 关键在于利用核心团队来实现变革，并推进所需的艰难决策。

13.5.1　组织的收益战略专家

- 聚焦——瞄准目标。
- 预测——风险管理。
- 系统——整体思考。
- 转型——情商（提高情商，能使我们更好地维护关系、管理压力、建立联盟，从而成为真正的战略专家）。

前面强调的这四点展现了收益战略专家的特质（见图 13.5），它们影响着项目集经理和变革专家的职责。

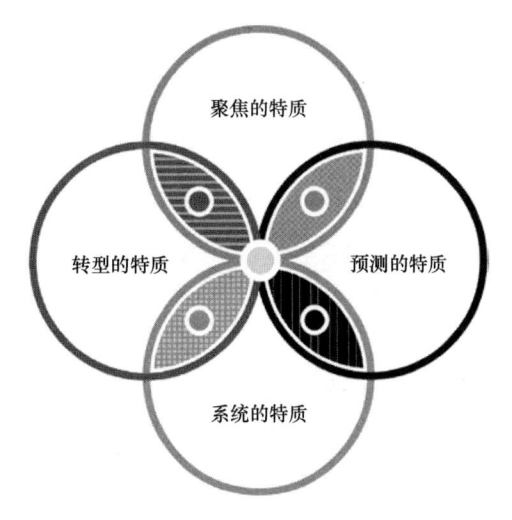

图 13.5 收益战略专家的特质

13.5.2 变革专家工作流

这幅图提醒我们创建专门的变革工作流的重要性。

- 聚焦。
  - 消除干扰，持续聚焦变革（致力于实现变革）。
- 变革准备度。
  - 亲力亲为，与目标团队合作（评估，检查节奏，使用"竞技场上的人"的概念）。
- 变革持久性。
  - 持续参与，以维持变革（在实现变革后，核心团队应确保变革得以持久）。

来源：Clker-Free-Vector-Images / 29538 号图片

13.5.3　变革故事

要素

如图 13.6 所示，激发变革的力量在于我们讲述变革故事的方式，要像潺潺流淌的河流，有适当的节奏，汇聚不同的观点和视角，从而产生长久的影响，最终帮助我们实现所需的持久性。

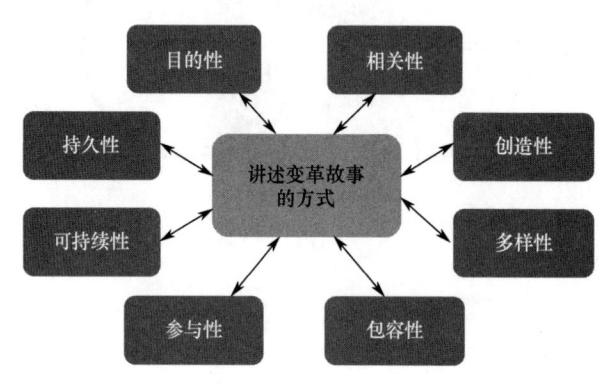

图 13.6　讲述变革故事的方式

13.5.4　核心团队的教练

- 项目集经理的角色变化（项目集经理可能要担任教练）。
- 负责提高核心团队的素质（项目集经理要连接所有环节，确保变革的实施）。
- 项目集经理需要与其核心团队持续合作，以维持变革成果（保持开放性，发挥项目集经理的整合作用，持续关注变革进展）。

进一步思考：

- 专门的工作流能帮助我们实现持久性。
- 项目集经理角色的持续变化。
- 聚焦—准备度—持久性间的平衡。
- 核心团队要保持专注。
- 整体收益地图的价值。

复习题

单选题用圆括号"（　　）"标示，多选题用方括号"[　　]"标示。

以下哪个特质有助于项目集经理使变革团队保持专注？（　　）

A. 协作

B. 瞄准目标

C. 转型

D. 动态管理

在保障变革成果方面，以下哪项体现了设定专门的变革工作流的关键优势？[　　]

A. 有趣的环境

B. 检查准备度

C. 处理问题人员

D. 持久性

以下哪项提升了变革故事的影响力？（　　）

A. 使它适用于所有听众

B. 将目标听众纳入故事流

C. 以一致的方式共享信息

D. 主要依赖于分析

第 14 章　适应型路线图

本章重点介绍适应型的变革路线图,并探讨观点的多样性和共创将如何强化收益的可跟踪性和干系人的满意度。同时,还应了解,在制定项目集路线图时,围绕价值进行设计和调整的重要性。在应对未来项目集工作中面临的高度复杂性和不确定性时,适应性是项目集路线图的关键特性。项目集领导者和团队成员需要具备相应的学习能力,以便规划、调整和改进项目集路线图,这对于制定出有针对性的和有指导意义的路线图至关重要。

> 学习要点:
> - 深刻了解感知干系人需求和平衡治理的重要性。
> - 了解共创对于确保共同所有权的重要性。
> - 学会重视并持续吸收不同的观点,以支持收益的可跟踪性,并确保收益的所有权。
> - 深刻理解文化认同是实现关键所有权并展现适应型领导力的重要因素。

14.1　基于价值的项目集路线图

> 学习要点:
> - 基于变革专家和核心团队的想法。
> - 路线图等基础支持因素可帮助我们适应并专注于实现变革。
> - 在设计路线图时,确保以价值为中心,这样能提高这些路线图的使用效率。

14.1.1　项目集路线图及其价值

成功可能是我们最大的障碍,因为成功可能导致人们抗拒变革。

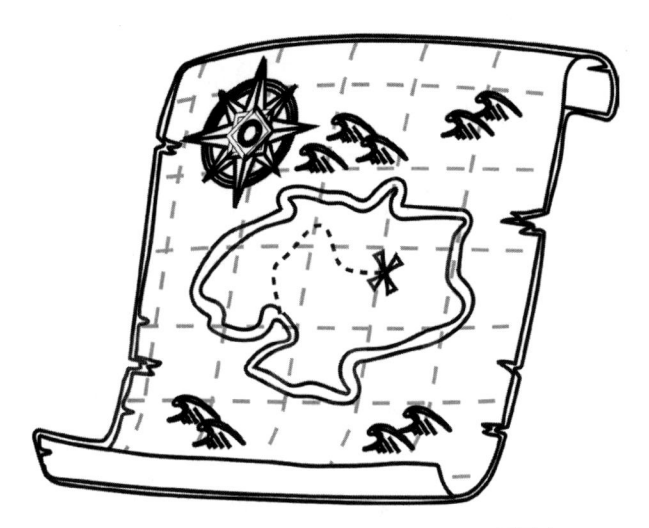

来源：Clker-Free-Vector-Images / 29538 号图片

同时，如果在设计路线图时不注重价值：

- 项目集将失去令干系人满意的效果。
- 战略制定与战略实施之间的差距将会放大（影响成功的重要因素）。
- 如果价值不明确，并且没有建立相应的合作关系，路线图的设计就不会得到认同（这涉及各种想法的融合，以及干系人之间的合作）。

14.1.2 干系人的可跟踪性

- 布琳·布朗关于"所有权"与"责备"的观点，很好地提醒了我们要控制自己急于责备的冲动。
- 当涉及多个干系人时，需要明确各自的角色和职责（需要填补任何潜在的空白）。
- 为收益所有者和/或项目集发起人提供可衡量成果的关键指标。
- 同时设计有形价值和无形价值（正如科兹纳成熟度模型中所建议的那样）。
- 持续将路线图与战略对应起来（确定是否进行了正确的战略对话）。

14.1.3 以价值为本的组织

- 重新思考价值的含义。
- 确保取得有意义的成功（例如，在咨询领域，仅仅完成可交付物是不够的）。
- 快速失败（快速尝试）和快速学习。
- 创建协同创新的空间（不同的工作方式存在巨大差异）。
- 培养决策能力和设定优先级的能力（提醒我们应加强设定优先级的能力）。

> **进一步思考：**
> - 在设计项目集路线图时应以价值为中心。
> - 跟踪干系人的所有权。
> - 持续打造学习型和以价值为中心的组织。
> - 确保我们的组织设计及其对关键项目集的支持都是恰当的。

> **复习题**
>
> 单选题用圆括号"(　　)"标示，多选题用方括号"[　　]"标示。
>
> 在设计路线图时，如果不以价值为中心会出现什么情况？(　　)
>
> A. 缩小战略制定与战略实施之间的差距将是一项挑战
> B. 项目集的成功将更有针对性
> C. 项目集经理将受到指责
> D. 更强的认同感
>
> 以下哪类干系人对衡量收益实现负有最终责任？(　　)
>
> A. 项目集经理
> B. 所有干系人
> C. 收益责任人
> D. 项目集团队
>
> 组织如何持续关注价值？(　　)
>
> A. 坚持用单一视角看待项目集价值
> B. 集中与客户互动
> C. 增加更多的审查里程碑
> D. 质疑价值和成功对不同干系人的意义

14.2 适应性因素

在不断快速变化的时代，适应性仍然是人们谈论最多的话题之一。我们可以通过"适应性度量表"来衡量组织和项目集团队在适应能力方面的成熟度，当然，这也需要项目集经理展现至关重要的复原力。因此，确保组织架构能够支持适应性是高管团队和组织架构师的重要责任。

> **学习要点：**
> - 为什么优化战略执行至关重要？
> - 将战略执行的重点作为衡量 BRM 文化成功与否的最终标准。

- 培养适应能力。
- 设计 BRM，促进价值创造。

14.2.1 战略执行的重要性

来源：JESHOOTS-com / 142 号图片

- 抓住重点（就像下棋一样）。
- 为变革路线图提供指导。
- 既需要项目集团队保持一致性，又要为创造性和包容性留出空间（适应型项目集路线图需要对其进行微妙的平衡）。
- 归根结底，这就是价值的体现和交付方式（我们的执行方式提醒我们，路线图为何如此重要）。

14.2.2 成功的 BRM 文化

变革专家的特质与我们之前讨论过的支持有效变革所需的健康文化息息相关，如 BRM 文化（见图 14.1）。

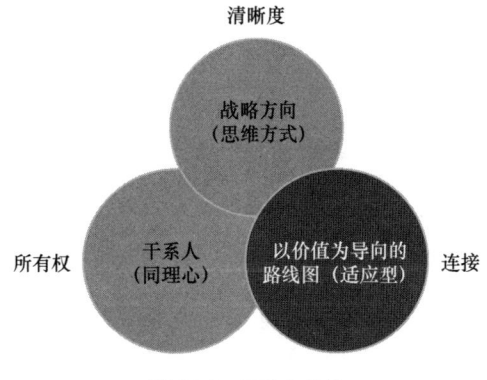

图 14.1 BRM 文化

14.2.3 培养适应能力

不确定性越大，适应能力对项目集成功的预期价值就越高：

- 具有适应能力意味着，人们会随时学习与变革有关的一切（学习型组织）。
- 奖励快速反应的能力（珍视这些特质）。
- PMO 有责任分享有关适应能力的成功故事（讲述强大的故事是一项核心技能）。
- 收益所有者在项目集中连接各个环节的作用（设定该角色的意图）。
- 引导团队认识到敏捷性、创造力和战略聚焦的价值。

14.2.4 BRM——连接组织的纽带

来源：Geralt / 25607 号图片

- 报告=开展有意义对话的机会。
- 思维方式的转变。
    - 持续评估价值（例如，在某些敏捷实践中，会进行反复评估）。
    - 企业主的相关责任。
    - 在行动时以学习为导向（重点关注）。
    - 简单的规则：不断地重新设定优先级，开展对话并基于风险管理进行决策。

提示：
项目集经理应确保已为团队制定了合适的适应型路线图。

进一步思考：
- 正确的文化、正确的学习型组织和正确的路线图。
- 信任干系人。
- 了解适应性因素的重要性，为迎接未来的变革做好准备。

> **复习题**
>
> 单选题用圆括号"（　　）"标示，多选题用方括号"[　　]"标示。
>
> 以下哪项说明了适应型路线图有助于创建变革文化？（　　）
>
> A. 确保一项战略在整个财政年内保持不变
>
> B. 设计以价值为中心的适应型路线图
>
> C. 让所有干系人都拥有自主权
>
> D. 尽可能上报管理层
>
> 以下哪些项有助于培养项目集团队的适应能力？[　　]
>
> A. 坚持一种方法
>
> B. 建立奖励机制
>
> C. 通过 PMO 分享有关适应能力的故事
>
> D. 加强报告的重点
>
> 以下哪项说明 BRM 改变了价值报告的相关行为？（　　）
>
> A. 随机进行价值检查
>
> B. 快速指出错误的责任方
>
> C. 汇报成为展开有意义对话的机会
>
> D. 基于直觉的决策

14.3　兼顾治理与可跟踪性

项目集团队应该知道在哪里发现价值，以及在哪里实现短期价值和长期价值，然后以一种可以帮助团队学习而不是监督的方式进行跟踪，这才是适应型项目集路线图的真正价值所在，这也有助于整合绩效与价值。

> **学习要点：**
> - 通过价值来激励绩效。
> - 从战略指标到具体项目集变更的逐级分解（以及各要素之间的联系）。
> - 改变绩效考核的重点，以促进持续学习，激励价值的实现（平衡绩效的基本要素）。
> - 营造教练环境可促使项目集经理有效发挥作用（项目集经理应持续支持项目集团队为交付价值而进行调整）。

14.3.1　指标的发展阶梯

从价值扩展到无形资产，并最终扩展到战略价值指标。

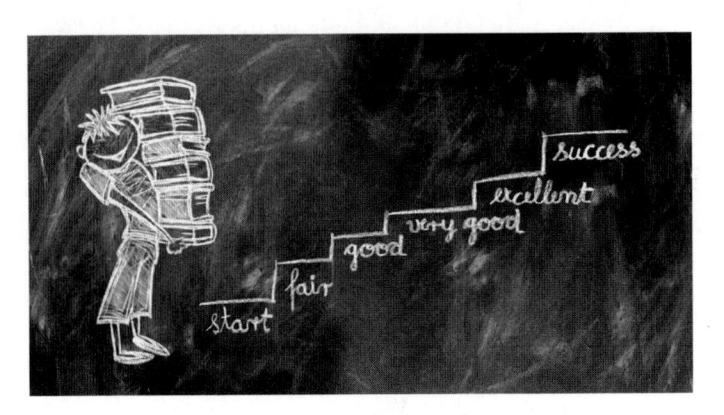

来源：Geralt / 25607 号图片

- 科兹纳强调了转向战略指标的重要性。
- 在成熟度的中期，选择关键指标，并以价值为中心。
- 需要向项目集干系人宣传无形资产的重要性（只有在无形资产成为指标的一部分后，才能进行战略转变，这也标志着组织的成熟度，如幸福指数、团队士气等）。

14.3.2 治理和可跟踪性

如图 14.2 所示，良好的治理可以消除可跟踪性的障碍：

- 信任 PMO 和核心项目集团队。
- 需要进行创造性的协作和对话。
- 利用能力、工具和流程来激发活力。
- 及时分享令人不安的消息（关键因素）。
- 以数据为基础。

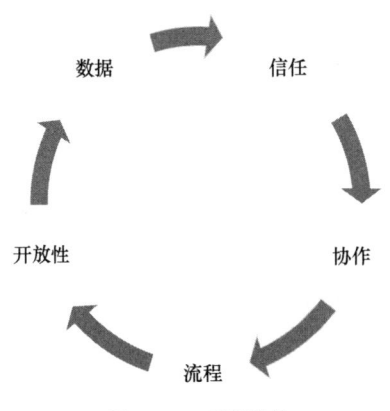

图 14.2　可跟踪性

提示：
项目集治理的成功具有可跟踪性，使我们能够跟踪项目集工作所创造的价值和改进。

进一步思考：
- 不断改进并找到合适的治理方法。
- 在战略指标中，应加入无形资产。
- 建立信任，利用数据，不断改进和学习。
- 确保路线图具有足够的灵活性和平衡性，将绩效与行为结合起来，以鼓励和激励团队。

复习题

单选题用圆括号"（　　）"标示，多选题用方括号"[　　]"标示。

以下哪项说明了如何将绩效与价值相结合？（　　）

A. 指导团队注重产出

B. 将战略指标逐级分解至项目集变更

C. 项目集经理应将PMO视为自己的工作基地

D. 在绩效考核中使用强制风格

以下哪些迹象表明组织在衡量项目集变更方面已经趋于成熟？[　　]

A. 增加对运营指标的投入

B. 使用无形资产

C. 根据PMO的议程来设定指标

D. 将适应性与战略成果关联

以下哪项有助于提高可跟踪性？（　　）

A. 持续分享正面的绩效信息

B. 以老板为中心

C. 以数据驱动的治理

D. 采用一刀切的方法

14.4 共创路线图

正如我们所讨论的那样，共创路线图无处不在，它关系到变革的持久性，关乎项目集团队如何获得变革的承诺和认可。这就是成功的秘诀！

学习要点：
- 通过服务型领导者来增强项目集团队的话语权。
- 如何利用艾琳·梅耶的文化地图来理解共创路线图？
- 营造制定路线图的环境，获取反馈意见，并且开启关键对话。
- 利用有影响力的收益发起人，帮助项目集经理理解并获得多元视角。

14.4.1 服务型领导者

图 14.3 强调了服务型领导者在激励、指导和支持方面的关键特质，这些特质有助于提高领导者的适应能力。就像西蒙·斯涅克在《领导者最后发言》一书中强调的那样，许多重要的原则都可以为"共创"奠定基础。项目集的领导者将在其中扮演重要角色。

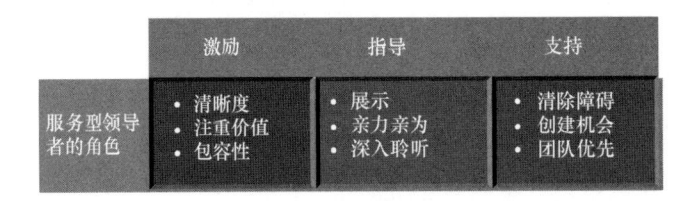

图 14.3 服务型领导者

14.4.2 文化地图

如图 14.4 所示，正如艾琳·梅耶在她的跨文化研究（文化地图）中所发现的那样，在处理冲突和其他问题时应该看到事物的两面。这也为我们提供了支持适应性的另一个案例。

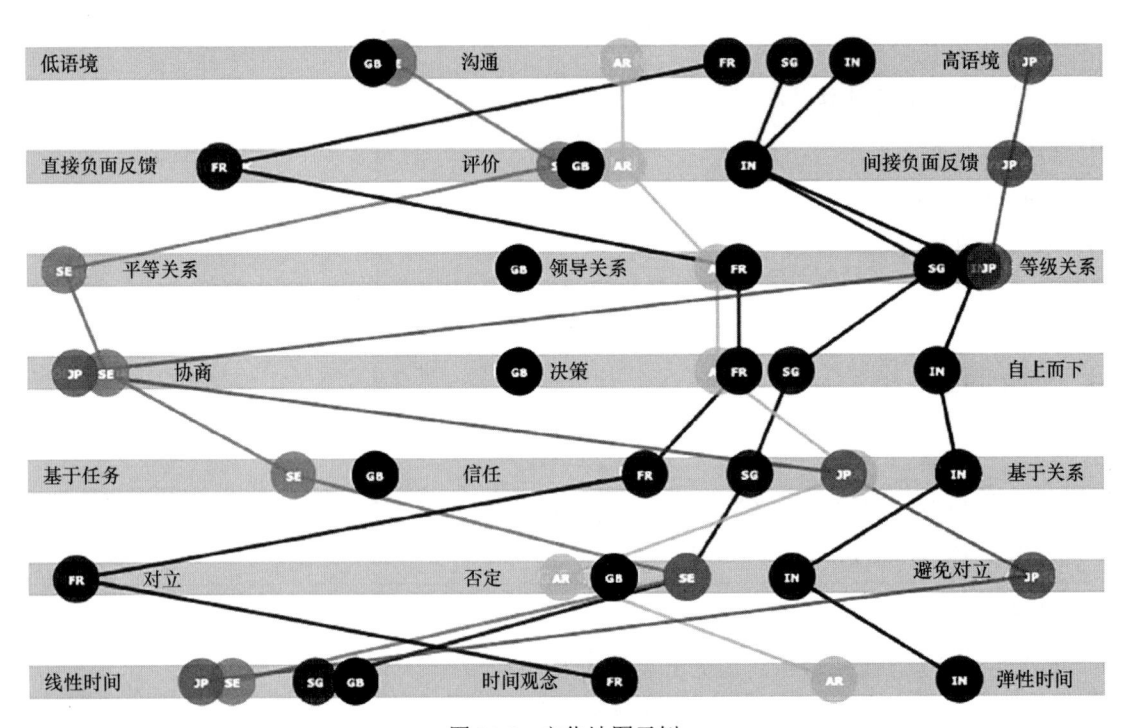

图 14.4 文化地图示例
来源：艾琳·梅耶创作的文化地图

- 为团队成员提供分享见解的安全空间。

- 利用各种文化的优势（跨全球、跨区域等）。
- 展现同理心有助于团队制定出更好的项目集路线图（涉及不同文化的共创项目集路线图更有可能得到承诺和执行）。

14.4.3 营造制定路线图的环境

来源：Geralt / 25607 号图片

- 担任教练角色（营造有趣的环境）。
- 鼓励和奖励关键对话。
- 较高的风险偏好。
- 专注于协作（在专注的领域中，全身心地投入）。
- 鼓励人们利用反馈来加强对路线图的承诺（持续关注）。

14.4.4 收益发起人

作为项目集的管理人员，运用行政领导力来确保正确的支持型文化已同步建立。与关键的收益所有者合作，确保实现成功所需的适应性因素已准备就绪。收益发起人在确保项目集路线图有效性的过程中扮演着极其重要的角色。收益发起人可以帮助团队将图 14.5 中强调的多元视角呈现出来，从而强化项目集的成果。

> **进一步思考：**
> - 通过文化地图了解全球不同的区域，以营造跨团队的协作环境。
> - 获得正确的支持，与收益发起人密切合作，让关键的意见发表出来。
> - 服务型领导者有助于为行为转变创造条件（应对此引起足够的重视），可以帮助我们取得变革的成功。

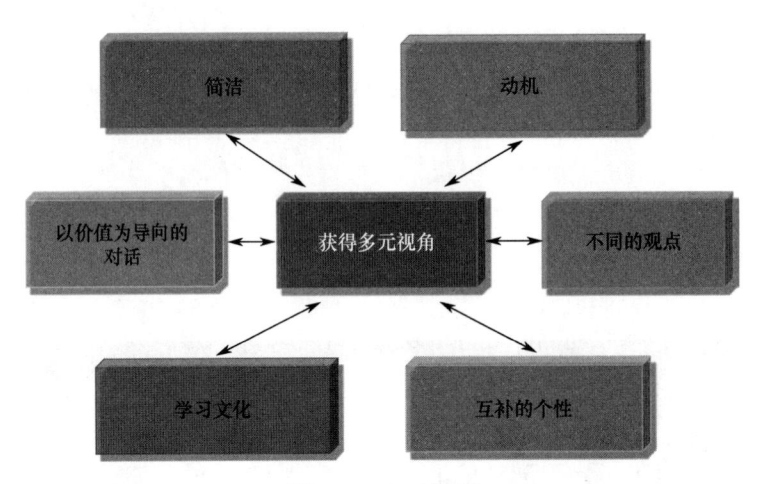

图 14.5　多元视角

> **复习题**
>
> 单选题用圆括号"(　　)"标示，多选题用方括号"[　　]"标示。
>
> 以下哪项说明了服务型领导者可增强项目集团队的话语权？(　　)
>
> A. 自上而下
>
> B. 通过亲力亲为展现谦逊，推动变革
>
> C. 管理团队先行
>
> D. 注重成果的互动方式
>
> 以下哪些项有助于了解文化地图对项目集团队的直接益处？[　　]
>
> A. 制定解决方案，为发表意见的团队成员服务
>
> B. 利用各种文化的优势
>
> C. 共创更好的变革路线图
>
> D. 使用主流文化的观点
>
> 以下哪项有助于收益发起人帮助项目集经理收集不同的观点？(　　)
>
> A. 扩大项目集团队的规模
>
> B. 注重财务结果
>
> C. 开展以价值为导向的对话
>
> D. 使用详细的路线图

14.5　多样性和一致性

项目集管理旨在将不同的团队聚集在一起，将他们的想法整合到一起。将多元化的、不同的想法

纳入项目集的规划和执行是一件非常好的事情。然而，在前进的方向和道路上也需要进行融合，实现某种程度的一致性，以构建可复制的成功模式。

> **学习要点：**
> - 具有支持适应性的领导者特质。
> - 与适应型路线图一样，应聚焦价值。
> - 激发变革的跨领域项目集。

14.5.1 罗纳德·海菲茨谈领导力

罗纳德·海菲茨认为："适应型领导力是动员人们应对艰巨挑战并快速成长的最佳范式。"这句话汇集了许多关于复原力和共创适应型路线图的观点。

为什么风险是领导力一致性的关键因素？

- 风险承担=卓越治理（基于风险管理）。
- 需要培养应对项目集变革不确定性的能力（在项目集工作中应培养的关键素质）。
- 培养持续适应和创新的能力（这是未来领导力的模式，为引入不同观点和正确评价这些观点创造了条件）。

14.5.2 持续高效的项目集变革者

项目集变革者持续保持高效的建议：

- 具有整体视角（要站在高处俯瞰全局，而不要一直陷在具体事务中）。
- 兼顾所有权和发言权（将工作重新交给员工）。
- 应对 D-VUCAD（VUCA 的扩展版，增加了干扰性和多样性元素，以提高路线图的质量）。

14.5.3 实验与失败

在各类学习型组织中，谈论最多的事情是：

- 实验是一个脆弱的且易失败的过程。
- 以项目集收益为目标才能实现快速的学习和成长。
- 多样性的潜力会随着协作的增加而增大（要看到这种潜力，并用其影响他人）。

14.5.4 积极倾听的策略

就像这里展示的足球队照片一样。

来源：Garten-GG / 4865 号图片

在未来，积极倾听会呈现何种形态？
- 强调动态性和整体性。
- 持续利用暂停和安全空间（暂停有助于开启对话）。
- 应贯穿项目集团队的所有层级。
- 以价值为中心（像足球队一样关注目标，对项目集团队中的多样性保持开放）。

14.5.5 开始、停止和继续

来源：BubbleJuice / 34 号图片

- 培养适应能力（创建专属的工作表，以辅助实施和调整）。

- 增加听取多方意见和重新思考行动方案的机会（与同事和其他人交换意见）。
- 分享制造业 PMO 的失败案例（有时，可以从失败案例中吸取教训。例如，找到与干系人建立联系的更好方法，制定正确的路线图，确保我们一直保持学习的心态，以提高对事物多样性的认识，从而扭转局面，实现价值）。
- 展现清晰的多样性差异。

> **进一步思考：**
> - D-VUCAD 增加了干扰性和多样性元素，为项目集路线图带来了更有价值的适应性。
> - 持续利用暂停和安全空间，运用适应型领导力，以促进项目集团队的成长。

复习题

单选题用圆括号"（　　）"标示，多选题用方括号"[　　]"标示。

以下哪项可说明项目集领导者具有适应能力？（　　）

A. 项目集领导者应坚持那些已验证有效的方法

B. 动员团队应对挑战

C. 认为治理只是董事会的职责

D. 团队成员应避免风险

以下哪些是有效进行项目集实验的要素？[　　]

A. 只能掌握在项目集经理手中

B. 需要额外的时间学习

C. 项目集经理应确保有明确的价值所有权

D. 对不同意见持开放态度

以下哪项是积极倾听的明显特征？（　　）

A. 所有决策都以可交付物为中心

B. 决策过程缓慢

C. 持续利用暂停和安全空间

D. 由高管做出最佳决策

第 5 部分

前进的道路

对于项目和项目集来说，收尾是一个非常关键的里程碑，与此类似，本书结尾部分的重要性也不言而喻。如果你已经理解了本书的核心内容，即项目集的能力在于，使流程、人员和配套支持性技术能够驱动变革和实现价值，那么你就会明白，无论在项目集的整个过程中，还是在项目集结束后，都有其持续实现的价值和学习的意义。

项目集和项目就像用于实验、学习、探索工作方式和尝试不同方法的实验室，来测试诸多实验对象的边界，这些对象包括团队的潜力、项目集计划的质量，以及组织为项目集/项目的客户或干系人交付一系列高度关联的可交付物的能力等。

你需要基于本书的核心内容，来理解项目集，以及你在项目集中的角色。这些核心内容包括对变革的关注、正确的变革成果以及变革的赋能要素，如文化、变革专家、适应型路线图、共创和多元化。

如果想从艾琳·梅耶的同理心视角、西蒙·斯涅克的项目集领导力特质、具有适应性的框架模型以及许多其他原则中受益，那么你就需要懂得欣赏项目集团队成员的专业知识和观点的多样性，并将它们整合起来，从而推动项目集的持续成功。

项目集管理中的战略机会

项目集和项目集管理会对商业模式产生一些关键的影响，而商业模式又会影响项目集的交付方法。在未来的项目/项目集经济中，这种情况将变得越来越明显。

项目集管理和商业模式[①]

在一些公司中，发起项目集是为了生产出特定的产品和服务，这些产品和服务具有创造长期商业价值的潜力。公司通过其商业模式在市场中运作，以充分利用商业机会，交付和获取项目集的预期价值，从而实现经济效益。简单来说，项目集和项目创造了获取价值的机会，而商业模式则通过经济手段来交付和获取项目集的价值。商业模式的发展主要关注公司如何最大限度地利用其资源和核心能力。今天的项目集经理必须对商业模式有一定的理解。

在理论和实践中，商业模式一词被广泛地用于正式和非正式的描述，以代表一项业务的核心方面，包括目的、业务流程、目标客户、产品或服务、战略、基础设施、组织架构、采购、交易实践、运营流程以及包括文化在内的政策等。商业模式构建的过程是商业战略的一部分，需要项目集经理的参与。在项目集开始时，项目集经理必须确定该项目集是在公司现有的商业模式内执行，还是随着项目集的进展而创建一个新的商业模式。如果需要一种新的商业模式，则可能影响项目集经理做出有关后续阶段的决策。

商业模式用于描述和分类业务，特别是在创业环境中，同时，商业模式也被公司内部的管理者用来探索未来发展的可能性并提升竞争力。商业模式的创建通常是一个试错的过程。由于市场的快速变化和业务的高度不确定性，项目集经理必须经常重新评估商业模式。

传统的项目集管理往往处于一种结构化的环境中，在项目集启动时经常有明确定义的需求，以及时间、成本和范围的限制。在项目集内，新产品和服务的创新则通常被认为是一项自由流动、没有边界的工作，并且几乎不受到来自时间、成本和范围这三重约束的压力。然而，这并不意味着项目集内的创新将永远进行下去。

在创建新的商业模式，或因项目集活动的需要而对现有商业模式进行调整时，项目集经理可能发现自己处于一个完全陌生的环境中，例如：

- 可能没有关于商业模式的工作说明书。
- 项目集经理可能在商业模式的论证报告完成前，就已经加入了此项目集（假设最终完成了这份

[①] 由哈罗德·科兹纳提供。

- 项目集经理也可能需要参与商业模式的市场调研工作。
- 在最终确定商业模式前，项目集经理可能需要进行大量实验。
- 在最终确定商业模式前，项目集经理可能需要构建和测试大量产品和/或服务的原型。
- 项目集经理必须了解组织在资源和能力方面的核心竞争力，以及将资源和能力嵌入商业模式的方法。
- 项目集经理可能需要一套完全不同的工具来创建商业模式。

当公司试图为商业流程应用不适配的项目集管理实践（例如，选择做一些简单的商业模式变更）时，项目集的环境将变得更加复杂（风险和不确定性极大），传统的风险管理计划无法发挥作用，决策也需要极大的灵活性。应根据技术水平、产品变更的数量/程度以及造成的影响（是否会扰乱市场），选择不同的方法（许多方法需要高度的灵活性）。

从项目集经理到商业模式设计师

根据项目集的新颖性和规模，在设计新的商业模式时，可能需要由项目集经理来担任主角。范德皮尔等人指出（2016，第9页）：

设计的根本目的在于提升你看待世界的方式。这是一个可学习、可重复、有规范的过程，每个人都可以用它来创造独特的价值。设计并不意味着要抛弃现有的流程和工具，事实上恰恰相反。正如设计使得无数新兴企业创建出了新的商业模式和市场一样，设计同样也将帮助你决定何时，以及使用哪些工具来学习新东西，说服他人采取一种不一样的做法，并最终做出更好的（商业）决策。

设计的核心在于创造条件，使企业在面对不确定性和变化时，依然能够茁壮成长、持续发展。因此，优秀的企业会以一种新的、系统性的方式处理问题，它要更多地关注行动，而不是计划和预测。优秀的企业将设计和战略结合起来，以把握机会，在充满不确定性和不可预测性的世界中实现增长和变革。

设计工作需要丰富的想象力，需要进行实验并对各种模型进行测试，以确定最佳方法。正如卡普兰所述（2012，第142～143页）：

作为商业模式设计师，你将通过以下方式来设计变革：

- 领导和参与人类学的实地研究，以对客户体验产生深刻的见解。
- 领导并参与设计团队，通过分析和综合人类学研究的成果，提炼出最重要的见解，进而产生商业模式变革的概念。
- 开发可测试的商业模式的概念和原型。
- 领导和参与现实世界中的商业模式实验。

- 创建和实施一些框架，以衡量商业模式实验的结果和影响。
- 制作和发布一些引人入胜的多媒体故事，帮助干系人理解要做的工作，并在两者之间建立联系。
- 收集从商业模式实验中获得的经验教训并对其打包，以供其他工作参考，确保经验教训得到充分利用。

商业模式和商业价值

商业模式通常被视为将项目集的成果转化为商业价值的价值网络。项目集经理必须认识到，在构建商业模式的步骤中可以产生创新，从而为项目集带来附加价值。商业模式中可以包含与供应商和买方的关系/伙伴关系，以及合同协议。如果买卖各方具有相似的商业价值驱动力，与供应商和买方的关系就会很有利，可为各方带来长期的商业价值，从而使这些商业关系对所有人都是互惠互利的。在此类情况下，当评估潜在的业务合作伙伴时，确保对业务价值有相似的理解，以便各方的业务模型能够相互补充——这一点很重要。对商业模式的有效设计和强化可以为公司提供可持续的竞争优势。

价值是一种美，它存在于欣赏者的眼中。在高度多元化的公司中，可能需要不同的商业模式来为不同的客户群体创造价值。通常，客户群体可分为大众市场、小众市场、细分市场和多元化市场。每种细分市场可能需要不同的商业模式，而且对于商业模式所提供的价值，细分市场中的每个公司也可能产生不同的解读，项目集经理必须理解这些差异。

商业模式的特征

每家公司都有基于其核心能力和所用技术的独特商业模式。不过，对于那些适合大多数项目集的商业模式而言，它们之间则存在一些共性。正如奥斯特瓦德和皮尼厄所述，商业模式的设计包括对公司商业模式的建模和描述，涉及以下方面：

- 价值主张。（客户将从产品和服务中获得什么价值和收益？）
- 目标细分市场。（这些客户在购买你的产品和服务时有什么愿望和期望？）
- 分销渠道。（公司与客户保持联系的方式是什么？）
- 客户关系。（公司可以使用哪些不同的方式来维护与各个细分市场的关系？）
- 价值配置。（我们如何安排资源和活动，为我们的客户带来价值？）
- 核心能力。（支持商业模式的核心能力是哪些？）
- 合作伙伴网络。（我们与其他公司有哪些合作协议，可以帮助我们提供商业价值？）
- 成本结构。（我们应如何充分利用我们在商业模式中的财务投资，来提供商业价值？）
- 创收模式。（商业模式通过哪些方式支持收入流的产生？）

奥斯特瓦德依据这 9 个条目构建了商业模式画布，它以故事的形式概括出你的商业模式，来描述你如何创造、交付和获取价值。项目集经理不应假设项目集团队成员能够完全理解公司的商业模式。通过绘制商业模式画布，有助于理解商业模式的特性以及对项目集的影响。

如果你的直接竞争对手有很好的商业模式，那么针对他们的业务创建商业模式画布并分析他们的优势、劣势、机会和威胁，或许是有益的。这可能为你提供有关新商业模式的一些想法。

战略伙伴关系

对于项目集经理来说，期望公司始终拥有保持竞争力所需的所有资源是不现实的。公司将战略合作伙伴关系视为建立有竞争力的商业模式的手段。项目集经理必须理解建立战略伙伴关系的重要性。奥斯特瓦德和皮尼厄确定了四种类型的伙伴关系：

1. 非竞争对手之间的战略联盟。
2. 竞争对手之间的合作（竞争对手之间的战略伙伴关系）。
3. 合资开发新业务。
4. 买方—供应商关系（以确保可靠的供应）。

这些关系有多种好处。合作伙伴可以雇用或有权使用那些对你的商业模式至关重要的资源。合作伙伴可以帮助你降低风险和不确定性，并帮助你识别和应对威胁。你或许还可以通过战略合作伙伴的商业模式进入新的细分市场。

在传统的项目管理活动中，项目经理和项目集经理习惯于与供应商和合作伙伴一起进行材料和组件的采购。通常，这些活动是通过合同管理员处理的。在项目集管理活动中，责任的重担落在项目集经理身上，他必须与合作伙伴的业务人员进行互动，并且做出业务决策而不是技术决策。这要求项目集经理了解自己的商业模式以及战略伙伴的商业模式。

商业智能

商业智能是一种技术，可根据事实和证据（而不是根据猜测）为公司提供做出最佳商业决策所需的信息。这些信息可以存储在数据库或数据仓库中。商业智能可提供关于业务运营的多种视角，如历史、现状和未来（预测）。商业智能的常见功能包括报告、在线分析处理、解析、数据挖掘、过程挖掘、复杂事件处理、业务绩效管理、标杆对照、文本挖掘、预测分析和指导性分析等。

公司可以通过商业智能来支持从运营到战略的各类业务决策。基本的运营决策包括产品的定位或定价。战略决策则涉及更宏观层面的优先级、目标和方向。

通过运用商业智能，组织能够深入洞察新市场，评估不同细分市场的产品和服务的需求及适用性，并衡量营销工作的影响。这可以带来市场竞争优势和长期的稳定性。商业智能可以确定以下内容：

- 需要创新的新产品和服务的战略机会。
- 改进公司商业模式的战略机会。
- 竞争对手的商业模式的优势和劣势。
- 所在公司的商业模式的优势和劣势，以及竞争对手可能攻击的薄弱环节。

在过去，许多项目集经理对商业如何运作不甚了解。与业务相关的决策通常由项目发起人或治理委员会负责。现今，这种情况已经发生了变化。一些公司认为，未来的项目集经理将拥有更丰富的商业知识。

商业模式的改进

公司为项目集的新产品和服务投入了大量的时间和精力。遗憾的是，公司对其商业模式的关注和投入往往不足，除非出现威胁。大多数公司在识别威胁时反应迟缓。即使公司看到了威胁，也常抱有侥幸心理，在决定是否需要对现有商业模式进行改进，或者是否需要设计全新的商业模式时，决策过程往往过于缓慢。当今，大多数公司之间的竞争是商业模式之间的竞争，而不是产品和服务之间的竞争（加斯曼 2013）。产品和服务可以复制，而商业模式通常是公司所独有的，因为它依托了公司的专业优势和能力。

有6个因素可以作为提示信号，在这些情况下，必须重新评估商业模式所包含的过程：

- 消费者对产品和服务的需要发生变化。
- 新的竞争对手进入市场。
- 新的供应商进入市场。
- 与商业模式中战略伙伴的关系发生改变。
- 公司的核心能力发生重大变化。
- 对事业环境因素所做的假设发生重大变化。

吕特根斯和迪纳通过使用"波特五力分析模型"来描述一个行业内的竞争格局，以评估商业模式面临的威胁。波特将这五种力量定义为买方的议价能力、供应商的议价能力、竞争对手、新进入者的威胁和替代品的威胁。这五种力量的变化可以作为商业模式面临威胁的早期预警信号或提示信号。

商业模式的目的是以盈利的方式创造商业价值。因此，改进或创新必须聚焦在与价值的五个维度相关的流程上（巴登-富勒和摩根 2010，贝因霍克 2007，阿卜杜勒卡菲等人 2013）：

1. 价值主张。
2. 价值创造。
3. 价值沟通。

4. 分销渠道的价值。

5. 价值获取。

流程创新的结果既可以是增加价值,也可以是降低成本。

核心能力是多种形式商业价值的关键要素,是公司竞争态势的基础。核心能力是公司资源、知识和技能的组合,从而得以为最终用户创造核心产品。这些核心产品通过进入各种各样的市场,使竞争对手难以模仿你的产品和客户所感知的产品价值,从而有助于提高公司的竞争力。管理层必须寻求提高核心能力的方法,以创造新产品和新市场。

商业模式和战略联盟

在新产品开发等创新活动中,公司经常与供应链中的公司建立密切的关系和战略联盟。这样的合作通常能实现各方的共赢,并且各方也希望这种合作关系能在未来一段时间持续下去。如果需要对产品进行一项小的更改,对关系的影响通常很小。但是,倘若公司专注于开发一款新产品,而其将导致新的商业模式,那么如果供应商认为新的商业模式为其提供的收益将比之前更少,则与该供应商的关系就可能被破坏。因此,假如供应商认为新产品不符合其最佳利益的话,就有可能不为新产品或新业务模式的开发提供支持。

当一家公司试图通过推出新产品来颠覆市场,或者应对竞争对手对市场的颠覆时,公司可能需要替换其核心能力,这同样也需要开发其他供应商的关系。如果公司的核心能力是难以改变的,并且公司非常依赖供应商的核心能力,那么公司不妨重新考虑那些可能导致新的商业模式并破坏现有关系的创新活动。根据舒波曼等人的观点,战略联盟的特征包括:

- 信任。基于既定的规范、价值观、经验和声誉。
- 承诺。长期共享关键和专有的信息。
- 相互依赖。合作伙伴之间的长期合作和相互依赖。
- 文化兼容性。努力使文化保持一致,以支持紧密的工作关系。
- 规划和协调。共同关注关系的未来发展。

大多数商业模式的设计都受到供应链中的伙伴关系和联盟的影响。因此,如果项目集经理不考虑对供应链关系的影响,则其做出的任何改变商业模式的决策都有可能是错误的。

确定商业模式的威胁

有经验的项目经理和项目集经理经常遵循一句老话:抱最好的希望,做最坏的打算。商业模式的失败可能给公司带来灾难性的后果。在设计商业模式时,项目集经理必须始终问自己,哪些可能出错?

简单来说，公司必须进行风险管理，并确定其商业模式的威胁。有时，威胁在开发阶段并不明显。因此，公司必须定期重新评估所有可能的威胁，以便做出适当的应对。

在评估商业模式的威胁时，没有所谓的标准方法。一种评估威胁的方法是，运用波特五力：①进入壁垒，②退出壁垒，③供应商的议价能力，④买方的议价能力，⑤替代产品。例如，一些公司在组件和材料方面高度依赖供应商。对此，我们就应该评估：如果该供应商出现延迟发货，拒绝与我们合作，或者想提高价格等情况，那么可能发生的威胁有哪些。

商业模式的失败

高级管理层必须对公司当前和未来的竞争策略有一个愿景。这些信息必须提供给负责创建或改进商业模式的项目集经理。大多数高管都明白，他们必须通过商业模式而不仅是产品和服务来竞争，但他们对如何做到这一点缺乏了解。其结果通常导致一个注定失败的商业模式。

卡普兰确定了导致公司在商业模式创新上失败的 10 种原因和态度：

1. CEO 并不真的想创建一个新的商业模式。
2. 商业模式创新是下一任 CEO 要解决的问题。
3. 产品为王——其他都不重要。
4. 信息技术只是为了保持现状和降低成本。
5. 内部竞争不在考虑之列。
6. 与那些不寻常的、可能破坏商业模式的潜在竞争对手的联系远远不够。
7. 直属上级掌握着你的生计。
8. 主意很棒，但 ROI 如何呢？
9. 他们会对商业模式的创新者痛下杀手，不是吗？
10. 你想在现实世界中做实验，你疯了吗？

高级管理层常犯的 7 种错误：

1. 没有意识到好的商业模式会带来可持续的竞争优势。
2. 没有从客户的角度来看待自己的商业模式。
3. 孤立地创建商业模式，而不考虑竞争对手的反应和潜在威胁。
4. 孤立地创建商业模式，而不考虑与竞争对手商业模式的互相影响。
5. 拒绝创建对公司来说是全新的商业模式，无论竞争对手是否有类似的模式。
6. 不认为需要对当前的商业模式进行持续改进。
7. 不理解商业模式不仅涉及产品和服务，还必须包括销售和营销、采购实践、战略合作伙伴关系、垂直整合机会和薪酬实践等内容。

下面的案例研究让你有机会将本书的各个部分联系起来，并挑战自己。当你处理每个案例的问题时，请回顾一下你在本书的学习旅程中注意到的每处要点、每种技巧、每个故事、每个概念，并将这些反思内化，以实现项目集和管理工作的内在价值。

案例研究：诺拉的两难选择

诺拉开始对是否做出了正确的职业选择产生了犹豫，她不确定是否想成为项目集经理或项目经理。同时，她也在考虑是否应该继续在德克斯特（Dexter）公司工作。

六个月前，诺拉完成了她的工商管理硕士学位，辅修了项目管理。她想从事项目管理方面的工作。在毕业后，她被德克斯特公司聘为项目经理。德克斯特公司与政府签订了许多探测卫星的合同，这些都是诺拉感兴趣的项目。

诺拉的第一个任务是与德克斯特公司的销售团队合作，共同处理一系列新的探测卫星（用于研究太阳属性）的政府招标。招标书确定了开发和测试三个原型所必须满足的需求和技术规范。中标后，将被授予一份制造数颗卫星的合同。

销售主管、诺拉和准备提案（技术部分）的工程及制造人员一起开了个会，销售主管随后提出了以下建议：

"高管认为这份潜在的合同对德克斯特公司的未来非常重要，我们必须提交一份能中标的提案。在估算所需的工作量和相应的成本时，请根据德克斯特公司为满足合同需求所必须完成的最低工作量进行估算。我们想提交最低成本的投标。

"然后，寻找招标书中对需求描述的漏洞和疏漏，并准备一份清单，列出在所有合同得到批准后可能产生的范围变更，以及相应的变更成本。总有一些事情是政府没有考虑到，却必须包含在范围内的，但我们先不要告诉对方这些被忽视的事项，而是在合同签订后，通过范围变更的方式告知他们。

"此外，在技术规范中确定的温度范围内，德克斯特公司还从未测试过任何产品。但为了比竞争对手领先一步，我们要加入一些措辞，宣称我们已经在要求的温度范围内做了一些测试，而且结果令人鼓舞。这应该有助于我们赢得合同。"

诺拉简直不敢相信她所听到的。销售主管的建议似乎违背了诺拉在大学里学习的商业道德和伦理，并且也与PMI的职业守则相矛盾。在休会后，诺拉问销售主管："为什么我们不对政府完全诚实，告诉政府为实现项目成功和满足需求所要做的所有工作？"

销售主管回答道："我们的目标是不惜一切代价赢得初始合同。这可能看起来像我们'故意'对客户撒谎，但我们认为这仅仅是我们对需求的最初理解。有时，我们甚至可能为了赢得初始合同而损失惨重。不过接下来，我们就推动那些非常有利可图的范围变更，这通常会产生比初始合同更多的利润。这是我们行业的一种'生存方式'，你需要适应它。你薪水的来源很可能是这些范围变更，而不是初始合同。"

诺拉接着问："难道政府不知道这事吗？"

销售主管回答道："我确信政府知道这是怎么回事。但一旦授予了初始合同，政府和我们的其他客户宁愿接受许多范围变更的批准和资助，也不愿重复采购流程，再次进行竞标来寻找新的供应商。在我们的一些合同中，批准初始合同和后续范围变更的人员属于军方，他们在这个岗位上只有2~3年的服役期，然后就会被调到别的地方。无论谁来接替他们，都必须向国会或其他批准机构解释成本超支的原因。这就是许多航空航天公司和国防工业公司的运作方式。成本超支是一种'生活方式'。"

诺拉看了看销售主管，然后说："我还有一个问题。如果你知道德克斯特公司从来没有在客户要求的温度范围内做过任何实验，那么我们为什么要对客户撒谎？"

销售主管回答："我们没有撒谎。我们认为这只是对事实的误解，或者只是措辞上的错误。我确信，在实验室的某个地方能找到测试结果，我们可以'复现'它们，来证实我们在提案中的措辞。"

在把整个提案提交给政府前，诺拉又仔细阅读了一遍提案。不出所料，提案中包含了一些含糊的措辞，即在客户要求的温度范围内，德克斯特公司具备一定的产品测试经验。该提案已提交给客户，德克斯特公司预计将在30天内得知是否赢得了合同。

过了不到两周，诺拉被要求与销售主管一起参加一个关于提案的紧急会议。销售主管看着诺拉说："关于我们在提案中提到的、在要求的温度范围内所做的测试，客户希望尽快访问我们公司看看测试结果。因为这可能对谁能获得合同产生重大影响，你认为我们应该如何妥善应对他们的请求？仔细想一想，明天告诉我。"

诺拉现在又产生了新的想法，她是应该留在德克斯特公司还是去其他地方做项目经理？她想，这种情况在别的地方也会发生吗？

> **进一步思考：**
> - 如果你在工作中遇到这种不专业的情况，你会如何处理？
> - 如果想达到好于本案例所展示的效果，考虑一下ERM可以发挥什么作用，来帮助我们进行更充分的准备？

案例研究：蓝蜘蛛项目

"这不可能！完全不可能！十个月前，我还处在世界之巅。高管们普遍将我视为最出色的工程师之一。再看看现在！我有眼袋，过去六个月我都没睡好觉，现在我正在这里清理我的桌子。我的确很高兴，他们让我重返工程部的工作岗位。我猜，如果我没有接受晋升，成为项目经理的话，我本可以避免很多痛苦和烦恼。"

历史背景

加里·安德森大学一毕业，就接受了帕克斯公司的一个职位。拥有机械工程博士学位的加里已经准备好解决这个世界上最棘手的问题。起初，加里渴望从事纯粹的研究工作，但帕克斯公司几乎没有给他提供这样的机会。然而，事情很快发生了变化。在20世纪50年代末到20世纪60年代初的大繁荣时期，帕克斯公司凭借大量来自国防部的合同，迅速成为一家大型电子和结构设计公司。

帕克斯公司从只有少数几名工程师的小公司成长为国防部的主要承包商，雇用了约6500名员工。在20世纪60年代末的经济衰退期，资金变得紧张，大规模裁员导致其雇员数降至2200名。当时，帕克斯公司决定退出研发业务，转型为低成本的生产企业，同时保留一个仅用于支持生产需求的工程部门。

在尝试了几乎所有的项目管理组织架构后，帕克斯公司选择了矩阵式架构。每个项目设有一名项目集经理，他向项目集管理总监汇报。每个项目还设有一名助理项目集经理（通常由项目工程师承担），他直接向项目经理汇报，间接向工程总监汇报。项目集经理将大部分精力都用在关注成本和时间上，而助理项目集经理则更关心技术性能。

由于工程师的就业市场不景气，加里和他的同事们开始攻读MBA学位，以防就业市场进一步恶化。1995年，随着国防部开支的上升，帕克斯公司也必须改变其公司战略。在过去的七年里，帕克斯公司一直在为大型项目集的生产任务竞标。而现在，随着合同授予的新评估标准的制定，那些在研发和认证阶段获胜的公司将在获得生产合同方面具有明确的优势。生产合同是最大的利润来源。为了跟上这一新战略，帕克斯公司开始扩充其研发工程团队。到1998年，帕克斯公司的规模已扩大到2700名员工。新增的员工主要集中在工程部门。以帕克斯公司提供的薪酬标准，很难找到有经验的研发人员。不过，帕克斯公司还是能够从竞争对手那里吸引一些员工，但最主要依靠的还是那些刚从大学毕业的、年轻且缺乏经验的工程师。

通过执行这一公司战略，帕克斯公司实施了一项新的工资和薪金计划，其中包括岗位晋升。加里被提升为高级科学家，负责机械工程部门的所有研发活动。在过去的几年里，加里一直是一名杰出的生产工程师，管理层认为他的贡献也可以扩展到研发领域。

1998年1月，帕克斯公司决定参与竞标蓝蜘蛛项目的第一阶段，如果竞标成功，将会带来一个价值5亿美元、跨度超过20年的项目集商机。蓝蜘蛛项目是一个对斯巴达导弹的结构进行改进的项目，斯巴达导弹是陆军使用的一种短程战术导弹。斯巴达导弹在实际部署六年后出现了"疲劳失效"，这比原始的设计规范少了三年。陆军想寻找能够延长斯巴达导弹寿命的新材料。

洛德工业公司是陆军斯巴达项目的主承包商。如果帕克斯公司能成功竞标并赢得这个项目，它将成为洛德工业公司的分包商。分包商的选择标准不仅基于竞标价格，还基于技术专长和其他项目的管理业绩。帕克斯公司的管理层认为，与其他大多数竞争对手相比，帕克斯公司有显著的优势，因为帕克斯公司曾经成功地完成过洛德工业公司的一些项目。

蓝蜘蛛项目的启动

1997年11月3日，工程总监亨利·盖博把加里·安德森叫到他的办公室。

亨利·盖博说："加里，我刚刚接到小道消息，洛德工业公司将在本月底发布蓝蜘蛛项目的招标书（RFP），回复期为30天。我等类似这样的项目已经很长时间了。我可以通过这个项目来尝试一些新想法。这个项目将由我全权负责！我想让你来领导提案小组。我认为这份标书一定得由工程师来做。我会给你找一个好的提案经理来帮你。如果从现在就开始工作，我们在提交提案前可以有近两个月的研究时间。这将使我们比竞争对手领先一个月。"

加里很高兴能参与这样的工作。他完全没遇到任何麻烦，就从职能部门获得了所需的支持，从而完成了一项技术提案。所有职能经理都不断地对加里说："这一定是个大项目。工程总监已经全力支持你了。"

12月2日，招标书收到了。加里唯一能看到有麻烦的地方就是技术规范，该技术规范规定所有组件必须能够在 $-65℉ \sim 145℉$ 的温度范围内正常工作。目前的测试表明，帕克斯公司设计的材料无法在130℉以上正常工作。于是，在接下来的三周，帕克斯公司进行了密集的研发工作。无论加里去哪里察看，似乎整个组织都在为他的技术提案工作。

在提交最终提案的前一周，加里和亨利·盖博进行了会面，就初步设计的材料无法在130℉以上正常工作的问题明确了公司立场。

加里·安德森："亨利，我认为除非我们更换材料或采用新材料，否则不可能满足技术规范。我尝试过的所有方法都表明我们有麻烦了。"

亨利·盖博："只有在客户知道的情况下，我们才会有麻烦。我们可以在提案中声明，我们预期设计的材料能够在155℉的高温下工作。这会让客户满意的。"

加里·安德森："在我看来，这似乎是不道德的。我们为什么不直接告诉他们真相呢？"

亨利·盖博："说出真相并不是总能赢得提案。我选你来领导这项工作，是因为我以为你会理解这一点。如果只考虑道德的话，我本可以很容易地从很多道德高尚的项目经理中选一个。在我们拿下这个项目后，我考虑让你来担任项目集经理。如果你像其他项目经理一样对我说这种看似有良心的废话，我就另找别人。要这样看，以后我们可以说服客户更改规格嘛。毕竟，等合作深入以后，客户将别无选择。"

在加里连续两个月每天工作16小时后，终于向客户提交了提案。1998年2月10日，洛德工业公司宣布，将蓝蜘蛛项目授予帕克斯公司。该合同规定的工作周期为10个月，谈判下来的价格是220万美元，为固定总价。

选择项目集经理

在合同签订后，亨利·盖博把加里叫来开会。

亨利·盖博："恭喜你，加里！你做得很好。如果我们在研发阶段表现良好，蓝蜘蛛项目在未来10年都具有巨大的持续开发潜力。很明显，你是公司里最有资格领导这个项目的人。我想把你调到项目集管理部门，你觉得怎么样？"

加里·安德森："我认为这将是一次真正的挑战。我可以最大限度地把我去年获得的MBA学位派上用场。我一直想做项目集管理。"

亨利·盖博："拥有几个硕士学位，甚至是博士学位，并不能保证你会成为成功的项目集经理。有效的项目集管理有三个要求：你必须能够进行书面和口头交流；你必须知道如何激励人们；你必须愿意放弃现有的班车福利。最后一点是极其重要的，因为项目集经理必须全身心地投入项目集，不管花费多少时间。

"但这并不是我找你的原因。从项目工程师到项目集管理是一个重要的职业跃迁。从项目集管理开始，你只有两条路可选——要么往上升，要么走人。据我所知，在项目集失败后，管理项目集的工程师几乎不可能再返回原来的技术岗位。"

加里·安德森："这是为什么？如果我被视为公司里最好的工程师，为什么我不能回到工程师岗位呢？"

工作开始

亨利·盖博："项目集管理有它自己的世界，包括正式和非正式的组织联系，而项目集经理是个局外人，你会明白的。你可能无法再维持与同事间紧密的个人关系，你将不得不强迫人们，哪怕是你最好的朋友，遵守你的标准。项目集经理可以从一个项目集转到另一个项目集，但职能部门总保持不变。

"我告诉你这一切都是有原因的。在过去几年里，我们合作得很好。但如果我签了这份文件，让你到艾略特·格雷手下做项目集管理，你就得靠自己了，就像被新公司录用一样。我还没有在文件上签字，你仍有时间考虑一下。"

加里·安德森："有一件事我不明白。我们这里有这么多优秀的项目经理，为什么把这个机会给我？"

亨利·盖博："我们所有的项目集经理几乎都在45岁以上。这是几年前大规模裁员的结果，当时我们被迫解雇了年轻的、缺乏经验的项目集经理。你被选中一方面是因为你的年龄，另一方面是因为我们需要一个懂研发的人来管理，毕竟其他项目集经理都只管理过生产类的项目集。洛德工业公司与你对接的也是一个搞研发的人，所以你可以'以毒攻毒'。我让你来接手这个职位还出于一份私心。由于项目集管理部门和项目工程部门之间的职责划分，我需要在项目集管理部门有一个自己人，这样，我就可以跟他沟通涉及研发的工作。现在的那些项目集经理只对时间和成本感兴趣，但我们还需要这位管理者能竭尽全力取得成绩。我觉得你就是那个人。你知道我们在提交提案时对洛德工业公司的承诺。你必须努力做到这一点。记住，这个项目集对我来说非常重要。你会得到你所需要的一切支持。"

我现在正在忙另一个项目。但当这一切结束后，我会像鹰一样密切关注你的工作。我们必须偶尔聚一聚，讨论一下新技术。

"花一两天时间好好想想。如果你想要这个职位，就和项目集管理部门的总监艾略特·格雷见一次面。他会跟你说和我同样的话。我会安排保罗·埃文斯做你的项目总工程师。他是个经验丰富的老手，你和他共事应该没有问题。他会给你很好的建议。他是个值得信赖的人。"

加里接受了这个新挑战。他遇到的第一个难题是人员配备。虽然他在竞标项目集时被赋予了最高优先级，但在人员配备上并未得到相应的支持。帕克斯公司的生存依赖于从那些生产型项目集中获得的利润。基于这一理念，加里发现，工程经理（甚至他的前任老板）都不愿意把他们的关键人员抽调到蓝蜘蛛项目集上。不过，在亨利·盖博的支持下，加里还是为这个项目集组建了一支合格的团队。

加里从一开始就担心，提案的技术文档中调用的测试矩阵无法产生满足规格的结果。在获准继续后，加里有 90 天的时间来确定能够满足规格的原材料。加里和保罗·埃文斯举行了一次会议，以制定头几个月的策略。

加里·安德森："嗯，保罗，我们一开始就在这个问题上陷入了困境。有什么建议吗？"

保罗·埃文斯："我也怀疑这个测试矩阵的有效性。幸运的是，我以前经历过类似的情况。盖博认为这是他的项目，他肯定会想办法操控我们。我必须每天早上 7:30 向他汇报前一天测试的原始数据。他想在你之前看到它。他还说他想和我单独见面。

"洛德工业公司将给我们带来大麻烦。如果测试矩阵被证明是失败的，我们将不得不变更工作范围。记住，这是一个固定总价合同。如果我们变更工作范围，在项目集的早期阶段做额外的工作，那么我们应该准备一个权衡分析，看看我们可以在后期删除哪些内容，以免超出预算。"

加里·安德森："我打算让其他 PMO 的人来处理行政工作。你和我要驻扎在研发实验室，直到我们能有一些结果。我将让其他 PMO 的人来主持每周的团队会议。"

在接下来的三周里，加里和保罗几乎每天花 12 小时，每周 7 天在研发实验室里。没有任何结果显示出一丝希望。加里一直试图与亨利·盖博见一次面，但总是发现他没空。

在第四周，加里、保罗和主要职能部门经理一起开会，筹划开发替代的测试矩阵。新的测试矩阵看起来不错。加里和他的团队疯狂工作，并重新制订了可行的进度计划，以便不会对第 180 天后的第二个里程碑产生影响。第二个里程碑是"原材料的最终验收和原材料的生产试运行"，以确保小规模的实验室开发与大规模生产之间不存在任何差异。

加里亲自为技术交流会准备了所有的技术资料。毕竟，他将在会上展示所有的数据。技术交流会的会期为两天。在第一天，加里展示了所有的数据，包括测试结果和新的测试矩阵。客户似乎对迄今为止的进展感到不满，并决定在当晚与其内部核心团队召开会议来审查加里提交的材料。

第二天早上，客户陈述了自己的立场："首先，我们很高兴有像加里这样一位精通技术的项目集经理。这很好。但是，在上个月，每当我们试图联系你时，你要么不在，要么被叫到研发实验室去了。你在介绍技术数据方面做得不错，但管理数据是由 PMO 的人员介绍的。我们（洛德工业公司）认为你没有在技术和管理职责之间保持适当的平衡。我们更希望由你亲自介绍管理数据，由项目总工程师介绍技术数据。

"我们没有收到任何议程。我们想知道会议的内容和时间。我们还希望你能至少提前三天提交所有讲义资料的副本。我们需要时间来详细检查数据。你不能指望我们盲目地走进这里，在看到数据10分钟后就做出决策。

"坦率地说，我们认为迄今为止的数据是完全不可接受的。如果数据没有改善，我们将别无选择，不得不下达停工令并寻找新的承包商。新的测试矩阵看起来不错，尤其是，这还是一个固定价格合同——你们公司将承担额外工作的一切费用。对后续工作的权衡也许是可行的，但这将取决于90天后第二次审查会议上展示的结果。

"我们决定在帕克斯公司设立一间客户办公室，以便能更密切地跟进你们的工作。我们认为，在研发活动中，每月一次的会议是不够的。我们希望我们的客户代表能每天与你或你的员工进行口头会议。然后他会与我们保持沟通。很明显，我们本来准备审查的实验数据比你给我们的要多得多。

"我们的许多顶级工程师希望直接与你们的工程师们交谈，而不通过PMO来转达，这太浪费时间了。我们必须坚持这最后一点。请记住，你们的项目集可能只价值220万美元，但我们的总包价值1亿美元。我们承担的风险比你们大得多。我们的工程师不想从PMO得到那些经过过滤的信息。他们想直接帮助你。

"最后，别忘了合同对你们有个要求，就是要为所有交流会准备完整的会议纪要。在发布之前，要把原件寄给我们签字。"

尽管加里对第一次交流会感到不满，尤其是洛德工业公司提出的要求，但他认为客户有足够的理由发表这些评论。在交流会结束后，加里亲自准备了完整的会议纪要。"这太荒谬了！"加里想，"我几乎浪费了整整一周的时间，除了行政文书什么都没做。为什么客户需要如此详细的会议纪要？一个粗略的总结还不够吗？为什么客户要记录所有内容？这似乎是一种害怕的表现。我们一直在全力配合他们，我们之间没有敌意。考虑到我们现在都要做这么多的文书工作，我真不敢想象如果我们遇到麻烦会变成什么样子。"

新的角色

加里完成了会议纪要，并将它分发给客户和所有关键团队成员。在接下来的五周，测试都是按计划进行的，至少加里是这么认为的。测试的结果仍然很糟糕。加里深深陷于行政文书工作，已经一个多月都没有时间去一趟研发实验室了。在一个星期三的早上，加里来到实验室，准备观察上午的测试。一到实验室，加里就发现保罗·埃文斯、亨利·盖博和两名技术人员正在测试一种新材料JXB-3。

亨利·盖博："加里，你的问题很快就会得到解决。JXB-3这种新材料能满足规格需求。保罗和我已经测试了两周。我们本想让你知道，但我们担心如果消息泄露给客户，他们很可能会发疯，甚至会取消合同，毕竟我们花了他们的钱来测试项目集计划中没有提到的材料。来看看这些结果。数据棒极了！"

加里·安德森： "现在，要由我来告诉客户吗？这可能会掀起一场大风波。"

亨利·盖博： "不会有任何大风波。告诉他们我们是用自己的研发资金做的。这会让他们高兴，因为他们会认为我们是在花自己的钱来支持他们的项目集。"

在向洛德工业公司展示这些信息前，加里召开了一次团队会议，向项目人员展示了这些新数据。在团队会议上，一位职能经理说："这样管理项目集的方式真是糟糕极了。我想随时了解帕克斯公司发生的一切。如果我们一直被蒙在鼓里，直到最后一刻，PMO 怎么能指望得到职能部门的支持呢？在过去的两个月里，我们的人一直在用现有的材料开展工作，而你现在告诉我们这一切努力都白费了。你现在拿出这样一款新材料，我们对它根本一无所知。我们现在不得不加紧赶工，这将不可避免地增加成本。"

在召开第180天里程碑会议的前一周，加里向洛德工业公司提交了讲义资料包，以供初步审查。1小时后，电话铃响了。

客户： "我们刚刚阅读了你们的讲义。这种新材料是从哪里来的？为什么我们从来没有听说过这项正在进行的工作？你应该知道，我们的客户，也就是陆军，也将参加这次会议。我们该怎么向他们解释？我们将推迟这次审查会议，直到所有人都分析了数据并为决策做好了准备。"

沟通瘫痪

客户： "审查或交流会的目的是，在双方都对议题有所了解的情况下交流信息。通常，我们（洛德工业公司）几乎每周都要求与我们的其他客户进行交流会，因为我们不信任他们。基于过去的合作关系，我们与帕克斯公司并未采用这一政策。但随着事态的发展，你们迫使我们采取以前的政策，因为我们现在质疑帕克斯公司的诚信。起初，我们认为这是由于项目集经理缺乏经验造成的。现在，我们不确定。"

加里·安德森： "我想知道，我们举行这些交流会的真正原因，是不是想向我们的员工表明，洛德工业公司不信任我们。你知道，你给我们造成了一大堆的工作。"

客户： "是你们把自己置于这种境地。现在你们必须承受它。"

两周后，洛德工业公司勉强承认新材料最有前景。三周后，设计审查会议召开了。将一种未经测试的新材料投入价值数百万美元的项目集，陆军对于主承包商这一建议肯定高兴不起来。

在设计审查会议之后的一周里，加里计划进行第一次混料验证，以确定原材料选择的最终规格。遗憾的是，制造计划比进度计划晚了一周，主要是因为加里决定由他自己来制定材料清单，以期降低成本。

加里召开了一次会议，考虑重新安排混料时间。

加里·安德森： "如你所知，我们比计划晚了一周多。我们将不得不把混料验证重新安排到下周的晚些时候。"

生产经理："我们的资源都已经分配出去了，得等一个月。你不能指望简单地召开一次会议，然后已安排好的一切就都得为蓝蜘蛛项目集重新调整。我们本来应该早点接到通知。工程部负责准备材料清单。他们为什么还没准备好？"

工程集成："我们从未听说要准备材料清单。但我敢肯定，如果我们在接下来的两天里让员工加班，我们就能把它赶出来。"

加里·安德森："什么时候可以重新制作混料？"

生产经理："在重新安排混料进度时，我们每次至少要重新处理 500 页文件。不仅如此，我们还得重新安排三班倒的人。如果我们要重新安排你的混料，那就得加班了。这会增加你的成本。如果你同意的话，我们就试一试。但这将是生产部第一次也是最后一次帮你摆脱困境。我们有必须遵循的程序。"

测试工程师："自从我们启动这个项目集以来，我参加了所有的会议。我想代表整个工程部门说句话，工程总监在这个项目集中扮演的角色正在抑制高素质员工的个性。对于新的项目集，特别是涉及研发的项目集，我们的员工往往不愿意冒险。现在，员工正在变得过于谨慎。如果他们无法为项目集做出贡献，即使有轻微的阻碍，那么你很可能在项目集完成前就失去他们。我觉得我现在就是在浪费时间。其实，给我会议纪要就行，这样我就不用再来参加这些名不副实的会议了。"

混料验证的目的是，对材料进行大规模生产的测试，以验证在研发实验室中进行的小批量混合在按比例放大后不会产生材料特性的变化。经过测试，很明显，在混料验证中使用了错误批次的原材料。洛德工业公司召开了一次会议，要求解释错误发生的原因，并提供替代方案。

洛德工业公司："为什么会出现这个问题？"

加里·安德森："嗯，我们在材料清单上遇到了问题。结果是，混料必须得通过加班完成。当你让人们加班时，你必须接受错误，这就像一种生活方式。在加班时，我们员工的精力明显不足。"

洛德工业公司："最终的责任在你身上，你是项目集经理。我们认为你在做具体业务方面花了太多时间，但没有在管理上投入足够的时间。作为总承包商，我们的风险比你们大得多。从现在开始，我们希望每周的技术交流会都要有文件记录，并希望我们的质检部门与你们的质检部门进行更密切的互动。"

加里·安德森："这些额外的技术交流会可能让我们的关键人员忙不过来。我抽不出人手来为每周的技术交流会准备讲义。"

洛德工业公司："组织技术交流会是一种管理责任。如果帕克斯公司不想做蓝蜘蛛项目集了，我肯定我们能找到另一家分包商。你（加里）要做的就是，放弃与材料供应商吃午饭，这样你就有足够的时间准备讲义了。"

加里走出了会议室，刚才的批评让他感到焦头烂额。在接下来的两个月里，加里一天要工作 16 小时，几乎每天都如此。加里不想增加员工的负担，所以他自己准备讲义。他本可以雇更多的员工，但由于预算如此紧张，而且还必须重新进行混料验证，成本超支似乎是不可避免的。

随着第七个月月底的临近，加里感受到了来自帕克斯公司内部的压力。决策过程似乎正在放缓，加里发现越来越难以激励员工。事实上，小道消息已经传开——蓝蜘蛛项目集已经失败，加里的一些关键人员表现得好像他们在一艘即将沉没的船上。

到第八个月时，预算几乎已经花光了。加里厌倦了自己做的一切。"也许，我本应该继续当工程师。"加里想。埃利奥特·格雷和加里·安德森开了个会，想看看还有什么是可以挽回的。格雷同意拨给加里额外的资金来完成这个项目集。"性能必须满足指标，"格雷坚称，"毕竟蓝蜘蛛项目集承载着很多期望。"他召开了一个团队会议来确定项目集的状态。

加里·安德森："现在是时候为项目集的剩余部分制定策略了。工程部和生产部，你们能按照之前的进度计划执行吗？"

团队成员、工程师："这是我第一次看到这个进度计划。你不能指望我们在接下来的10分钟内就做出决定，并动用我们部门的资源。我们直到最后一刻都一无所知，我们感到非常不满。有效的规划去哪了？"

加里·安德森："我们仍在进行有效的规划。我们必须坚持原来的进度计划，或者至少尽力坚持下去。这个修订后的进度计划就能实现这一点。"

团队成员、工程师："听着，加里！当一个项目集遇到麻烦时，通常由职能部门来救援。但是，如果我们都被蒙在鼓里，你怎么能指望我们来救你呢？我的老板想提前知道，你对使用我们部门资源的每个决策。现在，我们……"

加里·安德森："我承认，我们可能存在沟通问题。但现在我们有麻烦了，必须团结起来。你觉得你的部门能否按新的进度计划完成任务？"

团队成员、工程师："当蓝蜘蛛项目集第一次遇到麻烦时，我的老板行使了他的权力，亲自做出了与此项目集相关的所有部门决策。我只是个办事的，我必须事事向他请示。"

团队成员、生产人员："我们的处境也一样，加里。你知道，我们不喜欢重新安排我们的设施和人员。我们以前经历过一次。在给你有关新进度计划的答复前，我们也必须和我们的老板请示一下。"

在接下来的一周，混料验证工作完成了。测试也按照修订后的进度计划执行，并且看起来可以满足总进度计划中的里程碑，前提是规格能够达标。

由于修改了进度计划，一些测试不得不在假期进行。加里不喜欢让人们在周日和节假日工作，但他别无选择，因为测试矩阵规定应在混料结束后的特定时间内完成测试。

在周三，召开了一次团队会议，以解决谁在周五的假日工作以及周六和周日的人员配备问题。在团队会议期间，加里变得非常失望。菲尔·罗杰斯从项目集开始就一直是加里的测试工程师，他被分配至另一个新项目，小道消息称这是盖博的新探险。接替菲尔的是一个新人，只在公司工作了八个月。在一个半小时的时间里，团队成员为一些小问题争论不休，却不断回避主要问题，声称他们必须先与老板协调，才能做出承诺。对加里来说，很明显，他的团队成员害怕做出重大决策，因此在琐碎的问题上"消耗"了大量时间。

第二天是星期四，加里找了负责测试的部门经理，希望在这个周末能得到菲尔·罗杰斯的帮助。

部门经理："我接到老板（工程总监）的明确指示，要安排菲尔·罗杰斯参与新项目。如果你想用他，你得见我老板。"

加里·安德森："可是，我们必须在本周末完成测试。你昨天派来的那个新人呢？"

部门经理："没有人告诉我你们这个周末安排了测试。我部门一半的人都在休假，包括菲尔·罗杰斯和那个新来的。为什么有问题时，我总是最后一个知道的人？"

加里·安德森："客户派了他们最优秀的人飞过来观摩本周末的测试。现在再做任何调整都太晚了。你和我可以一同完成测试工作。"

部门经理："绝对不行。我要尽可能远离蓝蜘蛛项目集。我会给你找个人，但不会是我，那是肯定的！"

周末按计划进行了测试。根据约定，客户拿到了原始数据。在相关部门完成数据分析后，公司将在下个月的月底公布最终立场。

最终测试在第九个月的第二周完成了。最初的结果看起来非常好。这些材料符合合同的规格，尽管采用了全新的材料，但加里和洛德工业公司的管理层都认为，说服陆军（这是正确的方向）应该不会有什么困难。亨利·盖博拜访了加里，并对他出色的工作表示祝贺。

现在，剩下的工作就是制作四批额外的大规模混料验证，以确定在大规模生产运行的混料批次之间，材料特性会有多大偏差。作为原始权衡分析中的一项内容，加里试图让客户同意把这四个生产批次减为两个。洛德工业公司的管理层拒绝了这一要求，坚称必须满足合同要求，即成本由承包商承担。

在接下来的一周，艾略特·格雷把加里叫来召开紧急会议，讨论到目前为止的支出。

艾略特·格雷："加里，我刚刚收到一份上个季度的财务计划报告，你在报告中描述蓝蜘蛛项目集的成本和绩效都完成了75%。我觉得你没意识到你做了什么。这个项目集的目标利润是20万美元。你的项目集备忘录授权副总裁和总经理将其中的75%，也就是15万美元，作为向公司股东支出的利润。我原打算用这20万美元，再加上我亲自向公司总部申请的另外30万美元来保你。但现在我必须再找一趟副总裁和总经理，告诉他们我们犯了一个错误，我们还需要额外的15万美元。"

加里·安德森："也许，我应该和你一起去解释我的错误。显然，我应承担一切责任。"

艾略特·格雷："不，加里。这是我们的错误，不是你的。我真的不认为，你想在总经理看到页面底部的亏损数字时，还待在他身边。一旦公司把钱入账为利润，再想把钱拿回来就得靠上帝了。也许你应该重新考虑把项目工程作为你的职业，而不是项目集管理。你的表现并不是很出色，你知道的。"

加里非常失望地回到他的办公室。无论他多么努力，项目管理中的官僚主义、繁文缛节似乎总能把他拖垮。但那天下午的晚些时候，加里的心情好转了。洛德工业公司打电话说，在与陆军协商后，帕克斯公司将获得一份独家供货合同（负责使用新型长寿命原材料的斯巴达导弹部件的认证和生产）。洛德工业公司和陆军都认为，如果后续的测试能够复现相同的结果，那么独家供货合同是合理的，因为帕克斯公司拥有这种新材料的所有技术经验。

加里收到了公司总部发来的贺信，但没有额外加薪。有小道消息说，工程总监得到了一笔可观的奖金。

在第十个月，对新材料进行的加速老化试验的结果出来了。结果表明，新材料虽能达到规格需求，但寿命很可能不足五年。这一数字让加里大吃一惊。加里·安德森和保罗·埃文斯举行了一次会议，以确定要采取的最佳策略。

加里·安德森："嗯，我想我们真的陷入困境了。显然，我们不能把这些测试数据告诉洛德工业公司。这些测试是我们自己做的。结果会不会有错？"

保罗·埃文斯："当然，但我对此表示怀疑。在对新材料进行加速老化试验时，难免会有误差。可能发生了一些未知的反应。此外，加速老化试验甚至可能与实际老化不太相关。我们必须尽快就此明确公司的立场。"

加里·安德森："我不会将这件事告诉任何人，尤其是亨利·盖博。你和我来处理这件事。如果这事泄露出去，我就完蛋了。等我们把生产合同拿到手再说。"

保罗·埃文斯："这很危险。这必须从公司立场出发，而不是PMO的立场。我们最好让楼上的高管也都知道。"

加里·安德森："我做不到。我将承担所有责任。你同意我的决定吗？"

保罗·埃文斯："我会去的。我确定，当我们打开'潘多拉的盒子'时，我还能在别处找到工作。你最好让那些部门经理也都不要声张。"

两周后，当项目集逐渐进入最终混料验证的测试和最终报告的编写阶段时，加里接到了一个紧急电话，要求他立即去亨利·盖博的办公室报告。

亨利·盖博："当这个项目集结束后，你在管理岗位上的职业生涯也就到头了。你恐怕无法成为合格的项目集经理，甚至可能连优秀的项目工程师都做不了。如果没有诚实和开放的沟通，我们就无法在这里开展项目集。当你开始在报告中隐瞒坏消息时，你怎么能指望高管支持你？我不喜欢意外。我宁愿直接从项目集经理和项目工程师那里听到坏消息，也不愿间接从客户那里听到。当然，我们不能忽视成本超支的问题。你为什么不采取一些预防措施？"

加里·安德森："你要求我们的员工做一些工作，如加速老化试验，这些工作原本不包括在项目集的计划里，但是费用要由我的项目集承担，我怎么可能做得到呢？我不认为发生的一切都是我的错。"

亨利·盖博："加里，我认为我们没有必要在这一点上进一步争论。我可以让你回到工程部门，回到你原来的工作岗位。我希望你在执行项目集管理工作期间没有失去太多朋友。把最终测试和项目集报告完成，然后我会重新委派你。"

加里回到自己的办公室，把脚搁到了桌子上。"嗯……"加里想，"也许我更适合做工程。至少我能每过一阵儿就看看我的妻子和孩子。"当加里开始撰写最终报告时，电话铃响了：

职能经理： "你好，加里。我只是想打电话问问，如果我们要用新程序来进行加速老化试验，你希望我们用哪个成本账号来计费？"

加里·安德森： "不要再给我打电话了！打给盖博。毕竟，蓝蜘蛛项目集是他负责的。"

问题

1. 如果你是加里·安德森，在总监声称这个项目集将完全由他主导后，你会接受这个职位吗？
2. 拥有MBA学位的工程师渴望在管理层获得更高的职位吗？
3. 加里·安德森有资格做项目集经理吗？
4. 加里·安德森面临的道德和伦理问题是什么？
5. 加里·安德森有什么权力？他向谁汇报工作？
6. 在进入项目集管理领域后，你要么晋升，要么出局，这是真的吗？
7. 高管是否有可能对一个研发项目集过度关注？
8. 是否应该允许保罗·埃文斯在尚未向项目集经理报告前，先向盖博报告？
9. 项目集经理为客户交流会准备讲义是惯例吗？
10. 当客户与承包商之间出现不信任的情况时，会发生什么？
11. 客户和承包商的职能人员是否可以在未经PMO允许的情况下相互沟通？
12. 加里·安德森是否展现了良好的时间管理能力？
13. 加里·安德森了解生产操作吗？
14. 职能部门的人员是否有权做出项目决策？
15. 对于研发项目，利润应定期入账还是在项目终止时入账？
16. 项目集经理是否应该隐瞒坏消息？
17. 如果有一种单一的项目管理方法，上述问题是否能够得到解决？
18. 单一的项目管理方法能否明确规定在与客户打交道时的道德和伦理要求？如果可以规定，我们应如何处理项目经理违反规定的情况？
19. 在项目集/项目的汇报过程中获得的经验教训是否会导致项目集/项目管理方法论的重大变化？

进一步思考：

- 结合这个案例带给你的启示，思考如何塑造你的项目集经理角色。
- 进行反思，对比本书中描述的领导风格和PMO的角色，以及这个案例中的PMO是如何运作的。

案例研究：麦克罗伊航空公司

麦克罗伊航空公司是一家利润丰厚的公司，专门为军队制造货机和加油机。它们做这一行已经有

50多年了，而且非常成功。但由于政府在这类飞机上的支出下降，麦克罗伊航空公司决定进军商用飞机领域，特别是可容纳至多400名乘客的宽体飞机，并与波音公司和空客公司正面竞争。

在设计阶段，麦克罗伊航空公司发现，如果成本低于其他飞机制造商，大多数航空公司会考虑购买它的飞机。虽然飞机的实际购买价格是买家考虑的因素，但买家更感兴趣的是飞机在整个生命周期内维持运营状态的成本，特别是维护成本。

运营和支持成本是一笔可观的开支，出于安全原因，飞机的维护需求受政府监管。航空公司只有在飞机飞行（而不是停在维修机库里）时才能赚钱。每个维修点都存有备件，这样，如果某个部件不能正常工作，就可以取下来换个新的。损坏的部件会被送到制造商那里修理或更换。尽管库存管理的成本很高，但这被认为是确保飞机飞行的必要费用。

麦克罗伊航空公司面临的难题之一是飞机上八扇舱门的机械装置。每对舱门都有自己的机械装置，而且这些装置受安装位置所限。如果麦克罗伊航空公司能为这四对舱门设计一个通用的机械装置，就可以大大降低航空公司的库存成本，而且机械师只需针对一组机械装置进行培训，而不必针对四组。在货机和加油机上，每对舱门都有独特的机械装置。对于商用飞机来说，找到适用于所有舱门的通用设计将极具挑战。

马克·威尔逊是麦克罗伊航空公司设计中心的部门经理，他指派杰克来完成这个极具挑战性的项目集，这是他能想到的最佳人选。如果有人能完成这项工作，那一定是杰克。如果杰克都做不了，马克坚信这事就做不成了。

这个项目集的成功完成将被视为麦克罗伊航空公司为客户创造的增值机会，并可能在成本和效率上产生显著差异。麦克罗伊航空公司将被视为生命周期成本方面的行业领导者，这可能促使买家从麦克罗伊航空公司购买商用飞机。

这个项目集的核心是设计一种对所有舱门都适用的开/关机构。截至目前，每个舱门可能都有一套单独的开/关机构，这使得设计、制造、维护和安装过程都更加复杂、烦琐和昂贵。

毫无疑问，杰克是最佳人选——可能也是唯一的选择，他能让这成为现实，尽管设备工程师和设计师都认为这是不可能的。当马克向杰克提出这项有挑战性的工作时，他把所有能出的牌都放在了桌上。马克真诚地告诉他，自己唯一的希望是让杰克接手这个项目，并建议杰克从各种可能的、跳出常规思维的角度来探索解决方案。但杰克立刻说这可能不行。马克听到杰克这么直接地说不行很不高兴，但他知道杰克会尽力而为。

杰克花了两个月的时间研究这个问题，但就是想不出可行的解决方案。杰克决定告知马克，可能无法找到解决方案。杰克和马克都对找不到解决方案感到失望。

"我知道你是最棒的，杰克。"马克说，"我想不出还有谁能解决这个难题。我知道你尽了最大的努力，只是这个问题太有挑战性了。谢谢你的尝试。如果我不得不选择你的同事来重新审视这个项目集，谁更有可能完成它呢？你建议选谁？我只是想确保我们没有遗漏任何可能性。"马克显得相当沮丧。而马克的话也让杰克吃了一惊。杰克想了一会儿，你几乎可以"看到"他的大脑在飞速运转。杰克是在考虑谁可以接替这个项目集,并浪费更多的时间来找到解决方案吗?不,杰克想的是这个具有挑战性的问题。一丝灵感突然闪现:"你能给我几天时间考虑一些事情吗,马克?"他若有所思地问道。

马克强忍着内心的激动,脸上没有露出过于灿烂的笑容。"没问题,杰克!"他说,"就像我之前说的,如果有人能做到,那就是你。你需要多少时间都行。"

几个星期后,问题最终得到了解决,杰克的声誉也因此达到了新的高峰。

问题:

1. 当马克让杰克继续研究这个问题时,他说的话是否正确?
2. 马克是否应该放弃他的想法,而不是对杰克说出那番话?
3. 马克是否应该把这个任务分配给别人,而不给杰克第二次机会吗?如果把该任务分配给别人,杰克会有怎样的反应?
4. 如果杰克仍然不能解决问题,马克应该怎么做?
5. 如果杰克在第二轮尝试后仍不能解决这个问题,马克再把这个任务分配给别人还有意义吗?
6. 如果杰克在第二轮尝试后仍不能解决这个问题,马克还有其他选择吗(如果有的话)?

进一步思考:

- 结合这个案例,思考如何提高PMO中其他项目集经理的学习质量。
- 考虑其中的学习要点,并思考你将如何引导你的项目集发起人。

案例研究:团队会议

每个项目集团队都会召开团队会议,难点在于确定一天中最佳的会议时间。

了解你的精力周期

文斯自从大学毕业后就一直是个"早起之人"。他喜欢早起。他了解自己的精力周期,知道自己早上的效率明显比下午更高。

文斯会在6:00上班,比其他人正常上班的时间早2小时。在6:00到中午这段时间,文斯会把办公室的门关上,通常不接电话。这样做是为了防止别人在他最有效率的时间段"抢走"他的时间。文斯认为,类似不必要的电话这样的"时间强盗"对项目的成功有致命的危害。这样一来,文斯每天就有6小时的高效时间来做必要的项目工作。午饭后,文斯会打开办公室的门,任何人都可以和他交谈。

艰难的决定

文斯将自己的精力周期安排得很好,至少对他来说效果不错。但是,文斯刚刚成为一个大项目的项目经理。文斯知道，他可能不得不牺牲一些自己宝贵的早上时间来开团队会议。按惯例，每个项目团队每周要开一次团队会议，而且大多数项目团队会议似乎都在早上召开。

起初，文斯决定打破传统，在14:00—15:00召开团队会议。这可以让文斯把他宝贵的上午时间留出来，用于高效处理自己的工作。当团队会议上几乎没有人讨论关键问题，而且似乎每个人都在看手表时，文斯感到有点不安。最后，文斯明白了问题所在。在他的团队中，有很多制造人员，他们要在5:00就开始工作，到14:00时，他们已经很疲劳了，而且正在准备回家。

在接下来的一周，文斯把团队会议的时间调整为11:00—12:00。对文斯来说，他显然不得不牺牲一些上午的时间。然而，在团队会议上，依然没有几个人讨论项目的关键问题，制造人员还在不停地看手表。文斯很失望，当他走出会议室时，一位制造人员对他说："你不知道制造人员通常在11:00左右吃午饭吗？"

文斯为下一次团队会议想出了一个方法。他给所有团队成员发了邮件：团队会议将像上次一样在11:00—12:00召开，并提供午餐，如比萨和沙拉，费用计入项目成本。让文斯大为意外的是，这个方法很有效，团队会议的氛围明显改善了。在团队会议中，出现了有意义的讨论，并做出了决策，而不是把问题搁置，为后续团队会议留下待办事项。突然，团队会议从正式会议变成了非正式会议。这样一来，文斯的项目当然要承担比萨、沙拉和软饮料的费用，但如果每次团队会议都这样，这会开一个不好的先例。在下一次团队会议上，团队决定如果每个月能召开一两次这样的会议就很好。对于其他团队会议，他们决定仍将团队会议的时间定在11:00—12:00，并采用"自带午餐"的形式，即团队成员将带上自己的午餐，只将软饮料（或者加一些饼干或布朗尼）的费用计入项目。

问题

1. 项目经理应该如何决定召开团队会议的时间（一天中的某个时段）？应该考虑哪些因素？
2. 文斯一开始犯了什么错误？
3. 如果你是这家公司的高管，你会允许文斯继续这样做吗？

进一步思考：

思考一下，会议的环境、时间和安排方式将如何影响项目集团队的积极性。

案例研究：自视甚高的人

本被安排负责一个为期一年的项目，有几个工作包需要由机械工程部门完成，并要求该部门在项目期间分配三位员工为项目全职工作。在项目的提案阶段，经机械工程部门经理评估，分配三位7级员工即可完成这项工作。遗憾的是，项目的开始日期推迟了三个月，部门经理被迫将计划好的人员分配到了其他项目。当项目启动（新的开始日期）时，可用于该项目的人力资源只剩两位6级员工和一位9级员工。

部门经理向本保证，这三位员工足够完成所要求的工作，而且在整个项目期间，三人都可以全程由本调遣。此外，如果发生任何问题，部门经理明确表示，他个人也会亲自介入以确保工作包和可交付物能按质完成。

本虽然不认识这三位员工，但因为9级员工被视为最高级别的主题专家，本让其在项目中担任代表其部门的首席工程师。通常，各部门也会分配最高级别的员工担任首席工程师，甚至担任助理项目经理角色。首席工程师通常要参与同客户召开的信息交流会。

在第一个月结束时，项目的工作进度按计划推进。虽然团队的大多数员工似乎很高兴被分配至这个项目，团队士气也很高，但机械工程部门的两位6级员工对这个项目感到失望。本与这两位6级员工做了访谈，以了解他们为什么有些不高兴。其中一位员工说：

"9级的那位员工想要自己做所有事情，他根本不相信我们。每次，当我们用特定公式来制定解决方案时，他都像拿着放大镜一样详细审查所有的细节。一切都必须通过他的批准。只有在我们复印报告时，他才不会事无巨细地管理我们。我们不觉得自己是团队的一员。"

本不确定应如何处理这种情况。人力资源是由部门经理分配的，未经部门经理许可，通常不能调离项目中的人员。本与机械工程部门的经理会了面，经理表示：

"我分配给你的9级员工应该是我部门里最优秀的员工。遗憾的是，他是个自视甚高的人。除了他自己的数据和公式，他不相信任何其他人的。对于同事做的每件工作，他都觉得有义务审查一下。只要有可能，我尽量分配可单人完成的工作给他，这样他就不必与其他人接触。但我现在没有适合单人完成的工作，所以，我只能把他分配至你的项目。我本希望他能有所改变，与两位6级员工亲密合作，成为真正的团队成员。但我猜现在的情况不太妙。别担心，工作会完成的，而且会完成得很好。只是，我们不得不让两位6级员工暂时不开心一阵子了。"

本理解部门经理说的话，但对这种情况并不开心。如果强迫9级员工离开，可能导致分配到能力更低的员工，这可能还会影响机械工程部门完成可交付物的质量。如果在项目期间保留这位9级员工，又会使两位6级员工感到被边缘化，他们的挫败感和士气问题还可能影响团队中的其他成员。

问题

1. 本有什么选择？
2. 保持现状有风险吗？
3. 把那位9级员工调离项目是否有风险？

案例研究：赞恩公司

赞恩公司是一家拥有多条产品线的中型企业。20多年前，赞恩公司在其所有产品线中引入了项目管理，主要用于运营项目或传统项目，而非战略项目或创新项目。在意识到需要一种方法来管理项目后，赞恩公司得出了一个错误的结论，即只采用单一的方法，并且这种"一刀切"的方法能满足公司几乎所有项目的需求。企业管理层认为，这会让项目的状态报告标准化，便于他们识别项目的真实业绩。据赞恩公司所知，这种方法在许多其他公司都行之有效，尽管它主要应用于传统项目或运营项目。

随着"一刀切"的方法成为惯例，赞恩公司开始总结经验和最佳实践，以期改进这种单一的方法。项目管理仍被视为适用于那些定义明确、风险易于管理、执行方式相对僵化、灵活度有限的项目的管理方法。企业管理层认为，项目管理的标准化是保障公司治理有效性的必要条件。

项目管理的格局发生变化

赞恩公司通过总结自身的成功经验、教训、最佳实践以及公开发表的研究数据，认识到了运用项目管理的益处。此外，赞恩公司现在确信，公司内部几乎所有的活动都可被视为项目，因此也开始通过项目来管理各种业务。

随着"一刀切"的方法开始应用于非传统项目或战略项目，其缺陷变得显而易见。对于战略项目，尤其是那些创新项目，在项目启动阶段时不一定能确定所有的细节，在项目执行过程中工作范围也可能经常变化，治理则采用委员会的形式，需要让客户或业务负责人在项目期间更多地参与进来，有些项目还需要不同类型的领导层。很显然，识别一些非传统项目的真实状况变得愈发困难。

在运营项目中，传统的风险管理方法应用广泛，但不足以满足战略项目的需求。例如，战略项目需要强调VUCA分析的风险管理方法。

- 易变性（Volatility）。
- 不确定性（Uncertainty）。
- 复杂性（Complexity）。
- 模糊性（Ambiguity）。

战略项目的风险显著提升，项目需求可能迅速变更以满足不断变化的业务需求。这在高度依赖传统瀑布式工作方法的IT项目中尤为明显，因为瀑布式工作方法缺乏灵活性。敏捷方法的引入解决了IT项目中的某些问题，但也带来了其他方面的问题。敏捷是一种灵活的方法或框架，侧重于更好地执行风险管理，但需要团队的高度协作。毫无疑问，每种方法或框架都各有其利弊。

引入敏捷方法后，赞恩公司可以在僵化的"一刀切"方法与非常灵活的敏捷方法/框架间做出选择。遗憾的是，并不是所有项目都能恰到好处地适合极端严格或极端灵活的方法，一些项目处在这两个极端的中间，即介于僵化的瀑布方法和灵活的敏捷方法之间。

理解方法

起初，赞恩公司认为，方法是公司可以根据具体情况或具体活动进行调整和应用的一套通用原则。在项目环境中，这些原则可能是以表格、指南、模板、清单等形式呈现的待办事项。这些原则可以与项目生命周期的各个阶段相对应。

对于包括赞恩公司在内的大多数公司来说，传统项目管理方法（通常被称为瀑布模型，即所有工作都按顺序完成）成为了"命令与控制"项目的主要手段，为执行工作提供了一定程度的标准化，并为决策流程提供了适当的控制。当然，标准化和控制是有代价的，即在一定程度上限制了项目管理的有效性。赞恩公司发现的典型限制包括：

- 项目类型。大多数方法都假定，在项目启动初期，项目需求已得到较为充分的定义。主要是在时间和成本之间做出权衡，而不是范围。这就将该方法的使用限制在传统项目或运营项目中，因为这些项目在审批阶段已获得了较为充分的理解，并且未知的数量有限。而战略项目（那些涉及创新的项目）则必须与业务的战略目标保持一致，而不是与一份明确的工作说明书保持一致。由于未知因素较多，而且可能经常变化，因此难以用瀑布式方法进行管理。
- 绩效跟踪。在对项目需求有所了解的情况下，绩效跟踪主要通过时间、成本和范围这三重约束来完成。与传统项目相比，非传统项目或战略项目需要监测的制约因素更为复杂。因此，除了标准的项目管理方法，还需要采用其他跟踪方法。简言之，将传统管理方法应用于非运营项目时，其灵活性会受到一定限制。
- 风险管理。风险管理在各类项目中均扮演着重要的角色。然而，在非传统项目或战略项目中，由于存在大量未知因素，并且这些因素有可能在项目生命周期内频繁变化，传统管理方法中包含的标准风险管理实践可能不足以支持风险评估和风险减轻活动。
- 项目治理。对于传统项目而言，项目治理由项目发起人独自完成。管理方法是发起人指挥和掌控项目的主要工具，尽管这源于一种错误的认识，即只须监测时间、成本和范围就能做出所有决策。

选择合适的框架

赞恩公司意识到，对于给定的项目，不应再仅限于从瀑布、敏捷或 Scrum 方法中做出单一选择。而是提炼各种方法的精华，创建新的框架（可能形成一种混合方法），然后将其应用于不同项目。赞恩公司相信，具有高度灵活性和定制化能力的新框架必定会在未来出现，而且它将成为公司持续增长的必要条件。对于给定的项目，确定何种框架最为适合将是一项挑战，而这将由项目团队来做出选择。

赞恩公司认为，未来的项目团队在启动每个项目时，都会先确定哪种方法最适合他们的需要。为了达成这一目标，团队需要根据项目的特点，如需求的灵活性、制约因素的灵活性、所需领导力的类型、所需的团队技能水平以及组织文化等，拟定一份清单并提出相应的问题。随后，综合考虑这些问题的答案，基于此，构建出针对特定项目的特定框架。

问题

1. 在选择一种灵活的方法时，赞恩公司应该问自己哪些问题？
2. 可能产生哪些需要解决的问题？

3. 你认为需要先解决的第一个问题是什么？
4. 不允许销售人员管理创新项目，这是正确决定还是错误决定？
5. 建立一套管理创新项目的项目管理方法是否可行？

案例研究：低绩效团队成员

项目集经理宝拉对项目集工作的进展还算满意，唯一的问题来自弗兰克正在做的工作。宝拉从项目集一开始就知道弗兰克是一个平庸的员工，并且弗兰克还经常被视为麻烦制造者。要求弗兰克执行的任务并不复杂，他的直属经理在人员配备期间向宝拉保证，弗兰克有能力胜任这项工作。直属经理也向宝拉透露，弗兰克在之前的项目集中出现过行为问题，甚至不得不被调离项目集。弗兰克还是一个爱抱怨的人，对每件事和每个人都吹毛求疵。但直属经理也向宝拉保证，弗兰克的态度正在改变。同时，如果弗兰克在宝拉的项目集中出现问题，直属经理将积极介入。虽然不情愿，但宝拉还是同意将弗兰克调至自己的项目集。

遗憾的是，在项目集的工作中，弗兰克的表现并不符合宝拉的期望。宝拉已多次向弗兰克告知了她的期望，但弗兰克依旧我行我素。宝拉现在确信情况正变得越来越糟。弗兰克的工作经常延误，有时甚至超出预算。同时，弗兰克还不断批评宝拉作为项目集经理的表现，这种态度也开始影响其他团队成员的表现。

弗兰克的行为正在削弱整个团队的士气。显而易见，宝拉必须采取一些行动。

问题

1. 宝拉有哪些选择？
2. 如果宝拉决定自己先尝试处理这种情况，而不是找弗兰克的直属经理，宝拉应该做些什么，按照什么顺序？
3. 如果宝拉的所有尝试都未能改变弗兰克的态度，而弗兰克的直属经理又拒绝调离该员工，那么宝拉有哪些选择？
4. 宝拉在该员工的工资和薪酬管理方面有哪些权限（如果有的话）？

进一步思考：

作为项目集经理，思考你的角色，以及你可以从这个简单的案例中学到什么，这将对团队建设活动和团队沟通产生积极影响。

案例研究：管理控制狂

公司为工程部聘请了新的副总裁理查德·克莱默。与他的前任不同，理查德是个铁腕人物，是个不折不扣的事无巨细、样样都管的微观管理者。这给工程部的项目经理们造成了极大的困扰，因为无论决策是否重要，理查德都希望亲自参与。

怎么办

安妮是一位经验丰富的项目经理，在公司工作已超过 20 年。她因卓越的项目管理能力而闻名遐迩，人们皆渴望参与她的项目。她深谙如何充分发挥团队的潜力，并乐于将决策权下放给团队成员。此外，她在人际交往方面表现出色，堪称一流。

在理查德·克莱默受聘的几个月前，安妮被指派负责公司最重要客户的项目（为期两年）。安妮与该客户此前曾有过合作，其表现广受好评。事实上，该客户明确要求由安妮来负责这个项目。

安妮的团队成员几乎全都有过与她共事的经历。有些团队成员甚至主动要求参与这个项目并与她合作。安妮熟悉其中的一些人，并且对他们的决策能力充满信心。毫无疑问，拥有曾经与你合作过的团队成员，当然会被视为一个优势。

工作一直进展顺利，直到理查德·克莱默上任后的第三周。在与安妮的一次会面中，理查德评论道：

"我已经制定了一项政策，对于那些由工程部管理的项目，我将统统担任项目的发起人。我知道，市场营销副总裁曾是你与该客户合作项目的发起人，但现在一切都将改变。我已经和市场营销副总裁谈过了——我将成为你项目的发起人，他对此表示理解。在项目经理来自工程部的情况下，我不能允许工程部以外的任何人成为涉及关键工程决策项目的发起人。因此，安妮，从现在开始，我将是你项目的发起人，我想请你和我的秘书谈谈，并为我安排好每周一次的简报会，介绍你项目的状况。我在以前的公司就是这么做的，效果非常好。"

这些言论让安妮感到十分不快。负责市场营销的副总裁一直与客户保持着良好的关系，但现在情况发生了变化。安妮理解理查德这样做的原因，但当然也对此很不高兴。

在接下来的一个月里，安妮发现，自己与理查德的工作关系逐渐恶化，并对项目造成了影响。理查德正在"侵犯"安妮的职权和决策权。在以前的项目中，安妮大约每两周与发起人进行一次会面，每次会面大约持续 15 分钟。而现在，她每周都得与理查德会面，而且每次会面要持续 1 小时以上。理查德希望看到所有详细的日程安排，希望审查所有涉及工程决策的文件，并要求在文件上增设自己的签名栏。毫无疑问，安妮认为理查德是一个不折不扣的微观管理者。

在下次全员会议上，一些员工抱怨理查德绕过安妮直接与他们联系，并且单方面做出了一些安妮并不知情的决定。员工们接受到来自理查德的指示，而这些与安妮给出的指示相矛盾。安妮能够看出团队的士气低迷，甚至听到有人私下抱怨，想退出这个项目。

在安妮与理查德的下一次会面中，她明确表示自己对理查德的微观管理感到不满，如果这种情况继续下去，她的客户会非常不高兴。理查德再次声称，他必须参与所有的技术决策，这是他的管理方式。他还说，如果安妮不高兴，他可以找别人接替她的项目经理工作。

必须要做点什么来阻止这种情况继续下去了，否则将进一步危害项目。安妮曾考虑直接向总裁提出自己的担忧，但她意识到这很可能不会有任何改变。而且，如果她真的这么做了，安妮的处境可能会更糟。

安妮萌生了一个计划。她决定"让步"，接受理查德的微观管理，甚至主动协助他。尽管这一决定充满风险，安妮很有可能因此失去工作，但她还是决定按计划行事。在接下来的几周中，安妮和整个团队都主动放弃决策权，哪怕是微不足道的决策。相反，他们选择将所有的决策权都交给了理查德。理查德在周末、晚饭时间，甚至在深夜和周日清晨，都会接到员工打往他家里的电话。

此时，理查德被超负荷的信息淹没了，他在安妮的项目上花费了大量的时间，却只是在做一些单调的日常决策。在与安妮的下一次简报会上，理查德表示：

"我想你已经给我上了一课。'如果它没坏，就没必要修理'。我想，也许是因为我太过强势，反而让情况变糟。我们能采取什么措施来弥补我造成的损失呢？"

安妮简直无法相信这些话竟然出自理查德之口。她感到语塞。在片刻思索后，她走到办公室白板前，拿起一支马克笔，在白板中央画了一条竖线。安妮在线的左侧写上自己的名字，在右侧写上理查德的名字。她说：

"我将把我作为项目经理的职责写在我的名下，我希望你把你作为项目发起人的职责写在你的名下。但是，同一职责不能同时出现。"

在1小时后，安妮和理查德就彼此的职责达成了一致。走出理查德的办公室，安妮稍稍松了口气，自己总算保住了这份工作。

问题

1. 当公司刚开始雇用某人时，有没有办法判断他是不是一个控制狂？
2. 如果职位比你高的某人是个控制狂，你应等待多久才直面这一情况？
3. 你认为安妮的应对方式是否正确？
4. 安妮处理这种情况的决定是否会导致她被免去项目经理的职务，甚至被解雇吗？
5. 安妮还可以采取哪些方式来处理这种情况？

进一步思考：

- 本案例是一个很好的向上管理的范例。
- 安妮展示了如何与项目发起人或项目集发起人合作。
- 正如本书所讨论的那样，在坚实的基础上建立这种重要的合作伙伴关系是走向成功的重要推动力。

作为收尾练习，在你回顾前 8 个案例研究时，请尝试将你的学习成果按照本书的思路归纳为四个部分，应包含以下方面的要点：推动战略变革、影响力技能、PMO 的赋能角色、战略执行与预期价值和成功观念之间的联系。本书讨论的主题和技能需要你（作为领导者）做出审慎的决策，以加强反思，快速应用并为以后可能遇到的项目集/项目情境做出合适的决策。

引领和持续推动未来变革

正如本书各章所述，引领和维持未来变革需要一些关键要素，以适应相关的未来工作。变革和转型成果，必须建立在适合组织使命及其干系人需求的文化基础之上。实现价值是这些未来文化的核心。有时，一个项目集的价值直到商业化后期才能确定，而这正是体验价值的时刻。项目集管理方法以人员、流程、技术为三大支柱，面对不断提升的价值期望，三大支柱将直接影响我们的工作方式、时间投入和应对方式。

项目与项目集管理文化

文化导论

所有公司都有组织文化或企业文化，但对文化的定义可能因调查者的不同而有所变化。组织文化常常通过高管所展现的愿景、价值观、信念和规范来描述，反映了组织在当前及未来如何从顶层进行命令与控制。这种文化描绘了管理层期望人们在与其他员工、客户和干系人互动时应遵循的行为。

每个公司都有其独特的文化。然而，在大型组织中，可能存在互相冲突的亚文化，它们由不同的管理团队创建，为了满足特定组织职能或业务目标而设计。基于领导风格的差异，亚文化之间可能存在冲突。在相关文献中，项目与项目集文化通常被视为组织文化的亚文化。

构成文化的一些因素通常归因于历史、过往业绩、产品及服务类型、行业期望、客户基础、技术、战略规划活动、员工类型及其知识水平、管理层的领导风格等，也可能包括与某种民族文化共存的需求。

文化的益处

有效文化的益处和感知可能因人而异。创建一个理想的文化是困难的。总会有人认为文化可以被改进。几乎每种类型的文化都会有一些益处。

高管可能会认为强大的文化可提供以下益处：

- 使公司更好地与其愿景、使命和目标保持一致。
- 能带来竞争优势。
- 员工具有高度的积极性和忠诚度。
- 增强公司各部门之间的团队凝聚力。
- 促进公司内部的一致性，加强协调和控制。
- 影响员工在工作中的行为，使组织更高效。

员工可能认为有效的文化是：

- 在整个组织中分享知识的途径。
- 展示领导力潜能的机会。
- 保持长期稳定工作的机会。
- 能够与同事分享自己的想法。
- 能够参与决策。
- 实现个人愿望和抱负的机会。

设计文化

创建组织文化或企业文化需要时间，特别是当把他人从舒适区中赶出来，还期望他们以一种他们不喜欢的行为方式行事时。在尝试为组织、项目或项目集创建文化时，"时间"可能是助力，也可能是阻碍。尽管高级管理人员对文化有明确的设想，但创建这种文化并获得员工的认同需要时间。

获得认同需要向员工展示，他们将从遵循和适应组织文化中受益，这可以帮助他们应对内部和外部的问题。一旦获得认同，员工就可以更容易地与组织及组织的互动方式产生共鸣。成功的组织文化代表了"企业个性"（弗兰霍尔茨和兰德尔，2011）。

企业文化或组织文化通常需要非常长的时间来设计和实施。在进行文化变革举措前，需要进行需求评估，以识别和理解当前的组织文化。这可以通过员工调查、访谈、焦点小组、观察、适当的客户调查以及其他内部研究来完成，以进一步确定需要变革的领域。然后，公司必须评估并明确界定期望的新文化，并设计变革流程。

组织文化深受企业商业模式的影响。设计合适的文化可能需要数月或更长的时间，即便如此，也不能保证员工对所需的变革能欣然接受。

当我们谈论组织文化时，我们通常假设我们正在讨论整个组织的文化，并且这种文化会持续存在。但是，在讨论项目和项目集的组织文化时，生命周期的时间因素就变得重要了。

项目具有有限的生命周期。因此，项目经理可能没有足够的时间来创建理想的项目文化。在项目启动会议上，项目经理会告诉团队成员此项目的文化。员工可能不认同项目经理期望的文化，但员工知道项目终将结束。结果是，他们通常要忍受痛苦（如果有的话），并期待下一个项目的到来。

项目集的持续时间通常比项目更长，并且会与组织文化更紧密地结合。项目集经理可能有足够的时间进行评估，并设计一个项目集团队成员愿意接受的项目集文化。

有些文化可能需要很长的时间来创建和实施，但可能在一夜之间被摧毁。项目和项目集管理的文化更多地基于组织的行为，而不是流程。企业文化反映了高级管理层的目标、信念和志向。构建良好文化的基础可能需要数年时间，然而，这种文化可能因为一个特定行为（例如，一位高管因个人偏好而拒绝支持项目/项目集管理实践）而很快被摧毁。

项目/项目集管理文化可以存在于任何组织结构中。然而，文化成熟的速度可能取决于公司的规模、项目的规模和性质，以及客户的类型（无论是内部客户还是外部客户）。本质上，项目/项目集管理实践基于文化，而不是政策和程序。因此，可能无法对项目/项目集管理文化进行标杆对照。在一个公司中运行良好的文化可能在另一个公司中却无法达到同样的效果。

当项目/项目集管理实践被视为一种专业，并得到高管支持时，就可以创建强大的文化。也可以将这种强大的文化视为企业业务差异化的主要因素。强大的企业文化可以专注于项目/项目集管理方法，无论其是正式的还是非正式的。然而，在任何文化的形成过程中，总会有一些必须克服的障碍。

在一些卓越的公司中，项目和项目集管理文化已经演变成基于多层级汇报的行为文化。早期对项目和项目集管理文化的研究主要集中在使矩阵管理实践有效运作所需的文化上（埃尔姆斯和威尔蒙，1988；莫里森等，2006；克莱兰，1999）。

如今，与过去相比，人们对项目/项目集管理文化的兴趣显著增加了。组织现在运行的项目比过去也要多得多。现在的大多数项目和项目集都由战略性的研发或创新项目组成，这些项目的持续时间比过去要长得多，所以对具有更长生命周期的有效文化的需求也增加了。

组织文化的类型

根据所采用的分类方法，存在许多类型的组织文化。在文献中出现的组织文化类型有很多，以下是其中的几种：

- 强势文化。这类文化能被每个人清晰地理解。员工通常会毫无疑问地使用组织的工具和流程。通常，这种文化伴随着高度的积极性和忠诚度。
- 弱势文化。这类文化必须通过政策、程序和官僚机制来强制执行，因为它可能与企业的价值观并不一致。
- 适应型文化。在这类文化中，人们在必要时可以迅速改变。
- 非适应型文化。在这类文化中，人们不愿冒险，并且通常不会利用机会。
- 欺凌型文化。在这类文化中，可能纵容辱骂行为。这种文化往往得到高层的默许或支持。
- 民族文化。在这类文化中，人们对公司应该如何运营有着根深蒂固的价值观。

虽然没有单一"类型"的组织文化，并且不同组织的文化之间存在广泛的差异，但它们之间也有共通之处。一些研究人员已经开发出了模型来描述组织文化中不同的期望指标。组织应该努力追求"健康"的组织文化，以提高生产力，促进增长并提高效率，并减少适得其反的行为和员工流失。健康文化的特征包括：

- 接纳并赞赏多样性。
- 给予每位员工公平的待遇，同时尊重每位员工对公司的贡献。
- 员工对组织及其所做的工作感到自豪并充满热情。
- 为每位员工提供平等的机会，使其在公司内部能充分发挥潜力。
- 就政策和公司事务与所有员工进行良好的沟通。
- 拥有强大的公司领导者（具有强烈的方向感和使命感）。
- 在行业创新、客户服务以及价格等方面具备竞争优势。
- 低于平均水平的员工流失率（得益于健康文化的持续效果）。

项目/项目集管理文化的类型

在项目管理领域表现出色的公司往往拥有独特的企业文化。项目管理实践的成功实施能塑造灵活的组织和文化，既能迅速响应各个项目的需求，同时也能快速适应持续变化的动态环境。成功的公司必须能够应对变化，并学会与随之而来的混乱共存。当两个文化背景可能截然不同的公司需要合作一个项目时，情况可能变得更加困难。

变革在所有组织中都是不可避免的，特别是在以项目为导向的组织中。那些表现卓越的公司已经认识到，只有当组织创建了一种能够促进和维持必要的组织行为的文化后，才能在竞争中获得成功。企业文化的转变不会一蹴而就，通常需要数年时间，但如果得到高管的支持，这一周期可以缩短。另外，如果高管（哪怕只有一位）拒绝支持潜在的优秀项目管理文化，也可能带来灾难性的后果。

项目/项目集管理文化有多种类型，它们根据业务的性质、信任与合作的程度，以及所处的竞争环境而有所差异。典型的文化类型包括：

- 合作型文化。这类文化建立在信任和有效沟通的基础上，不仅适用于组织内部，也适用于外部干系人和客户。
- 非合作型文化。在这类文化中，普遍存在不信任。员工更关心自己和其个人利益，而不是对团队、公司或客户最有利的事情。
- 竞争型文化。这类文化迫使项目/项目集团队为争夺宝贵的公司资源而相互竞争。在这种文化中，项目/项目集经理往往要求团队成员对项目表现出比对直属经理更高的忠诚度。当团队成员同时参与多个项目，并从项目经理和直属经理那里收到不一致的指令时，情况会变得很糟糕。
- 孤立型文化。当大型组织允许各个职能部门自行创建其项目/项目集管理文化时，可能形成这类文化。这还可能导致在战略业务单元内形成"文化中又有文化"的环境。当这些孤立的文化需要交互时，情况也会变得很糟糕。
- 碎片型文化。当项目或项目集中的部分团队成员在地理位置上与其他团队成员分离时，可能导致碎片型文化。虚拟团队通常被视为应用碎片型文化的一个例子。碎片型文化经常发生在跨国项目中，总部或公司核心团队可能拥有深厚的项目管理文化，国外团队则可能缺乏可持续的项目管理文化。

合作型文化是在高效的沟通、信任和合作中蓬勃发展的。在这种文化中，决策以所有干系人的最佳利益为基础。无论是个人的参与形式还是委员会的参与形式，高层的支持往往更为被动，极少需要将问题上报至高层来解决。项目管理更倾向于非正式的形式、较低的文档化程度和较少的会议（按需召开）。这样的项目/项目集管理文化需要历经多年才能实现，并且在有利和不利的经济环境下均能良好运作。

非合作型文化则反映了高管内部的合作缺失，以及高管与员工之间的合作不足。在这种文化中，缺乏基本的尊重。尽管有时为了达到目的不择手段，也能够交付令客户满意的成果，但这种文化无法实现媲美合作型文化的项目成功率。

项目/项目集管理文化的挑战

创建一个高效的项目/项目集管理文化，需要认识并克服一系列挑战。其中，最大的挑战通常来自在项目/项目集启动时对项目/项目集经理提出的需求。如果项目/项目集开始时的时间和成本预期就不切实际，那么创建一个强大或健康的文化将面临重重困难。除此之外，还需要应对的其他挑战包括：
- 需要多大的创新性？
- 如果需要创新，是个人创新还是团队创新？
- 是否有合适的资源可用？
- 如果团队成员是兼职参与的，他们是否能妥善兼顾其他项目的职责或其职能领域的工作？
- 当项目经理/项目集经理和负责团队绩效评估的职能经理给出相互冲突的指示时，项目团队成员会如何反应？
- 团队成员能否获得他们所需的所有信息？
- 团队成员是否愿意共享信息？
- 团队成员是否被赋予做出特定决策的权力？如果没有，决策权归谁所有？
- 项目经理和项目集经理的权力是集中式的还是分散式的？
- 团队成员是否愿意接受项目经理/项目集经理所采用的领导风格？
- 团队成员是否理解战略方向并愿意给予支持？

- 在决策时，团队成员关注的是短期目标还是长期的战略目标？
- 需要何种程度的跨职能整合和团队合作？
- 需要整合多少跨国信息？
- 如何判断团队成员在这个项目中的个人期望（如职业发展机会）是否得到满足？
- 团队是否能容忍风险？
- 团队成员接受可能让他们走出舒适区的变更有多困难？

在短时间内应对好所有这些挑战几乎是不可能完成的任务。尽管如此，我们也还是有希望的。项目经理和项目集经理或许能够创建出合作型团队文化，但它必须得到类似的企业文化或组织文化的支持，这样的文化鼓励人们自由交流想法，了解团队成员的优势与劣势，并对团队成员的能力充满信心。项目/项目集管理文化通常是组织文化的一个分支。如前所述，不同文化间存在一些共通之处。

表 1 列出了一些高管可以采取的通用措施，这些措施有助于项目/项目集经理在相对较短的时间内创建积极、健康的文化。

表 1 文化中的高层次要素及其描述

要素	描述
愿景	团队成员拥有并共享与业务战略相一致的明确且有价值的目标
参与的安全性	营造一个无威胁的环境，团队成员能自由地参与讨论和决策，而无须担心受到斥责
任务导向	专注于通过实现高质量的工作成果和接纳建设性的意见来实现卓越
对失败的容忍	认识到有些项目和项目集存在大量风险，而这些风险可能无法完全避免

项目集管理之道的三大支柱

为了总结未来领导者和项目集/项目经理所需培养的关键能力，如成长型思维和领导力，以下三大支柱概括了项目集管理之道，汇集了一些关键的提示和问题，这些对于在未来的组织和项目集团队中实现变革都是必需的。

支柱一：人员（以客户为中心）

图 1 展示了，从以客户为中心的角度，确定我们在交付产品、服务或解决方案时应关注的关键属性、关注点和问题。无论客户是内部的还是外部的，图中所示的这些提示都有助于我们牢记如何优先考虑人员和项目集干系人。许多组织和客户都在考虑他们所谓的"使用价值"。在项目和项目集完成交付后，项目/项目集团队成员会观察用户如何与产品互动，以及如何使用这些产品，然后询问用户，了解他们看到并珍视的价值是什么。

支柱二：敏捷流程（敏捷领导）

图 2 将敏捷领导细分为 D-VUCAD[VUCA 与颠覆性（Disruption）和多样性（Diversity）的结

合]和思维模式两个方面，预示着组织未来的工作趋势。这两个方面及其相关的提示，为我们在工作方式和思考方式上的转变提供了全面的核查清单，以便为未来项目集所需的情境领导力和适应型领导力做好准备。

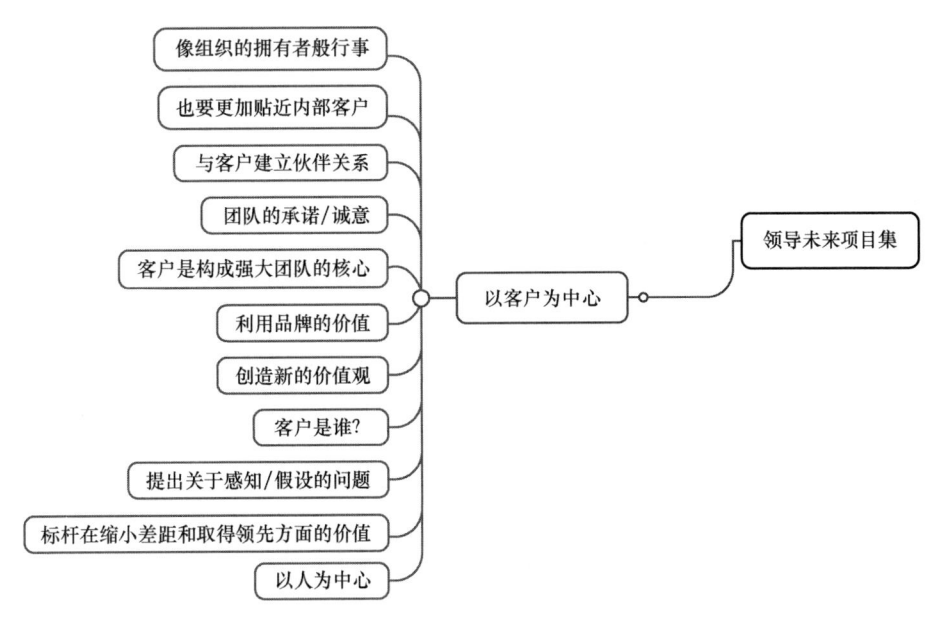

```
像组织的拥有者般行事
也要更加贴近内部客户
与客户建立伙伴关系
团队的承诺/诚意
客户是构成强大团队的核心 ── 以客户为中心 ── 领导未来项目集
利用品牌的价值
创造新的价值观
客户是谁?
提出关于感知/假设的问题
标杆在缩小差距和取得领先方面的价值
以人为中心
```

图 1　支柱一：人员（以客户为中心）

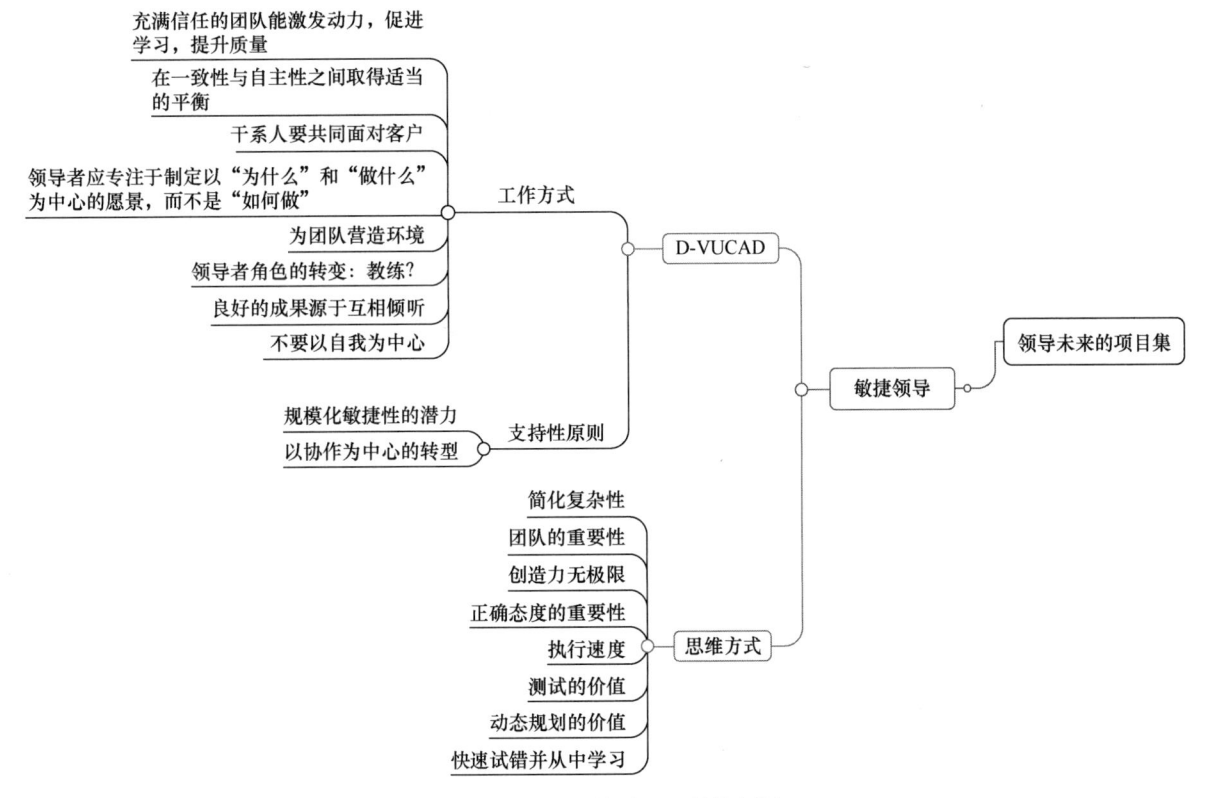

```
充满信任的团队能激发动力，促进学习，提升质量
在一致性与自主性之间取得适当的平衡
干系人要共同面对客户
领导者应专注于制定以"为什么"和"做什么"    工作方式
为中心的愿景，而不是"如何做"
为团队营造环境                                          D-VUCAD
领导者角色的转变：教练?
良好的成果源于互相倾听                                            敏捷领导 ── 领导未来的项目集
不要以自我为中心

规模化敏捷性的潜力
以协作为中心的转型        支持性原则

简化复杂性
团队的重要性
创造力无极限
正确态度的重要性
执行速度             思维方式
测试的价值
动态规划的价值
快速试错并从中学习
```

图 2　支柱二：敏捷流程（敏捷领导）

支柱三：未来技术（数字化转型）

图 3 强调了推动数字化转型的三个关键要素：实验、数据和设计思维。这些要素贯穿本书的多个章节。对变革而言，关键在于保持平衡，并持开放的态度。例如，当涉及 AI 技术在项目集管理中的应用时，项目集经理和 PMO 角色的作用，以及提升规划和执行精确度的潜力都是巨大的，但这需要正确的态度（在支柱二中提到）。借助 ChatGPT 等工具，我们是否应重视其生成的仪表板、报告和其他治理资产（当前项目集仍在使用）的价值，或者我们是否应该重新审视我们对重要事项的看法。这将极大地提升创意和洞察力的质量，使前文讨论的项目集成功要素得以落地。

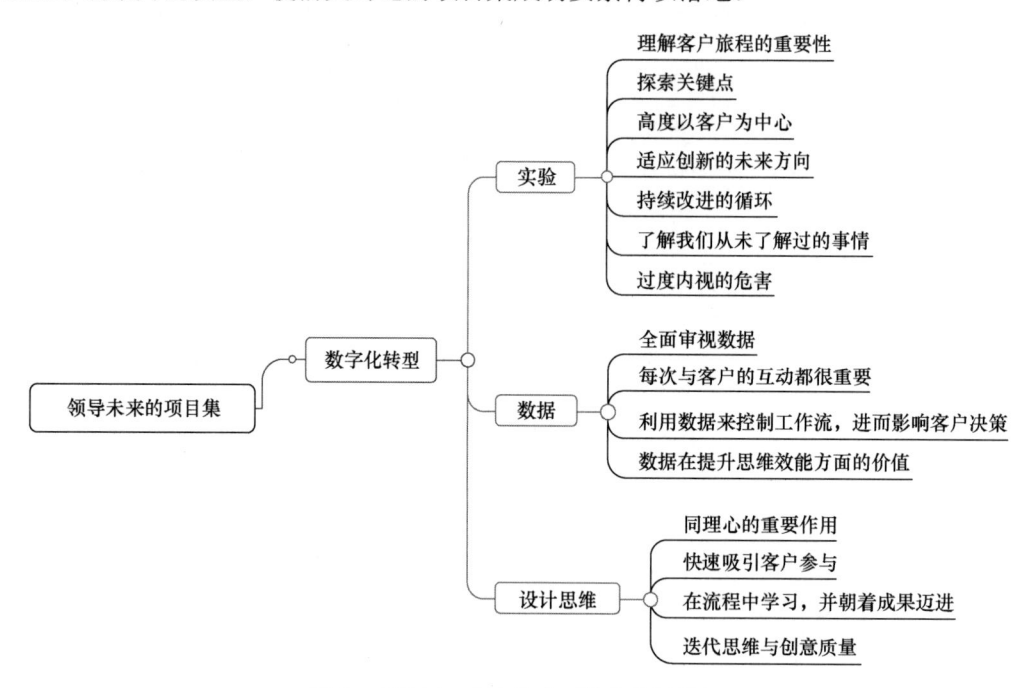

领导未来的项目集 → 数字化转型

- 实验
  - 理解客户旅程的重要性
  - 探索关键点
  - 高度以客户为中心
  - 适应创新的未来方向
  - 持续改进的循环
  - 了解我们从未了解过的事情
  - 过度内视的危害
- 数据
  - 全面审视数据
  - 每次与客户的互动都很重要
  - 利用数据来控制工作流，进而影响客户决策
  - 数据在提升思维效能方面的价值
- 设计思维
  - 同理心的重要作用
  - 快速吸引客户参与
  - 在流程中学习，并朝着成果迈进
  - 迭代思维与创意质量

图 3　支柱三：未来技术（数字化转型）

项目集管理的未来充满希望。它的价值主张始终围绕着完成关键变革任务和持续转型的无尽需求。项目集经理应坚持不懈地探索和学习，调整思维模式和技能组合，以适应这些变革举措带来的不断变化和不断增长的需求。在创造基于价值的影响力时，项目集经理的角色可能在多个方面获得丰厚回报，同时也将受到未来组织的战略性重视。这些新一代志同道合的领导者正是项目集管理之道的先行者和引领者。